Mit Dank den Freunden
in Agay

Max H. Friedrich

TATORT KINDERSEELE

Sexueller Mißbrauch und die Folgen

Mitarbeit: Käthe Springer

UEBERREUTER

Die Deutsche Bibliothek – CIP-Einheitsaufnahme

Friedrich, Max H.:
Tatort Kinderseele: sexueller Mißbrauch und die Folgen
Max H. Friedrich. – Wien: Ueberreuter, 1998
ISBN 3-8000-3676-2

AU 0444/1

Umschlagfoto: Pix – Stockmarket

Printed in Austria
1 3 5 7 6 4 2

INHALT

EINLEITUNG

Nach den in den Medien veröffentlichten Zahlen ist der sexuelle Kindesmißbrauch in den letzten Jahren drastisch angestiegen: Jedes vierte Mädchen und jeder zwölfte Knabe ist oder war nach diesen Berichten direkten sexuellen Übergriffen ausgesetzt, davon rund 80 Prozent in der eigenen Familie, der Rest überwiegend in Schul-, Erziehungs- und Freizeiteinrichtungen – Statistiken, die jedesmal unweigerlich Kritiker auf den Plan rufen, die die Zahlen relativieren, gefolgt von Wissenschaftern, die Methodenkritik an der Erhebung des Zahlenmaterials üben.
In der Tat hat der großzügige Einsatz von Horrorzahlen oft mehr mit steigenden Auflagenziffern als mit der wirklichen Lage und der Pein von Opfern sexueller Gewalt zu tun. Bedingung für eine seriöse und hilfreiche Auseinandersetzung mit diesem Thema ist es daher, nicht mit Zahlen und Skandalen zu spekulieren und überflüssige dramatische Effekte zu erzielen, sondern sich möglichst gesicherten Fakten und realen Sachverhalten anzunähern. Ebendiesen Weg will das vorliegende Buch einschlagen, das auf der vieljährigen Erfahrung des Autors als kinder- und jugendpsychiatrischer Sachverständiger bei Gericht beruht. Vor allem will es Einblick in einen Bereich geben, der in bisherigen Publikationen vernachlässigt wurde: die rechtliche Lage bei sexuellem Kindesmißbrauch. Mit diesem Schwerpunkt wird erstmals auch präzisen Fragen nachgegangen. Darunter: Wie verläuft genau der Weg für das Kind von der Bekanntgabe eines Mißbrauchs bis zur Therapie des Opfers? Lohnt er sich? Und was nimmt das Kind dabei im Gegensatz zum Täter auf sich?
Österreich ist im Umgang mit kindlichen Mißbrauchsopfern einen selbständigen, mutigen und unter den EU-Staaten bislang einzigartigen Weg gegangen. Der Schutz, der den Opfern seit 1992 geboten wird, hat sich 1994 in einer Novelle der Strafprozeßordnung Österreichs ausgewirkt: Kinder müssen demnach nicht mehr im Gerichtssaal vor dem Angeklagten und vor der dort anwesenden »qualifizierten« Öffentlichkeit (Juristen, Thera-

peuten usw.) aussagen, vielmehr ist der Bild- und Tonträger »Video« als Beweismittel zugelassen, der es ermöglicht, die Zeugen auch während der Hauptverhandlung in abgesonderten Räumen vor laufender Kamera zu befragen; darüber hinaus können bei Einverständniserklärung der Zeugen die Videokassetten auch im weiteren Prozeßverlauf verwendet werden. Um diese gesetzliche Regelung wird Österreich nicht nur EU-weit beneidet, große Beachtung fand auch bei europäischen Juristen, in welch kurzer Zeit eine so umfassende legistische Änderung zu erzielen war.

Maßgebliche juristische Kreise, allen voran Vertreter des Wiener Jugendgerichtshofes, engagierte Kinder- und Jugendanwälte und Legisten des Justizministeriums haben unter Beiziehung von gerichtlich beeideten Sachverständigen aus dem psychologischen und medizinischen Bereich in interdisziplinärer Teamarbeit einen Schritt gesetzt, der bereits 1989 Ausdruck in einem sehr modernen Jugendwohlfahrtsgesetz gefunden hat. Zwar muß dieses schon jetzt erneut überarbeitet werden, doch zeigt diese Entwicklung, daß intensiv an einem Bevölkerungsauftrag gearbeitet wird, nämlich, das Recht der Realität anzupassen und Möglichkeiten zu schaffen, die Bürger in ihrer Würde zu achten und zu unterstützen. Auch das österreichische Sexualstrafrecht wird 1997/98 durch eine multidisziplinäre Kommission überarbeitet. Damit will man zugleich dem wiederholten Vorwurf begegnen, die Strafen für Sexualdelikte seien in Österreich zu milde, sie würden nicht die dem Verbrechen angemessene Straflänge beinhalten und die von der Bevölkerung geforderten Therapiemaßnahmen würden außerdem nicht hinreichend greifen. Die diesbezügliche Debatte wird zweifellos sehr polemisch geführt und spaltet die Scharfmacher von den besonneneren Diskutanten oder deutlicher ausgedrückt: die Rachebewußten von den Therapiefordernden. So vertreten KriminalbeamtInnen, GerichtsmedizinerInnen und RichterInnen ein eher formales Vorgehen im Sinne des Gesetzes, wie Anzeigeverfolgung, Spurensicherung und Beweis sowie Verurteilung, wohingegen Sozialarbeiter, Vertreter der Jugendwohlfahrt und Psychotherapeuten, vom Opferansatz ausgehend, primär Hilfestellung geben wollen und soziale wie gesellschaftlich bedingte Zusammenhänge in den Vordergrund stellen.

Über solche Diskurse hinausgehend, versucht dieses Buch, einen präventiven Ansatz zum Schutz der Kinder zu bieten, also Vorbeugungsmaßnahmen mittels Aufklärung, Informationen und Medienkampagnen anzuführen, die verhindern, daß dem Kind etwas geschieht. Es will den Zeugen, die zugleich Opfer sind, Opferschutz gewähren, indem es die Rechte des Kindes (z. B. Recht auf Prozeßbegleiter, Kinderschutzbeauftragte usw.) erläutert, es will Angst nehmen und zugleich die Täterpersönlichkeit erkennbarer machen, um der Vorsatztat wie auch der Wiederholungstat eine massive Hemmschwelle entgegenzusetzen. Schließlich will es allen, die mit Kindern zu tun haben, Einblick in die Soziodynamik und dichte Verschränkung von Opfer- und Täterprofilen aufzeigen. Zentrales Anliegen dieses Buches aber ist es, Tabuschranken zu überwinden und mit aller zur Verfügung stehenden Deutlichkeit Hinweise zu geben: Lehrt nicht die Kinder, nein zu sagen, sondern in Eigenverantwortung ja *oder* nein zu sagen, und zwar aus einer gesunden Kritikfähigkeit heraus. Nicht heldenhafte Selbstverteidigungsstrategien, die letztlich gegen einen raffinierten Vorsatztäter nutzlos sind, sollen den Aufklärungs- und Präventionsbemühungen zugrunde liegen, sondern selbstbewußte, kritische Erziehungsmaßnahmen, die dem Opfer eine reale Chance gegen den Täter geben, die ihm die Möglichkeit bieten, sich ohne Argwohn an eine Vertrauensperson zu wenden und erpresserische Drohungen (»Wenn du unser Geheimnis verrätst, dann landest du im Heim«), die allzuoft zur sich selbst erfüllenden Prophezeiung werden, zu enttarnen.

Die im folgenden geschilderten Beispiele aus der reichen Gerichtserfahrung des Autors wurden mit großer Vorsicht behandelt, so daß die Verschwiegenheitspflicht nicht verletzt und keines der Opfer bloßgestellt wird. Zeit, Alter, Region und Person wurden unkenntlich gemacht und verfremdet, damit kein Opfer, aber auch kein Täter bzw. keine Täterin befürchten muß, durch diese Veröffentlichung an den Pranger gestellt zu werden.

Dieses Buch möchte Wissen und Einsicht vermitteln. Es will mithelfen, unsere Zivilcourage zu erhöhen, indem es gegen das

Wegschauen antritt und das Hinschauen ermöglicht, so daß Kindesmißhandlungen rechtzeitig erkannt und Maßnahmen dagegen gesetzt werden können. Und es will dazu beitragen, Bedingungen zu schaffen, die dem Opfer eine gerechte und schonende Verfahrensabwicklung ermöglichen.

WAS IST SEXUELLER KINDESMISSBRAUCH?

Die Frage, was unter sexuellem Mißbrauch von Kindern und Jugendlichen zu verstehen ist, läßt sich auf verschiedene Weise klären. Natürlich spielen dabei subjektive Gesichtspunkte eine große Rolle: die Empfindungen des Opfers, das Umfeld, die Sicht des Täters. Kriterien, auf die noch einzugehen sein wird. Grundsätzlich bestimmt aber zunächst das Strafgesetzbuch, was Recht und Unrecht ist.

In Österreich definieren sieben Paragraphen, was sexuelle Gewalt ist:
Beischlaf mit Unmündigen (§ 206 StGB), Unzucht mit Unmündigen (§ 207 StGB), pornographische Darstellung mit Unmündigen (§ 207a StGB), sittliche Gefährdung von Personen unter 16 Jahren (§ 208 StGB), gleichgeschlechtliche Unzucht mit Personen unter 18 Jahren (§ 209 StGB), Blutschande (§ 211 StGB), Mißbrauch eines Autoritätsverhältnisses (§ 212 StGB).
Daneben gibt es strafrechtliche Tatbestände, die nicht auf minderjährige Opfer beschränkt sind, die aber ebenfalls im Zusammenhang mit sexueller Ausbeutung (vor allem bei Jugendlichen) von Bedeutung sind:
Vergewaltigung (§ 201 StGB), geschlechtliche Nötigung (§ 202 StGB), Zuhälterei (§ 216 StGB).

Diese Paragraphen (der genaue Wortlaut findet sich im Anhang ebenso wie die entsprechenden Paragraphen des deutschen und schweizerischen Strafgesetzbuches) beinhalten neben einer Beschreibung der Straftat auch den gesetzlichen Strafrahmen. § 206 StGB beispielsweise hält unter Absatz 1 fest, daß ein Täter, der mit einer unmündigen Person, also einem Kind unter dem 14. Lebensjahr, einen (selbstverständlich) außerehelichen Geschlechtsverkehr durchführt, mit einer Freiheitsstrafe von ein bis zehn Jahren bestraft wird; sollte dieser Geschlechtsverkehr auch noch mit einer Körperverletzung einhergehen (§ 84 Absatz 1)

oder eine Schwangerschaft zur Folge haben, so ist der Täter von einem Strafrahmen zwischen fünf und 15 Jahren bedroht. Hat der rechtlich geahndete Geschlechtsverkehr gar den Tod des Opfers zur Folge, wird der Täter mit zehn bis 20 Jahren Freiheitsstrafe zu verurteilen sein.
Nach den Paragraphen des Strafgesetzbuches ist also jede verbotene Handlung klar festgelegt, dagegen wird das Strafausmaß als Zeitspanne angegeben. Dieser Strafrahmen, so unverständlich er zunächst erscheinen mag, läßt dem Gericht jenen Spielraum frei, der notwendig ist, um die besonderen Umstände einer verbotenen Handlung zu würdigen. Denn es macht einen grundsätzlichen Unterschied, ob eine unzüchtige Handlung mit oder ohne Gewaltandrohung erfolgt, ob zusätzlich eine körperliche Freiheitsberaubung stattgefunden hat bzw. das Opfer unfähig gemacht wurde, sich zu wehren.
Im deutschsprachigen Raum ist übrigens die Laiengerichtsbarkeit festgeschrieben. Daher sind in Schöffensenaten ein vorsitzender und ein beisitzender Richter mit zwei Schöffen an der Urteilsfindung und der Abwägung der Beweislast beteiligt, während in Geschworenensenaten ein vorsitzender und zwei beisitzende Berufsrichter mit acht Geschworenen Beweiswürdigung und Urteile erarbeiten. Dies hat den Vorteil, daß unter den »Laien« sicher oft Frauen bzw. Mütter vertreten sind. Außerdem folgt aus der Laiengerichtsbarkeit, daß der Prozeß allgemein verständlich sein muß und daher auch von einer breiten Öffentlichkeit nachvollzogen werden kann.

Bestimmt man den Kindesmißbrauch aus psychosozialer Sicht, so ist jede Handlung, die an einem Kind vollzogen wird und der sexuellen Erregung des Täters oder der Täterin dient, als sexueller Mißbrauch anzusehen – gleichgültig, ob jemand einem Kind pornographisches Material zeigt, sich exhibitioniert, um seine sexuelle Erregung zu demonstrieren, oder unzüchtige Berührungen an einem Kind durchführt bzw. an sich selbst durchführen läßt. Mißbrauch liegt also vor, wenn das Kind zu einem »Objekt« der Machtbegierde des Täters gemacht wird, einschließlich der Tatsache, daß es sich aufgrund seiner körperlichen, geistigen, emotionalen und sozialen Entwicklung noch nicht gegen Übergriffe von Erwachsenen wehren kann und auch nicht in der Lage ist, die Tragweite von Handlungen zu erfassen oder ihnen vollbewußt zuzustimmen. Sexualmißbrauch ist Machtmißbrauch. Die »Tateinheit«, wie es in der Fachsprache heißt, ist daher häufig mit der Ausnutzung eines Autoritätsverhältnisses verknüpft. Die Machtstrukturen und Abhängigkeitsverhältnisse, unter denen das Kind aufwächst, sind also in diesem Zusammenhang von großer Bedeutung.

Anders gesagt: Kinder haben keine Chance, sich gegen sexuelle Übergriffe durch Erwachsene zu wehren, sei es aus Gründen der körperlichen Übermacht, sei es, weil das Raffinement des Täters eine Situation herbeiführt, die für das Kind zunächst gar nicht durchschaubar ist. Selbst wenn der Täter eine Zustimmung des Opfers einholt, enthebt es ihn daher nicht der Strafwürdigkeit seiner Handlung.

Die Ausnützung eines Autoritätsverhältnisses durch den Täter kann aber auch dazu führen, daß das Opfer über das 14. Lebensjahr hinaus durch sexuelle Gewalt bedroht ist. Dasselbe gilt übrigens für Übergriffe im Bereich der männlichen Homosexualität, da in manchen Ländern (darunter Österreich und Deutschland) die Schutzaltergrenzen hier noch immer mit 18 Jahren festgelegt sind.

Nur der Vollständigkeit halber sei an dieser Stelle angemerkt, daß sexuelle Gewalt grundsätzlich von Männern wie Frauen an Opfern beiderlei Geschlechts verübt werden kann. Dieser Sachverhalt wird im folgenden vorausgesetzt: So wird der Ausdruck »der« oder »die Täter« aus Gründen des Leseflusses als Überbegriff verwendet, wenngleich er sich grundsätzlich auch auf *die Täterin* bezieht. Es sei aber hinzugefügt, daß sowohl in der Familie als auch in pädagogischen und Freizeiteinrichtungen es überwiegend (genaue Zahlen gibt es derzeit nicht) Männer sind, die Kinder sexuell mißbrauchen. Die Begriffe »Täter« und »Opfer« stammen aus der Fachsprache des Gerichts. Sie werden in diesem Buch verwendet, um deutlich darauf hinzuweisen, daß sexueller Kindesmißbrauch niemals ein Kavaliersdelikt, sondern ein schwerwiegendes strafrechtliches Vergehen ist.

Zur Begriffsklärung

Pädophile: Männer, die sexuelle Beziehungen zu Kindern anstreben, wobei es nicht um *Liebe* zu Kindern, sondern um das *Benutzen* von Kindern geht.

Päderasten: Pädophile, die sich auf Jungen, meist im Pubertätsalter, spezialisiert haben. Päderasten führen ansonsten häufig ein ganz normales Ehe- und Familienleben. Aber auch, wenn manche von ihnen schwul sind: In der Regel geht es Kinderbenutzern eher um den Altersunterschied als um die Geschlechtszugehörigkeit. Und keinesfalls gilt der umgekehrte Fall: Homosexuelle Frauen und Männer haben sexuelle Beziehungen zu gleichgeschlechtlichen Partnern, aber nichts mit Pädophilen oder Päderasten gemein.

Inzest: Sexueller Kontakt zwischen Blutsverwandten. Sexueller Mißbrauch innerhalb der Familie verstößt nicht nur gegen die »guten Sitten", sondern vor allem gegen das Gesetz.

Sexueller Mißbrauch: Das Benutzen und Ausbeuten von Kindern durch Erwachsene auf sexueller Ebene. Er hat nichts mit »sexuellem Erleben", sondern ausschließlich mit Gewalt zu tun.

Sexuelle Mißhandlung: Steigerungsstufe des sexuellen Mißbrauchs, die mit körperlicher Verletzung und Grausamkeit bis hin zur Tötung einhergeht. Sexuelle Mißhandlung ist eigentlich vom Sexualmißbrauch nicht zu trennen.

Wie noch auszuführen sein wird, sind Mißbrauchstäter zumeist Vorsatztäter, die mit einem hohen Maß an intellektueller Planungsfähigkeit ausgestattet sind, mit sehr viel Phantasie an ihr Vorhaben herangehen und zu einem großen Teil – die wissenschaftlichen Ergebnisse schwanken zwischen 40 und 50 Prozent – Wiederholungstäter sind. Das bedeutet, daß es sich in vielen Fällen weder um erstmalige noch um einmalige Übergriffe handelt, sondern daß das Opfer häufig über viele Jahre – und zwar mit zunehmender Intensität – sexuellen Gewalthandlungen ausgesetzt ist, ohne in der Lage zu sein, sich dagegen zu wehren. Schlimmer noch: die Kinder fühlen sich häufig auch noch schuldig (»Ich habe mich nicht gewehrt«, »Ich war erregt«, »Er liebt mich doch«) und für die Folgen verantwortlich. Eines der wirksamsten Druckmittel ist deshalb die ausgesprochene Drohung, bei Verrat aus der Familie verstoßen, sprich: in ein Heim gesteckt zu werden oder, als subtilere Variante, die geliebte Person ins Gefängnis zu bringen und damit zu verlieren. Viele Täter geben den Kindern auch das Gefühl, daß diese die Übergriffe stoppen könnten, wenn sie wollten, und steigern damit noch deren Schuldgefühle.

Vor allem der »liebevoll« vorgehende Täter löst heftige Ambivalenzen aus: Im Widerstreit von Zuneigung und Ekel, Liebe und Haß, Angst und Loyalitätsgefühlen gerät das Opfer in ein unlösbares Dilemma. Oft verteidigen sich Täter ja gerade dadurch, indem sie die Grenzen zwischen der dem Kind zustehenden Zärtlichkeit und sexuellen Übergriffen verwischen, im Glauben, daß diese »Grauzone« nicht geahndet wird oder das Kind zum Mitschuldigen macht, weil es angeblich weitreichende Zärtlichkeiten gefordert und so den Erwachsenen gleichsam verführt hat. Kinderpsychologische wie pädagogische Befragungen ergeben freilich, sobald das Kind zum Gesprächspartner Vertrauen gefaßt hat, daß das Opfer in der Regel den sexuellen Übergriff klar und deutlich wahrgenommen hat, aber außerstande war, sich jemandem anzuvertrauen, in der sicheren Überzeugung, man hätte ihm ohnehin nicht geglaubt, oder weil ihm der Täter suggeriert hat, daß das Schweigen des Kindes ein besonderer Vertrauensbeweis ist. Kinder erkennen Grenzüberschreitungen sehr genau. Auch wenn sie sich nicht wehren können, wissen sie, wann die ihnen zustehende Zärtlichkeit in sexuelles Benütztwerden übergeht. Ob Übergriffe nun verbal, – als Zärtlichkeit getarnt – tätlich oder optisch durch Bild- bzw. Filmmaterial erfolgen, ob das Kind Handlungen an sich selbst vornehmen oder über sich ergehen lassen muß, ob die Taten unter dem Deckmantel sexueller Aufklärung erfolgen oder als Eröffnung neuer Erfahrungswelten verschleiert werden – immer wird der Mißbrauch klar als solcher empfunden. Nicht zuletzt auch deshalb, weil der Erwachsene signalisiert, daß es sich bei seinem Tun um etwas Verbotenes handelt.

Sexueller Kindesmißbrauch ist ein Begriff, der sich zwar allgemein durchgesetzt hat, jedoch fehlt ihm ein positives sprachliches Gegenstück (»Ge«brauch ist nämlich in diesem Fall auch Mißbrauch). Es sollte daher treffender von sexuellem Benützen bzw. Ausbeuten von Kindern oder überhaupt von Kindesmißhandlung gesprochen werden. Was darunter fällt, wird aber nicht nur vom Gesetz klar definiert. Auch die Wissenschaft bemüht sich um eine brauchbare Begriffsbestimmung. So unterscheidet der Autor H. Saller drei Bereiche sexueller Ausbeutung:

1. Eindeutige Formen, wie Hand-, Mund- und Afterverkehr, Eindringen in Scheide oder After des Kindes mit Finger, Glied oder Gegenständen.

2. Andere ausbeutende Formen, die ebenfalls eine Benutzung des kindlichen Körpers zur Befriedigung des Erwachsenen darstellen, wie Berührung oder Manipulation der Genitalien des Kindes, Veranlassung des Kindes, die Genitalien der Erwachsenen zu berühren, Selbstbefriedigung in Anwesenheit eines Kindes, Veranlassung des Kindes, Selbstbefriedigung an sich vorzunehmen, Reiben des Glieds am Körper des Kindes, das Vorzeigen genitaler Handlungen im Sinn von pornographischem Material.

3. Verhaltensweisen, die im nachhinein häufig als Beginn der sexuellen Ausbeutung erkannt werden, von exhibitionistischen Handlungen, in der Absicht, sich vor dem Kind zu erregen und auch dieses zu stimulieren, über Hygienehandlungen, die Beobachtungs- oder Untersuchungscharakter haben, sowie Küssen, die vom üblichen »Busserl« abweichen, bis hin zur altersunangemessenen Sexualaufklärung mit der Absicht des Täters, sich und das Kind durch solche Gespräche sexuell zu stimulieren.

Diese konkreten Handlungen sind freilich keineswegs isoliert von der Beziehung zu sehen, in die sie eingebettet sind, also unabhängig davon, wer sie ausführt, wie oft und in welcher Atmosphäre. Vielmehr verleiht erst dieser Bezug der Tat ihre besondere Bedeutung. Die Beziehung zum Täter bestimmt entscheidend mit, wie die Handlungen erlebt werden, ob und in welchem Ausmaß sie sich für das Kind schädigend auswirken und auf welche Weise sich das Geschehen in die sonstigen, »nichtsexuellen« Erfahrungen und übrigen Beziehungen des Kindes einfügt.

Bis heute gibt es keine allgemeingültige wissenschaftliche Definition sexuellen Mißbrauchs an Kindern. Fest steht, daß sich kaum ein Bereich besser dafür eignet, Macht, Wut und Unterdrückung auszuleben, als die Sexualität. Sexueller Kindesmißbrauch ist also ein Gewaltdelikt, bei dem Sexualität bloß als Mittel zum Zweck dient. Er geht meist als geplante, bewußte und gewaltsame physische und psychische Schädigung des Kindes vor sich. Um es nochmals zu betonen: Es handelt sich dabei in Wirklichkeit meist *nicht* um sexuelle Befriedigung, sondern um sexualisierte Gewalttätigkeit.

Wie sieht nun die sexuelle Ausbeutung aus der Sicht der Täter aus? Kindesmißbrauchern geht es um das Machtgefälle zwischen Erwachsenem und Kind. Daher suchen sie junge Opfer (in den USA treffender *survivors* – Überlebende – genannt). Sie sind fast immer Vorsatztäter, das heißt, sie planen, für ihr Vorhaben günstige Situationen herzustellen und auszunützen. Und sie spekulieren dabei in der Regel mit der Neugier vor allem der jüngeren Kinder. Dabei sondieren sie deren Aufklärungsstand und die Kenntnis der verschiedenen körperlichen Reaktionen, besonders, ob eine Annäherung über die Demonstration der männlichen Erektion möglich ist. Auch vertraute Kinderspiele, etwa »Doktorspiele«, über die das Kind ja gerade die Geschlechtsunterschiede kennenlernt, werden eingesetzt – wenn auch zweckentfremdet als sexuelles Stimulans des Erwachsenen. Der »infantile« Täter etwa, auf den später noch eingegangen wird, findet seine Befriedigung insbesondere im Exhibitionismus und darin, das Kind in eine Mischung aus Scheu bzw. Angst und Lust zu versetzen, indem er es auf verbotenes, allerdings mit körperlichen Sensationen besetztes Terrain führt.

Die Täterschaft setzt also eine zumindest vertraute und »sichere« (weil real abhängige) Beziehung zum Opfer voraus. Wobei viele Täter ihre Handlungen selbst gar nicht als sexuelle Übergriffe ansehen. So beschäftigt sich ein Täter etwa im Zuge von Pflegehandlungen – Reinigen, Baden, Waschen, Wickeln – mit dem Baby, indem er dessen Genitalien besondere Aufmerksamkeit widmet, die Reaktion des Kindes als Zustimmung auffaßt und letztlich Erregung darin findet, das Kind im Genitalbereich zu stimulieren. Sowohl bei Mädchen als auch bei Knaben sind dabei genitale wie auch emotionale Reaktionen zu erwarten, ja manchmal fordern sie durch Mimik, Gestik und Motorik sogar ein Fortsetzen der Handlungen bzw. akzeptieren das Vorgehen, wodurch sich der Täter scheinbar bestätigt fühlt. Er meint sich in seinem Vorgehen bestärkt und findet genügend Gründe, die eine Fortsetzung bzw. Wiederholung der Handlungen in seinen Augen legitimieren.
Bei Kleinkindern wiederum ergeben sich häufig im Spiel – sei es »Hoppe-Reiter«, sei es »Kitzeln« oder »Herumbalgen« – scheinbar zufällige genitale Berührungen, die zur sexuellen Stimulation des kleinen Opfers führen; wenn dieses dann darauf zustimmend reagiert, fühlt sich der Täter bestätigt. Trotzdem, auch hier ist die Handlung eindeutig durch den Erwachsenen geschehen, das Kind ist »verführtes Opfer«.
Es liegt nahe, daß sich die Beaufsichtigung von Kindern, also die Ausnützung der Erziehungs- bzw. Autoritätsposition, für Mißbrauchshandlungen besonders anbietet. Waschen oder gemeinsames Baden, abendliche Schlafengehenszeremonien, die Liebesbedürftigkeit von Kindern im Vorschulalter u. a. verringern den Widerstand des Kindes, das sich gleichsam anbietet und scheinbar »grünes Licht« signalisiert; sein kindliches »Mittun« wird vom Täter als angebliche Bestätigung dafür ausgelegt, daß es an seinen Absichten Interesse zeigt.
Es gibt also zwei unterschiedliche Zugänge von seiten des Täters: das Ausnützen sich spontan ergebender Gelegenheiten und, was weit öfter vorkommt, die lange und sorgfältige Vorbereitung.
Vorsatztäter gehen üblicherweise mit dem »Geheimnis des Mißbrauchs« behutsam um und sind äußerst darauf bedacht, unent-

deckt zu bleiben. Sie stellen gewissenhafte Zeitpläne auf und analysieren den Tagesablauf der Familie, damit sie wissen, wann welche Personen außer Haus sind, wann ihre Rückkehr am unwahrscheinlichsten ist und wann die Entdeckungsgefahr daher gleich Null ist, welche Räumlichkeiten keinesfalls betreten werden dürfen und wann welche Handlungen im Tagesrhythmus nicht von erwachsenen Bezugspersonen überprüft werden. Eine Mutter (oder jemand anderer aus der Familie) weiß nicht, was geschieht, wenn sie einkaufen geht oder aus anderen Gründen das Haus verläßt, was während des Mittagsschlafs des Kindes, während früher Morgenrituale, bestimmter Freizeitereignisse ohne ihr Wissen passiert, wobei Besuchsrechtsregelungen im Scheidungsfall ebenso zur Gefahr für das Kind werden können wie der Kontakt zu Aufsichtspersonen bei Gruppenaktivitäten, im Sport, in musikalischen Verbänden und anderen Erziehungs- und Freizeiteinrichtungen. Nur selten erkennen Angehörige die Gefahr, ja bedenken kaum jemals, daß die konkrete Möglichkeit sexuellen Mißbrauchs für das Kind besteht. Entsprechend fassungslos sind sie dann, wenn die Übergriffe aufgedeckt werden. Aber nicht nur im familiären Rahmen tarnt spielerische Fürsorge die sexuellen Übergriffe. Auch Fremde verquicken häufig Vertraulichkeit mit Verführung. Ein beliebter Ort dafür sind z. B. öffentliche Hallenbäder, wo sich ältere Männer gern vor Kälte schlotternden Kindern unter den wärmenden Duschen nähern, ihnen auch anbieten, sie abzufrottieren, und so die Schamgrenze herabsetzen; auch Whirlpools mit ihren Wasserstrahlmassagen sind ein beliebter »Akquisitionsort« für Pädophile. Viele Opfer, die zur Zeit solcher Übergriffe noch im Vorschulalter waren, berichten Jahre später über ihre damaligen Zweifel, ob das, was geschah, erlaubt oder unerlaubt war. Da sie Erwachsene als absolute Autorität erlebten, fiel es ihnen schwer, ihr Tun als etwas Verwerfliches zu betrachten, vor allem dann, wenn es sanft und gepaart mit Zuwendung erfolgte.

Zu Beginn des Schulalters ist die Sehnsucht nach Anerkennung, die Neugier an der körperlichen Realität, die Bereitschaft, den älteren Freund zu akzeptieren, besonders ausgeprägt. Der Täter wiederum sieht im »Wollen des Kindes« eine Bestätigung in

seiner Handlung und rechtfertigt sich mit »dem Recht des Kindes auf seine Sexualität«.
Mißbrauchstäter führen fast immer das Argument an, das Kind wünsche sexuelle Stimulierung und habe ein Recht auf dieselbe. Ebenso häufig gibt der Mißbraucher an, er sei verführt worden, und verkehrt damit seine aktive in die passive Rolle, ja, er begnügt sich dabei oft nicht nur mit dem Argument, er sei es gewesen, der verführt wurde, sondern das Kind hätte vehement seine aktive Teilnahme gefordert. Unter solchen Verdrehungen der Tatsachen kommt es dann manchmal schon bei Kindern im Volksschulalter zum Einsatz von pornographischem Material durch den Täter, zur zotigen Annährung an Kinder im beginnenden Pubertätsalter und zur Verführung von Kindern im Pubertätsalter zu »Erwachsenenhandlungen« und damit zu deren scheinbarer Statuserhöhung.
Welche Altersstufe gewählt wird, ist dabei keineswegs zufällig. Wie noch später gezeigt wird, bevorzugt jeder Mißbrauchstäter Kinder in einem ganz bestimmten Lebensalter, was mit seiner eigenen psychosexuellen Entwicklung zu tun hat. Opfer- und Täterprofile sind daher dicht verschränkt: der Täter agiert, ohne es zu wissen, im Bereich jener Entwicklungsphase, in der er selbst psychisch steckengeblieben ist, und er macht sich bei der Verführung des Opfers die Merkmale ebenjener Phase zunutze.

IM SCHATTEN DEINER HÜTTE ...

Verführer und Verführte im Nahverhältnis

Durch Generationen wurden Kinder vor dem Unbekannten gewarnt, dem gefährlichen »Schwarzen Mann«, der vor der Schule steht und sie mit Süßigkeiten lockt. Die Furcht, ein Fremder würde die Kinder erst entführen, dann verführen, ihnen Gewalt antun und sie schließlich ermorden, lag jahrzehntelang allen Präventivmaßnahmen zugrunde, mit denen man Kinder vor sexuellen Übergriffen zu schützen suchte. Eine Angstvorstellung, die von der Wirklichkeit längst widerlegt ist: Man schätzt, daß nur 6 Prozent der Täter völlig Fremde sind; die überwiegende Zahl der Täter ist mit ihren Opfern verwandt oder zumindest vertraut.

»Wenn du einen Feind hast, so suche ihn im Schatten deiner Hütte« – nichts könnte die soziale Wirklichkeit des Kindesmißbrauchs besser beschreiben als dieses kongolesische Sprichwort. Sexueller Mißbrauch findet zum überwiegenden Teil im engeren sozialen Umfeld des Kindes statt. Doch je größer das Nahverhältnis, desto geringer ist die Wachsamkeit des Opfers. Und desto mehr steigt das Ausmaß an Gewalt. Das macht die Familie zum gefährlichsten Tatort: Hier kommt es nicht nur zu den häufigsten, sondern auch zu den aggressivsten und am öftesten widerholten Kindesmißhandlungen.

Mit dieser Tatsache, daß die Täter im (nach außen hin oft durchaus »heilen«) familiären Umfeld ihrer Opfer zu finden sind, ging auch die Erkenntnis einher, daß sexuelle Übergriffe auf Kinder und Jugendliche weit weniger oft als angenommen durch direkte Gewaltanwendung, sondern gleichsam auf »leisen Sohlen« erfolgt. Auch die immer größere Zahl von Mißbrauchsdelikten, die publik wird, kann schließlich nur real sein, wenn Opfer und Täter überwiegend in einem engen Nahverhältnis zueinander stehen und körperliche Gewalt, die ja Spuren hinterläßt, seltener eingesetzt wird als gedacht.

Das heißt aber nicht, daß bei einer »leisen« Verführung die Auswirkungen auf das Opfer weniger schädlich sind. Gerade der Kindesmißbrauch innerhalb der engsten Familie ist einer der quälendsten und folgenreichsten Gewaltakte. Der Ort, an dem das Kind Zuneigung und Geborgenheit sucht, wird zu jenem, an dem es am tiefsten und demütigendsten verletzt wird, und zwar von Menschen, die es liebt und von denen es am meisten abhängig ist. Eine Koppelung, die bei jedem Kind tiefe Spuren hinterläßt.

Im folgenden soll gezeigt werden, wie praktisch in jedem Lebensalter Verführung möglich ist und welcher Techniken sich Mißbrauchstäter bedienen. Übergriffe auf Säuglinge und Kleinstkinder seien dabei zunächst ausgenommen, ebenso die sexuellen Übergriffe von Müttern auf ihre kleinen Söhne, die zunehmend Gegenstand der aktuellen Diskussion werden.
Es sind die intimen Alltagsrituale, die bei Kindern im Vorschulalter die Schamschwelle senken, ebenso wie die Hemmschwelle der Täter. Reinigungszeremonien im Rahmen des Toilettegangs, abendliches Waschen und Duschen oder das gemeinsame Baden – es sind die selbstverständlichen Verrichtungen, über die das Kind Vertrauen in die Handlung des Täters gewinnt, zumal es diese Rituale ja auch von anderen Bezugspersonen her kennt. Ein Vertrauen, das vom Vorsatztäter immer mehr ausgedehnt wird, bis jener Punkt erreicht ist, an dem das Kind seine kritische Distanz verliert.

Der Stiefvater lädt im Laufe eines solch wachsenden Vertrauens den Stiefsohn immer wieder zum gemeinsamen Baden ein. Beim Spielen mit allen möglichen Schwimmtieren kommt es auch zu scheinbar zufälligen genitalen Berührungen des Kindes. Oder der Stiefvater erweist sich als »Saubermann«, und lehrt den Buben auch die ordentliche Reinigung des Gliedes; er zeigt diese Handlung zuerst an sich selbst, dann am Kind, er beginnt am Genitale zu manipulieren, spielerisch und mit Humor wird die kindliche Erektion entdeckt und belächelt, die vorhandene Schamgrenze wird gesenkt, der Mann zeigt anfänglich amüsiert auch sein eige-

nes erregtes Glied. In der Folge kommt es zu gegenseitigen Masturbationen.

Die vierjährige M. wird immer wieder in Obhut eines Freundes der Mutter belassen. Eines Morgens, als die Mutter noch im Nachtdienst ist, beobachtet M. den nackten Mann beim Zähneputzen und erkundigt sich neugierig nach den verschiedenen Größen des männlichen Gliedes. Der Mann sieht die Gelegenheit einer »Aufklärungssituation«, läßt das neugierige Kind seinen Penis berühren, zeigt, in welch unterschiedlichem Zustand er sich befinden kann, und erklärt ohne Hast und ohne Drohung den Erektionszustand. Das kindliche Interesse ist geweckt, und Wochen später kommt es in einer vergleichbaren Situation zur Aufforderung der ersten Masturbationshandlung.

Die fünfjährige D. befindet sich in der Phase der Entdeckung ihres eigenen Körpers und der Geschlechtsunterschiede. Der siebzehnjährige Cousin fragt sie über Gewohnheiten im Kindergarten und im Freundeskreis aus, bringt das Gespräch behutsam auf Vater-Mutter-Kind- und Doktorspiele und meint, ob D. nicht auch mit ihm spielen möchte. Da das Kind keine negativen Erfahrungen hat, willigt es ein. Es kommt zu genitalen Manipulationen, die schließlich aufgrund einer massiven Entzündung des kindlichen Genitales und einer Blasenentzündung entdeckt werden.

Gemeinsam ist diesen Fallbeispielen die kindliche Neugier, die hohe Vertrautheit des Kindes mit dem Täter sowie das Alter: alle drei Kinder sind im Vorschulalter, also in einer Phase des magisch-animistischen Denkens, in der die Welt noch märchenhaft belebt erscheint. So wird auch verständlich, warum Sexualattentäter das männliche Genitale gern als Zauberstab, Wunderstange und ähnliches bezeichnen, um die kindliche Neugier zu wecken, und dem Kind etwa im Spiel von »Groß und Klein« eine scheinbar magische Welt vorführen. Männer, die sich kleinen Jungen nähern, versuchen diese oft von einem vermeintlichen Wunder zu überzeugen, das jederzeit wiederholbar ist.

Erst im beginnenden Volksschulalter tritt das logisch-rationale Denken in den Vordergrund, und die konkreten Annährungsweisen der Täter ändern sich. Generell aber bauen ihre Strategien immer auf die Neugier, Entdeckungsfreude und Wißbegier der Kinder, auf ihrem Interesse, an etwas, das ihrem Alter entspricht, teilnehmen zu dürfen. Und fast immer werden die Opfer daher mit dem Versprechen auf ein Erlebnis gelockt, wobei die Täter erstaunlichen Einfallsreichtum entwickeln. Im folgenden dafür drei Beispiele, die sich nicht im Familienumkreis ereigneten:

Ein Wiederholungstäter verführte vor einigen Jahren insgesamt neun Mädchen zwischen dem siebenten und zehnten Lebensjahr. Er sprach sie jeweils auf der Straße an und erklärte, daß die Mutter in einem Videostudio warte, um ihre Tochter beim Casting für eine Fernsehserie zu beobachten. Der Trick funktionierte, denn mit viel Gespür fand der Mann genau jene Fernsehserie heraus, in der alle Kinder mit Sicherheit gern mitspielen möchten. Jedes der Mädchen ging ahnungslos mit dem Mann in dessen Wohnung und erlitt dort stundenlange Mißhandlungen und Qualen.
Ein Junge wurde im Schwimmbad von einem Pädophilen angesprochen. Der Mann gab vor, eine Sammlung von Schweizermessern zu besitzen. Der Junge wurde neugierig und folgte dem Mann in dessen Wohnung. Er erhielt auch tatsächlich ein heißbegehrtes Taschenmesser mit 20 Funktionen, mußte dafür allerdings körperliche Mißhandlungen über sich ergehen lassen.
Ein Täter wurde wochenlang gesucht, während er sich in einem bestimmten Stadtteil Mädchen im Volksschulalter näherte, indem er eine Katze mit Halsband an einer Hundeleine herumführte. Die Mädchen vergaßen in ihrer Tierliebe jede Vorsicht und folgten dem Mann in seine Wohnung.

Bei Kindern im Alter der Vorpubertät bzw. Pubertät wird die Annäherungstaktik »Neugierigmachen« abgelöst durch den Einsatz pornographischen Materials. So werden oft scheinbar irrtümlich Pornofilme in den Videorecorder eingelegt, die nach einigen gezeigten Passagen mit der Beteuerung »Das ist nichts für dich« abgeschaltet werden. Dieser Vorgang wird ein paarmal wiederholt, mit der Absicht, unauffällig das Interesse zu wecken und auf diese Weise die Schamschranke und den Widerstand allmählich zu vermindern, bis schließlich das ganze Material vorgeführt wird.

Die Konfrontation mit Pornographie ist aber eine Überforderung, die kaum ein Kind verkraften kann.
Rein rechnerisch kauft in Mitteleuropa jeder, der einen Videorecorder erwirbt, auch einen Pornofilm. Bei Gericht fällt daher häufig die Pointe: »Ich besitze einen Videorecorder, aber keinen pornographischen Film, also muß jemand vom hohen Gericht zwei Filme besitzen«, was nicht selten betretenes Schmunzeln nach sich zieht. Tatsache ist, daß laut Statistik ebenso viele Pornofilme wie Videorecorder verkauft werden und pornographisches Material allseits verfügbar ist. Zur Steigerung des Verführungspotentials setzen Mißbrauchstäter häufig Kinderpornos ein. Mit diesem »Anschauungsmaterial« wird deutlich die Hemmschwelle des Kindes gesenkt, verbunden mit dem beiläufigen Vorschlag: »Wir könnten das, was du hier im Film siehst, ja nachmachen.«
In diese Kategorie der Verführung von Kindern gehört auch das eigene Drehen von Videofilmen, in denen mehr und mehr Obszönität Platz greift, wobei meist mit großer Behutsamkeit vorgegangen wird und die Schamgrenzen nur allmählich gesenkt werden. Zwar scheinen die Grausamkeiten, die in diesem Zusammenhang in jüngster Zeit die Öffentlichkeit schockieren, dagegen zu sprechen, doch ist selbst hier in der Regel zwischen Akquisition und Tat, zwischen vorsichtiger Annäherungs- und Verführungstaktik und der Bestialität der schließlichen Ausführung zu unterscheiden.

Wie schon erwähnt, ist davon auszugehen, daß prinzipiell jedes Kind verführbar ist. Je weniger aber seine Bedürfnisse daheim Befriedigung finden, desto gefährdeter ist es. Lebensumstände, in denen ein Kind emotional oder sozial vernachlässigt wird, machen ein Nachgeben gegenüber den sexuellen Wünschen eines erwachsenen Partners häufig zum Ersatz für vermißte Zärtlichkeit und Zuwendung. Es überrascht nicht, daß viele der von uns untersuchten Kinder, die Opfer von Mißhandlungen wurden, ein großes Zärtlichkeitsbedürfnis aufwiesen, das nicht genügend befriedigt worden war. Das heißt aber nicht, daß nur emotional oder sozial benachteiligte Kinder sexuell mißbraucht werden.

Manche Täter gehen auch auf freundliche, zufriedene und offene Kinder zu; hier setzen sie auf die Vertrauensseligkeit dieser Kinder gegenüber Erwachsenen.
Unerfüllte Sehnsüchte und der Wunsch nach Aufmerksamkeit fällt in der Pubertät besonders stark ins Gewicht. Vor allem Mädchen entwickeln in diesem Alter der Loslösung, Verunsicherung und Selbstfindung einen starken natürlichen Narzißmus und fühlen sich durch die Beachtung Erwachsener sehr geschmeichelt. Hier schaffen es Täter mit Formen der Verwöhnung, der Galanterie, mit Geschicklichkeit und unter Ausnützung von Eitelkeit eine Atmosphäre zu schaffen, die das Opfer dazu verführt, seinen Begierden nachzugeben: von Komplimenten und Schmeicheleien über kleine, noch verbotene Geschenke wie Make-up und Lippenstift bis zum Genuß von Alkohol oder scheinbar freizügigen Gesprächen über Sexualität, die dem Kind den Eindruck vermitteln, man hielte es für reifer, als es tatsächlich ist. Gesten und Äußerungen der Verliebtheit, besonders bei gleichzeitiger Abwertung der Mutter, Hinweise, man würde das Mädchen sehr viel mehr schätzen als dessen Mutter, gerade in diesem Alter, in dem es häufig Konflikte zwischen Mutter und Tochter gibt, sowie finanzielle Zuwendungen zur Erfüllung altersgemäßer Konsumwünsche sind geeignete Verführungsvehikel. Auch bei Jungen werden in diesem Alter die – oft konfliktreichen – Loslösungstendenzen ausgenützt. Zuwendung, Geschenke, Gespräche wie unter Erwachsenen sind auch hier erfolgreiche Taktiken, um dem Heranwachsenden zu imponieren und ihn auf diese Weise gefügig zu machen.
In diesem Lebensalter wird dem jungen Menschen aber manchmal auch klar bewußt, daß er selbst unter Umständen den Täter in seiner Macht hat.

Die dreizehnjährige B. verbringt die Sommerferien bei der Großmutter väterlicherseits. Sie fühlt sich dort wohl, doch kommt es einmal zu einem kleinen Streit, als die Großmutter bat, sie möge im Laden vergessene Streichhölzer holen. Dem Protestalter entsprechend, weigert sich das Mädchen. Es meint, es wolle nicht »bestimmt werden«, und stampft mit dem Fuß auf, während es ruft: »Ich habe euch alle in der Hand, auch den Vater.« Die Großmutter schreckt auf: »Habe ich richtig gehört: Du hast den vom Vater in der Hand gehabt?« B. antwortete: »Ja.« Was zur Folge hatte, daß eine Mißbrauchssituation aufgedeckt wurde. – Wie aber konnte sich die Großmutter derart »verhören«? In den nachfolgenden Recherchen stellte sich heraus, daß sexueller Kindesmißbrauch bereits seit drei Generationen in der Familie vorkam!

Viele Kinder sind außerstande, zum Zeitpunkt der Tat auch nur das geringste verlauten zu lassen. Denn es gehört grundsätzlich zur »Technik des Täters«, das Kind zum Geheimnisträger zu machen. Er erreicht dies entweder auf schmeichelnd-gütige Art, wobei die besondere Bedeutung des Kindes für den Täter herausgestrichen wird, unter dem Motto: »Es ist ja so schön, was wir beide erleben, und daran soll kein anderer teilhaftig werden«, oder durch zynische Drohungen wie: »Wenn du unser Geheimnis verrätst, wirst du im Heim landen« – eine leider oft sich selbst erfüllende Prophezeiung.
Es gehört zum Verführungsritual des Täters, schon zu einem frühen Zeitpunkt darauf Bedacht zu nehmen, den ihm richtig erscheinenden Weg – nämlich Drohung oder Schmeichelei – einzuschlagen und zu »kultivieren«. Ein Vater, der dabei sanft und liebevoll vorgeht, stürzt die Tochter in besonders verwirrende Gefühle. Die Schuldgefühle, die nahezu alle Opfer sexueller Ausbeutung entwickeln, sind in diesem Fall noch massiver.

Ein Mädchen wurde jahrelang vom Vater »liebevoll« mißbraucht. Im Urlaub teilten beide z. B. stets ein Hotelzimmer. Immer wenn es eine verbotene sexuelle Handlung gegeben hatte, verfiel der Vater in Trauer, begann zu weinen und versprach, dies wäre das letztemal gewesen. Was sich später in der Therapie der nunmehr 25jährigen Patientin als vordergründiges Dilemma darbot: Nicht die sexuellen Übergriffe des Vaters, die sich in großer Zärtlichkeit abgespielt hatten, waren es, die die Tochter marterten, sondern die damalige Unfähigkeit, seine Schuldgefühle – »Weil er ja regelmäßig geweint und sich selbst gequält hat« – zu ertragen.

Doch auch, wenn die Verführung auf »Samtpfoten« geschieht und der Täter auf diese Weise sich selbst und das Opfer scheinbar beruhigt, gilt nach wie vor, daß sexueller Mißbrauch eine der schwerwiegendsten Formen der Gewalt gegen Kinder darstellt. Dieses Faktum zählt, unabhängig welche Strategie der Mißbraucher einschlägt und welche Konflikte er selbst dabei haben mag oder austrägt.

Faßt man die Situation von kindlichen und jugendlichen Opfern zusammen, so ist mit aller Deutlichkeit darauf hinzuweisen, daß *jedes* Kind sexuellen Übergriffen ausgesetzt sein kann. Und daß niemand, und sei er noch so seriös und angesehen, von vornherein als Täter auszuschließen ist. Die Übergriffe sind fast immer geplant, nie einmalig, und sie unterliegen dem Geheimhaltedruck. Die Strategien der Annäherung und Verführung richten sich, grob eingeteilt, nach dem jeweiligen Lebensalter des Kindes, umfassen aber immer auch ganz persönlich abgestimmte Lockmethoden, die der Täter im Vorfeld sondiert hat, sowie den Aspekt, dem Kind einen Wunsch zu erfüllen oder eine Freude zu machen. Es ist nicht der Wert eines Geschenks, sondern die Sehnsucht nach Bedürfnisbefriedigung, die beim Kind die Wachsamkeit vermindert, auf Ratschläge vergessen läßt, geübte Widerstände beseitigt und persönliche Prioritäten vor Erziehungsregeln stellen läßt.

ES IST ETWAS GESCHEHEN. WAS IST GESCHEHEN?

Sexualerziehung heute – von Anfang an

In keinem anderen Bereich des menschlichen Lebens ist es so schwierig, die richtigen Worte zu finden, wie in der Sexualität. Kein Wunder, daß es hier gleich vier »Sprachen« gibt: Da ist die wissenschaftliche Hochsprache, die die Genitalien Penis und Vagina nennt, daneben existiert die Umgangssprache, die von Glied und Scheide spricht, dann gibt es die liebevollen, vor allem kindlichen Ausdrucksformen wie Spatzerl, Vogerl, Mäuschen oder für die Scheide »Muschi«, und als letztes kennt man die Graffiti- und Obszönsprache, die in Sprüchen die Klowände ziert und Zoten füllt.
Entsprechend schwierig und wenig selbstverständlich vollzieht sich denn auch die Sexualerziehung. Immerhin hat man in den letzten Jahren mehr und mehr Abstand von *der* Aufklärung genommen, also der punktuellen, meist notdürftigen Vermittlung sexueller Vorgänge, die das Kind mit seinem Wissensdrang erst recht allein läßt, entsprechend dem klassischen Klischee vom Vater, der zum geeigneten Zeitpunkt mit seinem Sohn einen Spaziergang macht und beim Anblick der Bienen an einem blühenden Weidenstrauch hilflos erklärt: »So machen es die Menschen auch.« Demgegenüber geht es heute um ein Kontinuum in der Sexualerziehung, um die laufende Vermittlung von altersgemäßen Informationen, die zunehmend erweitert werden. Oder anders ausgedrückt: eine Atmosphäre der sexuellen Offenheit, in dem zu jeder Zeit in geeigneter Form zur Sprache kommen kann, was immer das Kind beschäftigt.
Eine ehrliche und selbstbewußte Sexualerziehung ist der beste Verbündete des Kindes bei der Verhinderung von sexuellem Mißbrauch! Nur so kann das Kind erfahren, daß es ein Recht auf eigene Bedürfnisse und eine Intimsphäre hat. Es lernt, seinen Wahrnehmungen und Gefühlen mehr zu vertrauen als den Be-

hauptungen von Erwachsenen. Und vor allem weiß es: Sexualität ist kein Tabuthema, man soll und darf darüber sprechen. Damit wird eine richtig verstandene Sexualerziehung zum wirksamsten Gegenmittel gegen die Geheimhaltung bei einem sexuellen Übergriff. Kinder, die nicht genügend aufgeklärt sind, haben keine Worte für das, was passiert, oder wagen nicht, sie auszusprechen, und sind daher dem Geheimhaltedruck der Täter weit mehr ausgeliefert.

Sexualerziehung teilt sich, grob gesagt, in drei Bereiche: den anatomisch-physiologischen, den ethischen bzw. religiösen und den erotischen Bereich. Nun lassen sich diese drei Aspekte nicht wirklich voneinander trennen, doch soll hier der Einfachheit halber der Reihe nach auf sie eingegangen werden.
Anatomisch-physiologische Sexualerziehung, zu der auch die Hygiene gehört, beginnt schon beim Kleinkind mit der selbstverständlichen Benennung der eigenen Körperteile, die durchaus »zweisprachig« erfolgen kann: einerseits in kindlichen und familienüblichen Begriffen, andererseits auch früh schon mit Ausdrükken, die auch ein Außenstehender, wie etwa der Arzt, verstehen kann.
Ungefähr ab dem älteren Kindergartenalter beginnt die einfache Erklärung geschlechtlicher Vorgänge nach dem Motto: »Woher kommen die Kinder?« Daß solche Unterweisungen den Eltern häufig viel peinlicher sind als den Kindern, zeigt ein kleines Beispiel: Ein fünfjähriger Bub, der eben eine Lektion in Sexualerziehung erhalten hatte, teilte beim Anblick seiner morgendlichen Erektion unbekümmert dem Vater mit: »Schau, Papi, es übt schon.«
Ab dem vierten Lebensjahr etwa ist auch auf den Unterschied zwischen Jungen und Mädchen einzugehen, was in Familien mit mehreren Kindern verschiedenen Geschlechts naturgemäß einfacher ist. Wer sich gar nicht zu helfen weiß, sollte ein gut gemachtes Aufklärungsbuch zu Hilfe nehmen, anstatt das Thema zu übergehen.
Von enormer Bedeutung ist es auch, eine natürliche Genitalität zu vermitteln, wobei nicht nur Scheide und Glied in die Begriffs-

bildung aufgenommen werden sollten, sondern ebenso die Ausscheidungsfunktionen, beim Knaben vor allem auch der Bereich Hodensack und die beiden Hoden, zumal von ärztlicher Seite ja von Anfang an immer wieder kontrolliert werden muß, ob sich die beiden Hoden auch tatsächlich im Hodensack befinden. Das Mädchen wiederum muß im Rahmen der Hygieneerziehung z. B. lernen, sich nach dem Stuhlgang von der Scheide weg zu säubern. Es geht also um eine Fülle von kleinen, intimen Informationen, die zeigen, daß der Körper in keinem Bereich eine Tabuzone ist, und natürlich am besten vom jeweilig gleichgeschlechtlichen Elternteil vermittelt werden können. Mütter sollten ihren kleinen Töchtern, sobald sie das Kindergartenalter erreicht haben, erklären, daß die Scheide ein intimer Bereich ist, in den keine Fremdkörper eingeführt werden dürfen; Väter sollten ihren Söhnen bestimmte Waschvorgänge zeigen, z. B. daß die Vorhaut des männlichen Glieds zurückgezogen werden muß und behutsam auch dieser Körperteil zu waschen ist. Bei alledem sind ein selbstverständlicher Sprachgebrauch und eine Haltung notwendig, die erreichen, daß das Kind die Genitalregion nicht tabuisiert, aber gleichzeitig – und das ist für die Erziehenden immer wieder eine Schwierigkeit – lernt, daß es sich dabei um einen diskreten Bereich handelt.
Ab dem fünften Lebensjahr beginnen in der Regel die Doktor- und die Vater-Mutter-Kind-Spiele. Zweifellos geht es dabei um genitale Sensationen, also lustvolle sexuelle Empfindungen, aber es geht auch und vor allem um die Neugierde, um den Wunsch, sich und das andere Geschlecht zu entdecken. Solche Entdekkungsreisen sind wichtig, und es ist nichts dagegen einzuwenden, sofern sie nicht aggressiv gefärbt oder gar Ausdruck erlittener körperlicher oder seelischer Unbill sind. Solange es sich also um kindliche Neugier, gepaart mit masturbatorischer Lust und Befriedigung, handelt, sollten sich die Erwachsenen diskret verhalten, den Kindern aber durchaus vermitteln, daß Sexualität ein hohes Gut persönlicher Intimität darstellt und exhibitionistisches Verhalten fehl am Platz ist.
Mit Beginn des Volksschulalters ist der physiologische Aspekt der Sexualerziehung auf genauere Zusammenhänge vor allem des

eigenen Körpers, aber auch dem des anderen Geschlechts auszudehnen, mit zunehmender Verdeutlichung der Privatsphäre, der Achtung vor dem anderen und möglichem Schmerzempfinden im Genitalbereich sowie Verletzungsgefahren bei Jungen und einer neuen, ungewohnten Schmerzempfindlichkeit bei Mädchen.

Die Pubertät – Aufbruch ins Ungewisse

In dieser Phase tiefgreifender Veränderungen kommt es unübersehbar zur körperlichen Umstellung vom Kind zum Erwachsenen, begleitet von heftiger Neugier für alles, was mit Sexualität und Liebe zusammenhängt, dem Wunsch nach Freiheit und Autonomie, dem bereits Erwachsen-sein-Wollen und der beginnenden Abnabelung vom Elternhaus. In diesem Buch wird zwischen Pubertät und Adoleszenz unterschieden: Mit Pubertät ist die Phase der körperlichen Veränderungen gemeint, mit Adoleszenz die Metamorphose von Intellektualität, Emotionalität und Sozialisation. So kommt es in der intellektuellen Entwicklung zu einer Wandlung vom logisch-konkreten hin zum abstrakten Denken, zum Erkennen von Begriffen wie Liebe, Endlichkeit oder die Sinnfrage des Lebens. Die Wahrnehmung von Farben und Formen ändert sich, ebenso der Zeit- und Größenbegriff. Die Bilanz der eigenen Kenntnisse und Fähigkeiten fällt allzu häufig entmutigend aus. In dieser Phase entwickelt sich die Fähigkeit, zu planen und vorauszudenken, Tragweiten abzuschätzen und moralische Urteile zu fällen, indem nicht mehr bloß die Meinungsklischees anderer übernommen werden, sondern das eigene Weltbild gefestigt wird. Die Gefühlslage schwankt zwischen »himmelhoch jauchzend« und »zu Tode betrübt«, zwischen Empfindsamkeit und Überempfindlichkeit, was die Beziehungen mit der Familie und den Lehrern nicht gerade erleichtert. Dafür gewinnt der Kontakt zu Gleichaltrigen immer mehr an Bedeutung und löst die Kompetenz der Eltern ab. Die Suche nach der eigenen Identität, nach Identifikation und Intimität steht im Vordergrund. »Wie bin ich als erwachsene Frau, als erwachsener Mann?«, »Wie wirke ich auf andere? Wie wirken die

anderen auf mich?« – solche Fragen drücken den Wunsch nach Selbstfindung ebenso wie das Ausmaß an Verunsicherung aus. Ideale werden gesucht und wieder verworfen, bis sich aus der Suche nach Leitbildern und Ideologien eine Grundlage für eigene Wertvorstellungen und Selbstbestimmung gebildet hat, die schließlich die Weichen für die Berufswahl und damit für die Zukunft stellt.
In dieser Zeit ist der junge Mensch besonders anfällig für Verführer wie Sekten und Sektierer, Mißbraucher und Mißhandler, die sich diese sensible Umbruchphase zunutze machen. Ein Vorgehen, dem Eltern und Erzieher am besten durch den richtigen Umgang mit dem Teenager entgegenwirken: ihm zeigen, daß sie Vertrauen in ihn setzen, ihn selbst das Entwicklungstempo bestimmen lassen, ihn ausreichend informieren, Respekt vor seiner Intimsphäre beweisen und ein Streitklima schaffen, das dem Jugendlichen hilft, selbst bei engen und liebevollen Familienbeziehungen den unerläßlichen Ablösungsprozeß zu vollziehen.
Sexualerziehung setzt nicht erst in diesem Alter ein, doch gerade jetzt, da die brennendsten Fragen um Sexualität und Liebe kreisen, um das Ausloten von Nähe und Distanz, um Angst, Verunsicherung und Verwirrung – und um die Folgen, die sexuelle Handlungen nach sich ziehen können, ist sie, richtig verstanden, ganz besonders wichtig.

Seit rund 100 Jahren tritt die Geschlechtsreife immer früher ein. Es ist daher besonders darauf zu achten, daß Mädchen und Jungen rechtzeitig mit den körperlichen Veränderungen in der Pubertät vertraut gemacht werden. Als körperliche Reifekriterien gelten bei Mädchen die Pellarche (Wachstum der Körperhaare), die Pubarche (beginnendes Brustwachstum und Veränderung des Gesamtkörpers einschließlich des Genitalbereichs) und die Menarche (erste Regelblutung), bei Jungen das Wachstum der Körperhaare, die deutliche Pigmentierung im Genitalbereich, das Wachstum des Kehlkopfs mit nachfolgendem Stimmbruch und der unwillkürliche Samenerguß im Schlaf (Pollution). Dazu kommt das Körperwachstum: Arme und Beine werden schwerer, weil das Muskelwachstum hinter dem Knochenwachstum zurückbleibt, und es entstehen die typischen ungeschlachten, disharmonischen Bewegungen. Zum Zeitpunkt des Wachstumsschubs rechnet man mit 1 cm Körpergröße pro erworbenen Kilogramm Körpergewicht, am Höhepunkt des Wachstums nehmen Knaben etwa 20 cm und Mädchen 16 cm an Körpergröße zu.

Selbst bei gewissenhaftester Aufklärung bleiben all diese Körperveränderungen für den jungen Menschen ein Mysterium. Heranwachsende, die keine entsprechende Sexualerziehung hatten, sind aber in einer besonders hilflosen Situation. Zum Beispiel gilt das für Mädchen beim Eintritt der ersten Regelblutung, der noch dazu meist gerade nicht dann erfolgt, wenn die Familie zusammen, die Mutter verfügbar und alle Hygieneartikel bei der Hand wären, sondern auf dem Skikurs, während der Schullandwoche oder am Morgen in den ersten Unterrichtsstunden ...

Die körperlichen Veränderungen gehen mit einem erhöhten Maß an Aufmerksamkeit für den eigenen Körper einher, häufig verbunden mit Minderwertigkeitsgefühlen, die durch das Sich-Messen und -Vergleichen mit Altersgenossen nicht eben geringer werden: Ob es nun das Brustwachstum bei Mädchen ist oder das Wachstum der Haare bzw. der Genitalien bei Jungen – gegenseitiges Zur-Schau-Stellen, Herabsetzung jener, die noch nicht die entsprechende Reife erlangt haben, Wettbewerb und Konkurrenz überspielen nur die große Verunsicherung und Verwirrung, die die Pubertät mit sich bringt.

Auf dem schwierigen Weg vom Kind zum Jugendlichen durchlaufen wir im Zuge der Sexualentwicklung eine autoerotische, eine homoerotische und eine heterosexuelle Phase. Unter Autoerotik versteht man die erwachende Neugier am eigenen Körper; die geschlechtlichen Veränderungen werden nicht nur wahrgenommen, sondern die entstehenden Spannungen auch beantwortet, es wird experimentiert und mit den Körpersensationen gespielt. Die nachfolgende homoerotische Phase hat nichts mit Homosexualität zu tun, auch nicht mit der Verführung durch Ältere; in dieser Phase, in der sich die Gleichaltrigen miteinander beschäftigen, wird ebenfalls experimentiert: man vertraut sich

den gleichgeschlechtlichen Freunden an, weil man annimmt, daß sie Ähnliches wahrnehmen; es kommt zu gegenseitigem Manipulieren, und geschützt vor dem anderen Geschlecht, kann so die eigene Geschlechtlichkeit erlebt werden. Erst in der heterosexuellen Phase kommt es schließlich – durch »Necking« und »Petting« zum Kontakt mit dem anderen Geschlecht bzw. zu homosexuellen Kontakten. Es ist ein Irrtum zu glauben, daß in diesem Alter eine Prägung der sexuellen Orientierung erfolgt: Dreizehn- bis Vierzehnjährige sind in ihrer Ausrichtung längst bestimmt, sie können ein Leben lang experimentieren, und selbst wenn niemals volle sexuelle Eindeutigkeit besteht, kann eine Verführung in die eine oder andere Richtung an ihrer Geschlechtsidentität grundsätzlich nichts mehr ändern. Dem erhöhten Schutzalter bei Homosexuellen fehlt damit jegliche sachliche Rechtfertigung.
Doch nicht nur in der sexuellen, auch in der geistigen und emotionalen Entwicklung kommt es in der Pubertät zu Verunsicherungen. Die Suche nach dem Sinn des Lebens, nach Weltdeutungen und Vorbildern, nach der eigenen Identität, die Auseinandersetzung mit den eigenen, überbordenden Gefühlen und der Sexualität sowie die Ablösung vom Elternhaus prägen diese Phase, die nach außen bei Jungen oft stürmischer abläuft als bei Mädchen und bis zum Abbruch der Beziehungen zur Familie, aber auch zu erhöhter Intensität in neuen Bindungen führen kann.

K. ist dreizehn Jahre alt, wirkt aber in seinem Auftreten wesentlich älter. Körperlich ist er einem Sechzehnjährigen vergleichbar. Er ist von überaus hoher emotionaler Empfindsamkeit, ja Empfindlichkeit, und zeigt den für sein Alter typischen intellektuellen Einbruch mit plötzlich massiv absinkenden Schulleistungen. In seiner Klassenlehrerin findet er die »ideale« Gesprächspartnerin. Nach gemeinsamen Treffen im Kaffeehaus beginnt K. für die Lehrerin zu schwärmen. Ein Schulskikurs, an dem beide teilnehmen, steigert noch seine Verliebtheit. Nach der Rückkehr erkrankt die Lehrerin. K. sucht sie zu Hause auf, und es kommt zu Intimitäten, die der Junge voll Stolz prompt seinen Freunden weitererzählt. Gerüchte beginnen zu kursieren und verdichten sich schließlich zu einer Anschuldigung. Die Lehrkraft vertraut sich dem Schuldirektor an, danach der zuständigen Schulbehörde, sie läßt sich versetzen und bricht die Beziehung zu ihrem Schüler abrupt ab. Dieser unternimmt daraufhin einen Selbstmordversuch – ein Hilferuf, der K.s alterstypisches Dilemma offenbart: der Welt, in die sich der Dreizehnjährige stürmisch begeben hatte, war er noch nicht gewachsen.

Gerade in diesem Alter ist Sexualerziehung heute mehr denn je in vollem Umfang notwendig. Sie hilft, die tiefen Ängste und Zweifel dieser Phase fruchtbar zu machen für die weitere Beziehungsfähigkeit, und sie schützt vor reellen Gefahren. Hätte der Autor vor 20 Jahren erklärt, Kinder sollten rechtzeitig über sämtliche Verhütungsmittel und ihre Anwendungsmethoden informiert werden ebenso wie über sämtliche Spielarten der Sexualität, er wäre seines öffentlichen Amtes verlustig gegangen und als »intellektueller Kinderschänder« angeprangert worden. Nur in der radikalen Literatur der 68er-Bewegung war man schon damals bereit auszusprechen, was ansonsten noch streng tabuisiert war. Heute wissen wir, daß diese umfassende Form der Aufklärung überlebensnotwendig geworden ist, und niemand wird sich im Zeitalter einer unheilbaren, tödlichen Geschlechtskrankheit scheuen, alles zu unternehmen, um die heranwachsende Generation zu schützen.
Es mag sein, daß die Großstadtrealität den Autor vieles deutlicher aussprechen läßt, als es im ländlichen Raum vielleicht üblich ist. Aber hier wie dort können Erkrankungen wie Aids, ob nun im Sexual- oder im Drogenbereich, sehr rasch zu einem Infektionsherd werden.

Der ethische und religiöse Aspekt der Sexualerziehung ist noch sensibler als der eben genannte. Über anatomische und physiologische Fakten läßt sich leichter sprechen, sie sind nachvollziehbar, kaum bedrohlich, und es stehen jederzeit schriftliche Unterlagen zur Verfügung, weshalb in Schulen und anderen öffentlichen Einrichtungen der Informationsgewinn etwa durch den

Einsatz von Bild- und Tonträgern oft höher ist als in der häuslichen Aufklärung.
Hingegen hängt es von der moralischen Einstellung der Eltern bzw. ihrer Bereitschaft ab, sich dazu zu bekennen, ob und in welchem Ausmaß, in welcher Intensität und Tiefe die Achtung vor dem anderen Geschlecht vermittelt wird. Hier fließen auch Vorbildwirkung durch die Eltern, die Möglichkeit des Versuch-Irrtum-Lernens und einer Erziehung zur Selbstbestimmung, die kalkulierbare Gefahren durchaus einbezieht, ein. Zweifel und Kritik zuzulassen ist ein wichtiges Element in diesem Prozeß, und ein erzieherischer Absolutheitsanspruch auf die einzig gültige Wahrheit wird keinen jungen Menschen überzeugen. Vielmehr geht es um einen Diskussionsprozeß, eine im Dialog vermittelte ethische Weltsicht, die lehrt, Achtung vor Mann und Frau zu haben, Geschlechtlichkeit und Geschlechtsleben nicht als Konsumware zu betrachten, sondern stolz darauf zu sein, einem bestimmten Geschlecht anzugehören, und schließlich in einer behutsamen Annäherung an das Du die Glückserfahrung in einer sexuellen Partnerschaft in Hoffnung zu stellen. Es gehört Mut dazu, alle Spielarten der Sexualität zu akzeptieren, also nicht einzelne Varianten, wie die Homosexualität, zu diskreditieren, sondern ihnen Achtung entgegenzubringen, und schließlich zu lernen, sich abzugrenzen dort, wo Ausbeutung und Erniedrigung des anderen beginnt. Nichtakzeptable Impulse und Verhaltensweisen aber müssen beherrscht und kontrolliert werden, sei es durch Selbstkontrolle oder Kontrolle durch andere: Hier beginnt die Prävention von Kindesmißbrauch.
Ob und in welcher Form dieser Erziehungsbereich auch religiös verantwortet wird, liegt in der Einstellung des einzelnen. Allen Religionsgemeinschaften sind bestimmte sexuelle Normen eigen, die jeweils zu achten sind, so sie nicht sektiererisch ein inakzeptables Verhalten propagieren. Die Sexualmoral von Christen, Juden und Moslems beispielsweise mißt der Keuschheit der Frau einen großen Stellenwert bei, was sich im übrigen auch im Sexualstrafrecht niederschlägt, wo der Integrität der Frau in bezug auf ihre Virginität ein hoher Wert zukommt. Diese Normen sind zu respektieren, ob man mit ihnen übereinstimmt oder nicht.

Inakzeptabel dagegen sind Sekten, die die kindliche Intimsphäre ignorieren und Kindesmißbrauch bis hin zur Prostitution nicht nur billigen, sondern sogar programmatisch fördern.
Auch die zunehmende Fähigkeit, sich moralische Urteile bilden zu können, gehört zur Ethik der Sexualerziehung. Natürlich spielen dabei die Moralvorstellungen der Eltern eine sehr große Rolle, die, sofern sie sich in verschiedenen Erziehungszielen äußern, allzuoft mit jenen der Kindergärten und Schulen aufeinanderprallen und – statt den Dialog zu fördern – in intolerante Konflikte und Kämpfe münden. Es ist aber gerade die ethische Erziehung, die vermitteln sollte, daß unterschiedliche Ansichten und Lebensstile zu achten und zu akzeptieren sind, unabhängig von der Religion, und daß Toleranz und Offenheit grundlegende Prinzipien des menschlichen Zusammenlebens darstellen.

Pornographie
Nichts ist so schädlich für die sexuelle Entwicklung eines Kindes wie der Anblick von Pornographie. Was ein erwachsener Mensch in seinen vier Wänden tut, soll – und für diese Freiheit müssen wir dankbar sein – nur seine eigene Angelegenheit sein. Konsumiert er pornographisches Material als sexuelles Stimulans, so ist das kein Gegenstand öffentlicher Diskussion ebensowenig wie seine Schlafzimmergewohnheiten. Anders ist das bei Kindern. Pornographie ist Darstellung der Genitalität, einer Sexualität ohne Intimcharakter, und sie ist eine Demonstration männlicher Macht und der Verfügbarkeit der Frau. Selbst wenn Frauen darin miteinander oder mit Objekten agieren, sind ihre Handlungen und ihre Rollen Ausdruck männlicher Phantasien. Männer haben sie erdacht, und Männer haben sie für Männer inszeniert.
Mädchen und Jungen steht aber das Recht zu, ihre eigene Sexualität kennenzulernen. Und dies geschieht primär im Kopf durch ihre Phantasien. Jedwede genitale Darstellung zerstört diese Kreativität und damit die Möglichkeit, sich auf etwas vorzubereiten, das ein Geheimnis unseres Lebens ist und das in »Eigenregie« erfaßt und erfahren werden muß.

Die rein »technische« Aufklärung über den Sexualakt ist leicht und einfach zu vermitteln, trifft aber nicht das Wesentliche, da Sexualität ja nicht bloß Fortpflanzung darstellt, sondern die Beziehung zweier Menschen in allen ihren Dimensionen ergänzt. Reduziert man aber Sexualität auf den Genitalakt, in welcher Form auch immer er vollzogen wird, nimmt man dem Kind seine persönlichen Phantasien. Seine Vorstellungen – gleichsam die Filme seiner Gedankenwelt –, die noch gar keine Realität bekommen haben, gehen verloren.
Geht man von der Voraussetzung aus, daß die ursprüngliche Entdeckung der eigenen Sexualität sehr häufig mit Selbstbefriedigung und den sie begleitenden Phantasien einhergeht, so sind diese Bilder wohl intimstes Eigentum des Phantasten, sie gehören ihm und dürfen einfach alles bis hin zur Perversion enthalten, ohne daß man ihn einer Abnormität bezichtigen darf. Es gehört zum Geheimnis der Annäherung an die Sexualität, sich auch ungewöhnlicher Phantasien zu bedienen, sie in vielfacher Ausgestaltung als Stimulans zu nützen und sie ein Leben lang in sich zu tragen, ohne je dafür gemaßregelt zu werden. Durch Pornodarstellungen jedoch werden diese Bilder gewaltsam in eine Realität geholt, die die Begierden des Vollzugs fordert. Die Phantasie wird damit in Fesseln gelegt.

Am schwierigsten gestaltet sich häufig der dritte, erotische Aspekt der Sexualerziehung. Denn Erotik kann und darf man nicht »demonstrieren«. Was Eltern ihren Kindern zeigen und vermitteln können, ist, daß körperliche Zuwendung kein Tabu darstellt, sondern integrativer Bestandteil einer emotionalen Beziehung ist. Zärtlichkeit, Wärme, Liebe, Fürsorge und Achtung voreinander drücken sich immer auch körperlich aus – etwa eine abendliche Herzlichkeit zwischen Vater und Mutter, die das Kind erlebt –, wenngleich sie nicht direkt den sinnlichen Aspekt der elterlichen Sexualität zur Schau stellen. Dennoch, Kinder sind gerade auch für das Ungesagte sehr empfänglich. Besitzen sie Eltern, die eine lustvolle und befriedigende Sexualität leben, wird sich das indirekt mit Sicherheit mitteilen. Und diese Eltern werden auch geeignete Wege finden, den Kindern diese wichtige, positive Dimension ihrer Beziehung altersgemäß zu vermitteln. Ob offen gesagt oder zwischen den Zeilen: Die Vermittlung des erotischen Aspekts ist jedenfalls ebenso wichtig wie die der anderen Aspekte der Sexualerziehung. Kinder können und sollen lernen, daß Liebe, Sexualität und Erotik lebensbejahende, lustvolle und energiespendende Lebensäußerungen des Menschen sind und nicht bloße Technik und erklärbare Genitalakte.

WER SIND DIE TÄTER?

Seit jeher ein Thema der Weltliteratur – man denke nur an den »Tod in Venedig« von Thomas Mann, der auch erfolgreich verfilmt wurde –, versucht man seit dem 19. Jahrhundert, sich verstärkt mit dem Persönlichkeitsprofil des pädophilen Täters auseinanderzusetzen. Eine Entwicklung, die vor allem in den letzten 15 Jahren an Intensität zugenommen und zu entscheidenden Einsichten geführt hat. So genügt es nicht, sich darauf zu beschränken, den Pädophilen einfach als »pervers« abzustempeln. Es ist vielmehr notwendig, seine Persönlichkeitsstruktur und seine Handlungsweise zu verstehen (was nicht heißt, sie zu rechtfertigen), denn nur so kann ihm begegnet bzw. dem Opferschutz Rechnung getragen werden, sowohl im Falle einer Ersttat als auch einer Wiederholungstat. Und nur so kann auch dem Täter geholfen werden, sich mit seiner psychischen Störung auseinanderzusetzen und dabei entsprechende Hilfe von außen zu erfahren.

Der Ruf nach Bestrafung und organmedizinischer Behandlung reicht nicht aus. Und vor allem: Kastration nützt nichts, weder die hormonelle noch die operative, denn Pädophilie entsteht im Kopf. Sie beruht auf Konflikten, Phantasien und Triebbedürfnissen, denen auch durch stereotaktische Gehirnoperationen, wie sie ebenfalls zuweilen gefordert werden, nicht beizukommen ist. Auch die Forderung, die Täter einfach lebenslang abzusondern und »wegzusperren«, ist überzogen und wenig realistisch. Ebenso das andere Extrem: die Hoffnung, die Psychiatrie könne im Verein mit der Psychotherapie das Problem restlos aus der Welt schaffen. Der Glauben, es sei möglich, eine eindeutige »Perversion« zu diagnostizieren, die dann ebenso eindeutig einer gesicherten Behandlung zugeführt werden kann, stellt sich als Irrtum heraus. Entscheidend ist vielmehr die Kenntnis der psychischen Struktur der Täter und das Wissen um die menschliche Triebdynamik, das heißt die vereinten Erkenntnisse der Tiefenpsychologie, der Verhaltenspsychologie und der Medizin, die es ermög-

lichen, ein Täterprofil zu erstellen, um die komplexen Ursachen dieses Verhaltens zu erfassen und langzeitliche Hilfsmaßnahmen zu erstellen.
Erst ein solches Erklärungsmodell, das außerdem entwicklungspsychologische und familienspezifische Aspekte umfaßt, kann helfen, einen Ansatz zu finden, das Verhalten des Täters wirkungsvoll zu verändern bzw. geeignete Maßnahmen für den Opferschutz und entsprechende Strategien zur Vorbeugung zu entwickeln. Es ist aber auch wesentlich für die Arbeit des Gerichtssachverständigen, der – entscheidend für den Gerichtsprozeß – auf dieser Basis das psychiatrische Gutachten über den Täter erstellt.

Tätertypologie

Es gibt keine äußeren Merkmale, die Mißbrauchstäter von anderen Männern unterscheiden. Sie sind »unauffällige«, ganz normale Männer, die ein Leben wie jedermann führen, und keineswegs jene Sonderlinge, Monstren oder Psychopathen, als die sie die Öffentlichkeit gern sehen möchte. Ob vergewaltigender Vater oder Onkel, übergriffiger Nachbar oder Priester – Kindesmißbraucher sind keine Außenseiter der Gesellschaft, sondern Durchschnittsmenschen. Sie entstammen jeder Schicht, verfügen über die verschiedensten Bildungsgrade, üben die verschiedensten Berufe aus, sind ebenso häufig arbeitslos wie andere Männer und haben ähnliche Freizeitgewohnheiten. Nichts, aber rein gar nichts deutet darauf hin, daß jemand ein Mißbraucher ist, nicht einmal für die engste Familie. Und deshalb kann man niemanden von vornherein als Täter ausschließen.
Wie schon erwähnt, sind Mißbrauchstäter überwiegend Vorsatztäter, die mit List, Bedacht und Phantasie an ihr Vorhaben herangehen. Diese oft raffinierten Annäherungs- und Verführungsmethoden sind es, die einen Rückschluß auf die Persönlichkeitsstruktur zulassen. Denn die Strategien des Kinderbenutzers hängen von seiner eigenen Lebensgeschichte und von bestimmten, gestörten Phasen seiner psychischen Entwicklung ab, und

nach diesen Entwicklungsphasen können verschiedene Tätergruppen und ihre Strategien bestimmt werden.

Der »infantile« Täter

Hierher gehören jene Personen, die im sexuellen Entwicklungsstadium des »Herzeige«-Alters und der Stufe der Vater-Mutter-Kind-Spiele verhaftet geblieben sind. Gewöhnlich haben sie in dieser frühen Entwicklung intensive sexuelle Stimuli erfahren, die sie unbewußt aufbewahrten und auf die sie in ihrer Phantasie immer wieder zurückgreifen. In ihrer Triebbefriedigung versuchen sie, diese frühkindlichen Erlebnisse wieder zu beleben. Neugier, die Erfüllung solch früher Wünsche, aber auch umgekehrt die Abwehr von kindlichen Triebansprüchen können sich ebenso im Verhalten dieser Personen verbergen wie eine starke frühkindliche Sexualisierung, die durch genitale Manipulation entstanden ist und mit einem intensiven Triebbefriedigungsbedürfnis einhergeht.

Immer wieder können wir im Kindergarten Kinder beobachten, die, über das übliche Maß altersgemäßer Neugier hinaus, andere Kinder zu sexuellen Spielen und sexueller Stimulation in dunkle Ecken locken. Es sind Kinder, für die die Selbstbefriedigung möglicherweise zur ersatzweisen Befriedigung ganz anderer unerfüllter emotionaler Bedürfnisse wird oder die sich gezwungen fühlen, durch Selbstbefriedigung auf sich und ihre Bedürfnisse aufmerksam zu machen. Oft handelt es sich aber auch um Kinder, die bereits im frühesten Alter verführt wurden und die auf diese Weise von Erfahrungen Mitteilung machen, für die ihnen die Worte fehlen und die sie nur durch Aktion ausdrücken können.

Der kleine H. onanierte regelmäßig während der Mittagsruhezeit mit auffallender Intensität und ohne Schamgefühl. Schließlich forderte ihn seine Kindergärtnerin auf, dies zu unterlassen, da zwar die Handlung an sich nicht verboten, jedoch der Ort und die Gelegenheit nicht richtig gewählt sei. Darauf meinte H., daß

sowohl seine Brüder als auch sein Stiefvater dies daheim häufig und voreinander tun würden.
Auf diese Antwort hin rief die Kindergärtnerin H.s Mutter zu sich, die im Gespräch erklärte, sie könne ein solches Verhalten in ihrer Familie doch nicht abstellen, schließlich sei dies ja eine »Normalhandlung«.

Tatsächlich berufen sich frühkindlich gestörte Täter häufig auf Erfahrungen, die sie im Kindergartenalter gemacht und die ihnen nicht nur nicht geschadet hätten, sondern die sie auch vermeinten, weitergeben zu müssen. Für die Einbeziehung von Kindern in die sexuellen Aktivitäten der Erwachsenen, wie im eben genannten Beispiel, gibt es übrigens keine pädagogische oder sonstige Rechtfertigung; ihre Schädlichkeit ist längst bewiesen.

Sehr häufig führt der infantile Tätertypus Situationen herbei, die dem Kind wohl zunächst ganz harmlos erscheinen: es genügt ihm zur sexuellen Stimulation, das Kind nackt zu sehen. Das muß nicht immer in natura sein. Auch Nudistenmagazine mit Abbildungen besonders junger Kinder, die legal im Handel sind, bieten sich hier zur Befriedigung der starken voyeuristischen Komponente dieser Tätergruppe an. Die Werbung setzt ebenfalls auf dieses Stimulans, indem Kinderwäsche und -bademoden bildlich so präsentiert werden, daß der Voyeur auf diesen Fotos findet, was er sucht. Bliebe es dabei, könnte man von einer kompensierten Form abweichenden Sexualverhaltens sprechen. Doch es gibt Steigerungsstufen, die sich zunächst in dem Wunsch ausdrücken, nackte Kinder »live« zu sehen und als nächstes, sie selbst auf Fotos oder Videofilmen abzulichten.
Wird ein solcher Täter ertappt, kommt es zu einem Entrüstungssturm. Nur reine und lautere Beweggründe werden angeführt: man sei nichts als ein unschuldiger Kinderfreund, ein harmloser Freund der Familie oder ein bloß künstlerisch interessierter Hobbyfotograf. Die »Unterstellung« unlauterer Motive wird empört zurückgewiesen und der Aufdecker zum »Pervertierten« gestempelt. Diese Abwehr ist meist gezielt und durchdacht und wird bei der Inszenierung der Tat bereits berücksichtigt.

Wie schon erwähnt, wird letztlich der allmähliche Abbau der kindlichen Scheu und Ablehnung angestrebt. Ist einmal eine Vertrauensbasis zwischen Täter und Opfer hergestellt, kann die Scham des Kindes dann mehr und mehr reduziert werden. Erst jetzt agiert der Täter voll, ob offen oder verdeckt. Die Kinder werden – beim offenen Agieren – aufgefordert, sexuelle Posen vor der Kamera einzunehmen. Wird dann der Täter entdeckt, kommen Erklärungen wie, die Kinder hätten sich untereinander in diesen Posen fotografiert bzw. jemand anderer und nicht er wäre hinter der Kamera gestanden.

Eine besondere Variante beim Fotografieren kleiner Kinder ist es, das weibliche Genitale oder die Rückseite des Mädchens mit verschiedenen Gegenständen zu versehen, darunter phallusähnliche Objekte wie auch solche, die Gewalt symbolisieren, z. B. Ketten, Seile oder Stöcke. Letztere sind oft auch Accessoires von Knaben, die ein erigiertes Glied zeigen. Eine andere Variante sind, primär nicht genital ausgerichtete, »Fesselungsspiele«. Die sadomasochistischen Täter paaren dabei die Aggression, häufig in symbolisierter Form, mit infantiler Sexualität. Ihre Verteidigung lautet, es hätte sich bloß um »Indianerspiele« gehandelt und die Kinder hätten sie gemocht, eine Behauptung, die oft auch dann noch aufrechterhalten wird, wenn die Fotos eindeutig Gewaltcharakter aufweisen.

Über Kinderpornographie

Neben dem erschreckend verbreiteten Konsum von Kinderpornos wird immer öfter auch über deren Produktion in den Medien berichtet. Doch dieses Interesse ist ein zweischneidiges Schwert. Natürlich ist es berichtenswert, wenn wieder ein Kinderporno-Ring aufgedeckt wird, doch wird zugleich durch schlüpfrige Reportagen der Markt für die Ware Kind nur noch mehr angeheizt. Mittlerweile kennt bald jedermann die Produzenten solcher Filme, erfährt, wohin man fahren muß, um Kinder für Fotos und Filme mieten zu können, oder daß man Versandkataloge ordern kann, die

dem Hobbyfilmer für jegliche Art von Mißbrauch Kinder zur Auswahl anbieten.
Kinderpornographie ist heute ein Wirtschaftsfaktor, und allzuoft macht sich eine nur scheinbar entrüstete Presse, die die Pornographieopfer auch noch abbildet und somit erneut die Schau-Lust der Konsumenten stimuliert, zum Komplizen der gewalttätigen Kinderausbeutung. Wenn dann noch die einschlägigen Internetseiten in den Zeitungen so gezeigt werden, daß ein Griff zur Lupe genügt, um die entsprechenden Adressen zu erfahren, ist der Kreis von Voyeur, Händler und Produzent lückenlos geschlossen.
Die Kette ist nicht nur ökonomischer Art: Es ist erwiesen, daß alle an der Herstellung und am Vertrieb der Pornos Beteiligten selbst Opfer von Kindesmißbrauch gewesen sind. Dieser Umstand ist deshalb wichtig, weil er eine für die Akteure enthemmende Wirkung hat und außerdem die Selbstrechtfertigung beisteuert: »Mir hat es schließlich auch nicht geschadet« – das beliebte Argument einer malträtierten Generation, das man schon von der »gesunden« Ohrfeige her kennt.
Lückenlos geschlossen ist häufig auch die Schweigemauer am Ort des Geschehens – im Dorf, in der Kleinstadt, in der Nachbarschaft –, wenn es um Gewalt gegen Kinder geht. Fliegt ein Kinderporno-Skandal auf, stellt sich sehr oft heraus, daß weite Kreise der Erwachsenenumwelt monate-, ja jahrelang schweigend weggesehen haben. Ein Schulterschluß, an dem sporadische Versuche von Einzelpersonen, die Vorgänge aufzudecken, ohne Echo abgeprallt sind.

Wie raffiniert und von langer Hand vorbereitet die Verführungsstrategien sein können, illustriert das folgende Beispiel:

Ein wohlhabender Kaufmann in einer Großstadt führte ein Doppelleben. Er hatte ein gutbürgerliches Familienleben, war Ehemann und Vater zweier Kinder im Pubertätsalter. Daneben unterhielt er eine kleine Wohnung, in der eine komplette Filmausrüstung samt aufwendigem Beleuchtungssystem installiert war. Hier frönte er seinem »Hobby«, der Kinderpornographie. Um stets Nachschub an Kindern zu haben, verfiel der Mann auf die Idee, drei Männer aus einem Pornoshop zu beauftragen, Kinderspielplätze ausfindig zu machen, in deren Nähe es öffentliche Toiletteanlagen und Getränkebuden gab. Mit dem Besitzer eines solchen Erfrischungsstandes freundeten sich die Männer nun auftragsgemäß an. Gleichzeitig machten sie die vorhandene Toiletteanlage unbenützbar, so daß die Kinder ihr »Geschäft« nunmehr im Gebüsch hinter dem Spielplatz verrichteten. Dort entdeckten sie die Männer und boten den Mädchen Eimer zur Benützung an, die der Budenbesitzer zu Verfügung stellte. Mehr und mehr senkten sie so die Schamgrenze der Mädchen, die das Angebot akzeptierten. Hier kam das hohe psychologische »Geschick« des Kaufmanns ins Spiel. Er suchte jenes Mädchen heraus, das er als für die anderen bestimmend ausgemacht hatte, vertrauend auf die Dynamik: »Wenn sie das tut, dann können wir das auch tun.« Und mit dieser Taktik gelang es ihm, ein Mädchen nach dem anderen, zuletzt sogar bis zu vier Kinder auf einmal, in seine Wohnung zu locken. Als Monate später sein Vorgehen aufflog, fanden die Fahnder in dem »Studio« über 500 selbstgedrehte pornographische Videofilme.

Der »ödipale« Täter

Personen dieser Gruppe – meistens Männer – sind in ihrer psychischen Entwicklung in jener Phase steckengeblieben, in der Knaben und Mädchen der Geschlechtsunterschied bewußt geworden ist und der gegengeschlechtliche Elternteil in den Blickpunkt heftigen Interesses rückt. So richtet sich die Zuwendung des Mädchens vor allem auf den Vater, der zu seinem »großen Schwarm« wird, während die Mutter als Konkurrentin gilt; beim kleinen Jungen ist es umgekehrt, er steht in eifersüchtiger Konkurrenz zum Vater und buhlt um die Liebe der Mutter, nach dem Motto: »Wenn ich groß bin, heirate ich dich, Mami.«
Diese wichtige und schwierige Entwicklungsphase wird heute oft gestört, weil sich viele Eltern gerade in dieser Zeit scheiden lassen.

Gelingt es aber, die ödipale Phase voll zu durchleben, ist das Kind um eine schmerzhafte Einsicht reicher: Es hat erfahren, daß es den Konkurrenzkampf mit dem gleichgeschlechtlichen Elternteil bzw. die ausschließliche Liebe des umworbenen Elternteils nicht gewonnen hat. Die Beziehung der Eltern besteht unbeeinträchtigt weiter. Das Begehren des Kindes wurde nicht erfüllt. Mit dieser Niederlage und diesem Verlust muß jedes Kind leben, das diese komplizierte Entwicklungsphase erfolgreich abschließt, ein tiefgreifender Prozeß, der am Höhepunkt der Pubertät, vor der endgültigen Ablösung von den Eltern, häufig noch einmal wiederbelebt wird.
Gelingt es nun nicht, dieses hohe Ausmaß an Kränkung, Frustration und unerfüllten Wünschen zu verwinden, bleibt eine seelische Wunde zurück, deren Schmerz es lebenslang zu stillen gilt. So versuchen Päderasten (Männer, die Knaben verführen) ihre nicht verwundene Kampfsituation mit dem Vater in eine homoerotische umzuwandeln, um gleichsam die Schuld des Kampfes zu tilgen. In anderen Fällen kann es vorkommen, daß der Erwachsene sich eine unbewußte Wiedergutmachung seiner Leiden wünscht und nun meint, einem Kind das geben zu müssen, was ihm selbst versagt blieb. Mit dieser verqueren Wunscherfüllung rechtfertigt sich ein Handeln, das zwar vom Kopf her vielleicht abgelehnt wird, als starkes unbewußtes Triebbedürfnis aber auf Befriedigung drängt.
Versteht man diese emotionale Logik, wird klar, wie gering die Hemmschwelle ist, wenn eine Person mit solcher Störung etwa von Stiefkindern oder Kindern der Lebensgefährtin/des Lebensgefährten seinerseits »umworben«, also ständig stimuliert wird. Sie kann nicht widerstehen, und in der vertraulichen familiären Atmosphäre setzt sich ihre Neigung durch. Der ödipale Täter belohnt das Werben des Kindes mit besonderer Zuwendung, und damit erfolgt gleichsam unter den Augen der Familie der zunehmende Abbau der kindlichen Schamschranke. Denn diese »besondere Zuwendung« ist nichts anderes als das schon erwähnte altersgemäße Verführungsritual, mit dem der Täter schließlich unbemerkt sein Ziel erreicht.

Die sechsjährige M. , die gerade in die Schule gekommen ist, wird nachmittags vom Lebensgefährten der Mutter betreut. Er holt sie aus der Schule ab, wärmt ihr das Essen, macht mit ihr die einfachen Aufgaben der Erstkläßler, spielt und sieht fern mit ihr. Im Winter besuchen sie gemeinsam den Eislaufplatz, im Sommer das Schwimmbad. Zwischen den beiden herrscht eine große Vertrautheit, er ist der makellose Babysitter, ja der ideale »Ersatzvater«. Später in der Untersuchungshaft, nach einer langen Zeit sexueller Übergriffe, wird der Mann berichten, er habe mit M. seine eigene Kindheit wiedererlebt. Er hätte früher gern mehr von seiner eigenen Mutter gehabt, die berufstätig gewesen sei, so wie M.s Mutter jetzt, deshalb habe er dem Mädchen alles erfüllen wollen, was ihm selbst abgegangen sei. Auf den Hinweis, daß dagegen ja nichts einzuwenden wäre, hätten nicht darüber hinaus sexuelle Übergriffe stattgefunden, und auf die Frage, wie es denn dazu gekommen sei, erklärt er im Lauf der Gespräche, er erinnere sich ganz genau, daß er schon als kleines Kind, also im Kindergarten, Selbstbefriedigung geübt habe. In der Schule dann habe er sich immer wieder intensiv vorgestellt, daß ihm seine Mutter bei diesen Handlungen helfe. Diese intensiven Phantasien, die allerdings nichts mit Erwachsenensexualität und dem Sexualakt zu tun gehabt hätten, seien ihm deutlich in Erinnerung geblieben. Auch sei ihm erinnerlich, daß er sich als Knabe immer wieder körperlich ganz nah an seine Mutter gedrückt hätte, um eine »ganz bestimmte Art« im Körper zu fühlen. M. hätte diese Erinnerungen wiedererweckt. Er hätte gar nicht anders können, als zu befriedigen, wonach es sie seiner felsenfesten Überzeugung nach verlangt habe. Sie hätte auch immer gern bei den »Streichelspielen« mitgemacht, ja, er habe den sicheren Eindruck gewonnen, daß sie bestimmte Situationen – beim Fernsehen, auf dem Balkon, auf der Hollywoodschaukel – selbst herbeigeführt habe, wobei er sie zuerst einfach nur kitzeln, dann mehr und mehr intim habe streicheln müssen. Niemals habe er verlangt, daß M. ihn im Genitalbereich berühre. Ihm hätte es vollauf genügt, dem Mädchen eine »angenehme Sensation« zu vermitteln und ihre Anhänglichkeit geschenkt zu bekommen.

Der »pubertäre« Täter

Mit dem Eintritt in die Pubertät kommt es im allgemeinen zu einer erhöhten Aufmerksamkeit dem eigenen Körper gegenüber. Es ist die Phase, in der es zu einschneidenden körperlichen Veränderungen und damit zu beängstigenden Spannungszuständen kommt, die den jungen Menschen verunsichern und ihn zur erotischen Beschäftigung mit dem eigenen Körper oder mit gleichgeschlechtlichen Altersgenossen führen. Man schämt sich weniger oder fühlt sich ein klein wenig sicherer, wenn man mit Freunden oder der besten Freundin statt mit Erwachsenen teilen kann, wie die Veränderungen erlebt werden. Eine zweifellos intime Nähe entsteht, die nicht primär auf die genitale Sexualität abzielt, sondern eher auf Erfahrungsaustausch und Entlastung, selbst wenn es dabei zu vorsichtigen sexuellen Kontakten kommt.

Es ist eine homophile Phase von durchaus starker sexueller Triebkraft, die von Neugier und Lust auf sexuelle Entdeckungen bestimmt ist. Diese von Ängsten und Spannungen begleiteten wichtigen Annäherungen an den Körper sowie die damit verbundenen Phantasien tragen dazu bei, die sexuelle Persönlichkeit auszuformen.

Bleibt nun ein Mensch in dieser Phase verstrickt, das heißt, gelingt es ihm nicht, schließlich eine reifere Sexualität zu entwickeln, wird er fortan immer wieder versuchen, zur Befriedigung seiner sexuellen Wünsche das erotische Ambiente dieser Altersstufe herzustellen: den Reiz des Erwachsenwerdens, die Sensationen der körperlichen Veränderungen, die dazugehörige Phantasiewelt, die emotionalen Wirren und die sozialen Rangunsicherheiten. Ob sich dies später in homosexuellen Kontakten mit sehr jungen Menschen äußert oder ob der männliche Täter zur Stimulation ein noch unwissendes, sehr junges Mädchen braucht, in beiden Fällen spielt der Reiz des Verbotenen eine große Rolle. Dabei ist sich dieser Tätertyp am wenigsten von allen seiner Schuld bewußt. Der »Grapscher«, der sich im Lift oder in überfüllten U-Bahnen an junge Frauen drängt, der Pädophile, der sich im Schwimmbad an Mädchen und Jungen im Pubertätsalter heranmacht, ist besonders geneigt, seine Handlungen vor sich und vor anderen herunterzuspielen: »Nicht so schlimm«, »Alles übertrieben«, »Gar nicht sexuell gemeint«, findet er, und eigentlich sei es im Dienste der praktischen Aufklärung, wenn er Halbwüchsigen sein Genitale präsentiert, Jungen das Masturbieren »beibringt« und ihnen hilft, »erwachsen zu werden«. In Wirklichkeit blieb der Mann in die Konflikte der eigenen Pubertät verstrickt, hat vielleicht nie die Angst vor der Annäherung an das andere Geschlecht abgebaut und überspielt gleichsam in der Wiederholung seine pubertäre Unsicherheit, indem er als Mächtigerer und vermeintlich Stärkerer die Abhängigkeit des Opfers nützt.

Herr S. wird verurteilt, drei Kinder (zwei Mädchen und einen Jungen zwischen zehn und 13 Jahren) aus dem Asylantenheim, in dem er als Hausmeister tätig war, in seine Wohnung gelockt und verführt zu haben. Die sexuellen Handlungen schlossen gegenseitige Berührungen im Genitalbereich, Masturbation und Oralkontakte sowie Einsatz pornographischen Materials ein. S. nutzte dabei seine Position als Hausmeister aus, wandte aber bei der Annäherung an die Kinder und bei der Ausführung der Handlungen keine darüber hinausgehende Gewalt an.
Nach Verbüßung seiner Haftstrafe wurde Herr S. Schulwart, wobei der Schule nichts von seiner Vorstrafe bekannt war. Erneut näherte er sich zwei Mädchen, elf Jahre alt, und einem zehnjährigen Jungen unter Ausnützung seiner Stellung als Schulwart. Wieder kam es zu Genitalberührungen ohne Gewaltanwendung. Die Sache flog auf, und S. wurde erneut verurteilt.
Bei dem nunmehr durchgeführten Begutachtungsverfahren stellte sich seine dramatische Vergangenheit heraus. Die Eltern von S., die beide schwere Alkoholiker waren, lebten auf dem Land. Wider Willen zog die Großmutter den Jungen auf. Als er ihr erzählte, daß er in der Ministrantenstunde vom Pfarrer immer wieder sexuell attackiert wurde, zieh ihn die äußerst religiöse Frau der Verleumdung und bestrafte ihn hart. Erst als junger Erwachsener konnte er sich aus der familiären Umgebung und von dem ihm mißbrauchenden Pfarrer befreien.

Nach seiner Verurteilung wurde Herr S. in eine Anstalt für geisteskranke Rechtsbrecher eingewiesen, wo er eine psychotherapeutische Behandlung erhält. Er hofft auf eine bedingte Entlassung, was angesichts der Wiederholung seiner Taten freilich unwahrscheinlich ist.

Der »adoleszente« Täter

In der psychischen Entwicklung des Menschen unterscheidet man die pubertäre von der adoleszenten Phase, in der die vorgenitale mit der genitalen Sexualität verschmilzt. Die Suche des Jugendlichen nach Identität, Identifikation und Intimität prägt die sexuellen Vorstellungen in höchstem Maße. In diesem Alter kommt es schließlich zur Verbindung von Sexualtrieb und Sexualbeziehung, also von ungelebter, phantasierter mit ausgelebter Sexualität.
Zunächst aber bestimmen noch ungelebte sexuelle Wünsche und ein bunter Strauß völlig unausgegorener Vorstellungen das Phantasiebild. Fetischistische Phantasien sind in dieser Phase nichts Ungewöhnliches, ebensowenig das völlige Ignorieren des Lebensalters der imaginierten Partner, auch Vorstellungen von Sexualität, die in dieser Form in der Realität gar nicht ausgelebt werden könnten, sind durchaus normal. Bilder also, die sonst in unseren ebenfalls unbewußten, ungesteuerten Träumen auftauchen. Die Gedanken sind frei – unter diesem Motto formen sich in diesem Alter bestimmte sexuelle Vorlieben aus, die dann später in der reifen, partnerschaftlich gelebten Sexualität Phantasien und Ideen beflügeln.
Es ist das Alter des *Necking* und *Petting*, beides Formen der sexuellen Annäherung, in denen es um Zärtlichkeit, Entdeckung der eigenen körperlichen Funktionen und Neugier auf die Reaktionen des Gegenübers geht. Alles ist dabei erlaubt, außer »das Letzte«, also der Vollzug des Koitalakts. Der Reiz liegt im Probieren, im ängstlichen Zurückhalten, in der Ungewißheit, wie weit man gehen, den Partner fordern darf, wann und ob man zurückgewiesen wird ...

Menschen, die psychisch auf diese Entwicklungsphase fixiert bleiben, werden diese Erregungen der ersten sexuellen Begegnungen lebenslang wiederholen. Sie entwickeln eine Vorliebe für noch suchende, unsichere Partner, was zu Übergriffen auf Kinder und Jugendliche führen kann, die zu idealen »unwissenden« Opfern des bereits »Wissenden« werden. Gerade die adoleszente Phase mit ihrer überaus großen sexuellen Neugier entwaffnet den Heranwachsenden besonders und macht ihn nicht nur leichter verführbar, sondern erleichtert es auch dem Täter, sich selbst als Verführten darzustellen oder aber zu versichern, er habe den Jugendlichen als älter eingeschätzt.

E. lebt mit ihrer Mutter und deren Lebensgefährten, der ein begeisterter Motorradfan ist und viel Zeit mit und auf seinem Motorrad verbringt. Die dreizehnjährige E., der Meinung, daß der Mann eigentlich zu ihr besser passe als zur Mutter, beginnt mit ihm zu flirten, der Mutter freche Antworten zu geben und sie herunterzumachen. Diese sieht darin zu Recht eine altersentsprechende Attitüde, bespricht sich mit Freundinnen und erfährt, daß deren Töchter ähnlich reagieren. Daraufhin übersieht die Mutter das provozierend aufreizende Verhalten E.s ihrem Lebensgefährten gegenüber.
Das Mädchen startet ein regelrechtes Verführungsszenario: Gezielt beginnt die Dreizehnjährige, durch Kleidung, Haltung und Sprache den Mann auf sich aufmerksam zu machen und in ihren Bann zu ziehen. Sie vermittelt, wie sehr sie seine sportliche Art schätzt und daß er ihr durchaus gefallen könnte. Sie erzählt ihm von ihren Flirts, übertreibt ein wenig und bleibt mit ihren flotten Sprüchen immer am Ball. Bei Motorradausfahrten schmiegt sie sich während der Fahrt provokant und in erotisch aufreizender Pose an ihn, beginnt ihn scheinbar zufällig und länger als notwendig an unverfänglichen Körperstellen zu berühren. Kurz, sie übernimmt die Rolle ihrer männlichen Altersgenossen, die in der Schule ansonsten sie provozieren. Sie dreht die Situation um.
Kurze Zeit darauf reagiert der Mann seinerseits mit lockeren Sprüchen, testet seine Wirkung auf E., beobachtet ihre Reaktionen und fühlt sich mehr und mehr in ihr Alter zurückversetzt. Als es

bei einem ihrer Motorradausfahrten zu einem heftigen Gewitter kommt, suchen die beiden einen trockenen Unterschlupf , wo sie sich zum Teil ihrer nassen Kleider entledigen – die Gelegenheit für intime Handlungen. Zwar versucht der Mann zunächst, wie er später bekennt, »nicht zu weit zu gehen«, ist sich also des Verbotenen seiner Handlungen bewußt, kann jedoch schließlich dem Reiz der Wiederbelebung und Wiederholung seiner eigenen pubertären und adoleszenten Erfahrungen nicht widerstehen.
Auch danach provoziert die Dreizehnjährige weiter. Sie fühlt sich durch ihre Eroberung bestätigt und trumpft der Mutter gegenüber auf, die sie als zu alt und nicht mehr attraktiv genug empfindet, um diesen Mann halten zu können. Schließlich spielt sie ihren Trumpf aus, und es kommt zu heftigen Szenen mit der Mutter, die erst im Zuge dieser Wortgefechte die gesamte Tragweite dessen, was während des Ausflugs geschah, erfährt.
Die Frau stellt ihren Lebensgefährten zur Rede, der den Vorfall zwar nicht leugnet, aber herunterspielt. Sie trennt sich von ihm und erstattet Anzeige. Der Mann wird auf freiem Fuß angezeigt.

Dieses Beispiel zeigt, wie sehr oft die Verwechslung von Verführen und Verführtwerden verharmlost wird. Immer wieder gibt es Täter, die ihr Verhalten angesichts der Sexualattacken von Pubertierenden oder Adoleszenten als »nicht tragisch«, »ohnehin nicht so schlimm« und »sowieso nur Petting« betrachten. Sie seien es schließlich gewesen, die »verführt« wurden und einem kindlichen Vamp-Typ, einer Lolita auf den Leim gegangen seien. Das jüngste Remake der Romanverfilmung »Lolita« zeigt, wie dauerhaft dieses Sujet die Männerphantasien beflügelt.

Der Typ »Professor Higgins«

Nicht unähnlich dem eben beschriebenen Tätertyp ist der vom Autor so bezeichneteTyp »Professor Higgins« – benannt nach der männlichen Hauptfigur im Musical »My Fair Lady« –, der »alleswissende«, dominierende Mann, der von sich und seinen Auffassungen so überzeugt ist, daß er meint, niemand außer ihm könne einen unerfahrenen jungen Menschen besser in die Sexualität einführen.

Ein erfolgreicher Geschäftsmann mit in- und ausländischen Geschäftsbeziehungen, gewandt und weit gereist, ist Witwer und in zweiter Ehe verheiratet. Seine Frau hat zwei Mädchen in die Ehe mitgebracht, aus der ersten Ehe hat der Mann eine zwölfjährige Tochter, die unter der Anwesenheit der Stiefmutter und den beiden Stiefschwestern leidet. S., seine eigene Tochter, hat von Anfang an ihrer verstorbenen Mutter geähnelt, nun, da sie heranwächst, wird sie in den Augen des Vaters immer mehr zu deren Ebenbild.
Da seine Ehe sich verschlechtert, bezieht der Mann, der geschäftlich oft unterwegs ist, S. immer mehr in seine Lebenspläne und schließlich auch in seine Phantasien ein, wendet sich ihr immer stärker zu, nimmt sie auf seine Reisen mit, verwöhnt sie und »überzeugt« sie schließlich, sie wäre wie ihre Mutter. Die Tochter ist geschmeichelt. Immer wieder fragt sie ihren Vater, wie ihre Mutter dies oder jenes gesagt oder getan, wie sie sich bewegt und gekleidet hätte. Und der Vater »gestaltet« das Mädchen gleichsam zunehmend nach seinem Bild der Mutter. Als S. schließlich das Alter erreicht hat, in dem ihr Vater ihre Mutter kennen- und lieben gelernt hat, ist es mit der Beherrschung des Mannes vorbei. Er verführt seine Tochter und redet sich und ihr ein, er würde sie auf Händen tragen wie damals seine Frau, der er ein hervorragender Mann und Partner gewesen sei. Eigentlich sei er ihr ja sogar über den Tod hinaus treu, S. sehe ja, wie wenig er sich mit der zweiten Frau verstünde. Außerdem sollte sie als Tochter doch froh sein, daß er als Vater seine Erziehungsaufgaben so umfassend wahrnehme, daß er ihr sogar anschaulichen Sexualunterricht böte.
Zu diesem Zeitpunkt ist seine Ehefrau bereits mißtrauisch geworden. In einem »Intimtagebuch« des Mädchens entdeckt sie Aufzeichnungen, die die Vorkommnisse schildern, und sie erstattet Anzeige. Der Mann, durch die Tagebuchaufzeichnungen seiner Tochter eindeutig überführt, zeigt jedoch selbst noch vor Gericht keinerlei Einsicht in die Strafbarkeit seiner Handlungen und vertei-

digt sich bis zum Schluß damit, daß er doch nur das »Beste« für seine Tochter gewollt habe.

Ein Mann vom eben beschriebenen Typ übernimmt gern die Rolle des Lehrers, der über die Welt der Erwachsenen aufklärt, und inszeniert ein Verführungsambiente, das Kinder und Halbwüchsige zugleich beeindruckt und verunsichert. Einladungen zum Essen, zum Reisen, glamouröse Unternehmungen oder prominente Kontakte entführen in eine völlig fremde Welt, die seine Opfer – die noch dazu häufig aus einer anderen sozialen Schicht stammen – überwältigt und einschüchtert, wodurch sich die Widerstandsleistung verringert.
Unter anderem ist dies auch der Rahmen, in dem die sogenannte Beherbergungsprostitution stattfindet. Das heißt, reife bis alte Männer lesen kindliche Prostituierte an einschlägigen Stellen auf, laden sie über Nacht in ein luxuriöses Hotel ein und bieten eine Umgebung, die scheinbar einer »Traumwelt« gleicht. Dankbar und in der Hoffnung auf Wiederholung bzw. überhaupt Rettung aus dem Herkunftsmilieu, sind die Opfer bereit, jegliche sexuelle Forderung zu erfüllen. Dies gilt für junge weibliche Prostituierte ebenso wie für männliche.
In fast allen großen Städten blüht die Kinderprostitution, die den Herren des Typs »Higgins« reichlich Auswahl liefert. Wobei der Ausdruck »Babystrich« generell vermieden werden sollte; es ist eine verniedlichende und verharmlosende Bezeichnung, die nur verschleiert, daß es sich um brutale Ausbeutung von Kindern handelt. Sowohl die Mädchen- wie die Strichjungenszene ist straff organisiert. Der Nachschub an Knaben etwa umfaßt Acht- bis Zehnjährige, die je nach Nationalitätenzugehörigkeit einer älteren Gruppe von Jugendlichen zugeführt und von ihr für die künftigen Aufgaben »abgerichtet« wird. Die Gruppe der Jugendlichen übernimmt für die Kinder die Funktion von Zuhältern. Wie auch die Mädchen, stammen die Strichjungen überwiegend aus dem Unterschichtmilieu und sind oft aus Heimen oder Wohngemeinschaften entflohen. Mittellos, geraten sie alle rasch in finanzielle Abhängigkeiten und werden außerdem meist polizeilich gesucht, was die Abhängigkeiten vertieft und dem Sexualverbre-

chen ein weiteres Strafdelikt hinzufügt, nämlich Entführung eines Kindes aus der Obsorge von Eltern, Pflegeeltern, eines Heimes oder direkt des Amtes für Jugend und Familie. Die kindlichen Opfer sind meistens hilflos, von Versprechungen geblendet oder von tatsächlichen finanziellen Zuwendungen korrumpiert und häufig dazu bereit, selbst weitere Opfer anzuwerben.
Täter vom Typ »Professor Higgins« verteidigen sich fast immer übereinstimmend damit, daß das Kind oder der Jugendliche froh sein sollte, ihn, den jeweiligen Beschuldigten, kennengelernt zu haben, da nur er die echte Reife und wahre Sexualität kenne und zu lehren wüßte. Mit dieser Rechtfertigung hinterläßt er Opfer auf Opfer, er konsumiert à la Don Juan eine »Partnerin«/einen »Partner« nach dem anderen, ohne emotionale Beteiligung, beutet aber gleichzeitig die Sehnsucht des Opfers nach Zuwendung aus bzw. die Tatsache, daß erst der von klein auf erlittene Liebesmangel das Opfer gefügig macht. Gnadenlos werden die Kinder, bei denen die überheblichen Gebärden Wirkung zeigen und die natürlich keine Vergleichsmöglichkeiten haben, für seine Zwecke mißbraucht. Von ihrer eigenen, von der Phantasie geprägten allmählichen Entdeckung der Sexualität bleiben sie ausgeschlossen, den Prozeß des Kennenlernens der eigenen Wünsche und Bedürfnisse haben sie versäumt.

Der »geisteskranke« Täter

Die Gruppe der geisteskranken Täter, die aufgrund psychotischer Entwicklungen mangelnde Hemm-, Brems-, Kontroll- und Steuermechanismen aufweisen, ist klein. Ein solcher Täter, der häufig an einem Wahn leidet und zumindest zeitweise an Realitätsverlust, ist weder in der Lage, das Alter noch die jeweilige Entwicklung des kindlichen Opfers wahrzunehmen. Dieses wird vielmehr, extremer noch als in den anderen Tätergruppen, als Objekt empfunden, das für krankhafte, häufig äußerst grausame Phantasien im wahrsten Sinne des Wortes »mißbraucht« wird. Diese Täter sind unberechenbar, das heißt, sie setzen ihre Handlungen scheinbar unvermittelt und ohne sichtbare alarmierende Anzei-

chen, wobei die Opfer aller Altersstufen auch körperlich verletzt oder verstümmelt, manchmal auch getötet werden.
Es muß aber gleichzeitig betont werden, daß nicht jeder Sexualmörder geisteskrank ist. Auch Menschen, die nicht krank sind, die also durchaus volle Einsicht in ihre Tathandlung haben und prinzipiell imstande sind, nach dieser Einsicht zu handeln, können töten.

Der »senile« Täter

Im Unterschied zur eben genannten Gruppe ist der Täterkreis der »senilen« Täter, also Männer im vorgerückten Alter, die vor allem Vorschul- und Volksschulkinder mißbrauchen, relativ groß. Hier spielt oft nachlassende sexuelle Potenz eine Rolle, für die das Kind als Stimulus herhalten muß. Die eigene Impotenz wird zugleich oft auch als Entschuldigungsgrund angeführt: Es sei »nichts« geschehen, denn man könne ja gar nicht mehr sexuell verkehren (ein zusätzlicher Hinweis auf die Stimulation durch das begehrte kindliche Objekt). Auch der Mitleidseffekt ist eine beliebte Verteidigungsstrategie der alten Herren.
Die »Großvater-Attitüde« spielt in dieser Tätergruppe eine große Rolle. Unter dem Deckmantel einer scheinbar falsch verstandenen Liebe zum Kleinkind – oft das Enkelkind – werden die Grenzen zur sexuellen Ausbeutung überschritten. Spiele wie »Hoppe, hoppe Reiter«, Kitzeln und Balgen oder auch gemeinsames Fernsehen werden entweder gezielt benützt oder verleiten durch die während des Spiels oder der Situation entstandene Erregung zum Übergriff – nicht selten in Anwesenheit von Familienangehörigen, die etwa in Nebenräumen tätig sind.
Wird das Geschehen entdeckt, folgen heftige Entrüstungsszenen, und der Täter bezeichnet das Kind als unglaubwürdig. Ein massiver Vertrauenseinbruch zwischen Kind und Erwachsenenwelt ist die Folge. Das kleine Kind kann das veränderte Verhalten des Großvaters, Großonkels, Nachbarn oder Leihopas nicht deuten, der eben noch so lieb und zärtlich, so vertraut und glaubwürdig war. Es entsteht ein enormer Zwiespalt: Der Mann, den es gern

hat und dem es vertraut, tut etwas, das es verwirrt und unglücklich macht.

Immer wieder versucht die siebenjährige J. am Sonntagmorgen beim Kuscheln im Bett der Eltern die Mutter abzudecken und ihren Genitalbereich zu entblößen. Auch versucht sie, Blicke auf die Genitalien des Vaters zu werfen, im Bett, wenn sie ihn beim Duschen überrascht oder ständig auftaucht, wenn er sich an- oder auskleidet. Ihre exzessive Neugierde beginnt die Mutter zu beunruhigen, zumal auffällt, daß sich dieses Verhalten nach den Wochenend- bzw. Ferienbesuchen bei den Großeltern deutlich verstärkt. Da diese am Land leben, vermutet die Mutter, daß möglicherweise eines der Nachbarkinder dort an dem auffälligen Verhalten ihrer Tochter schuld ist. Auf diesen Verdacht hin spricht sie J. direkt auf ihre Aufenthalte am Land an. Zu ihrer Bestürzung erzählt ihr das Mädchen daraufhin völlig ungeniert, daß der Großvater sie öfters in seinen Schuppen im Garten lockte, sie dort mit den Werkzeugen spielen ließ, was ihr viel Spaß machte, und dabei immer wieder seine Arbeitsschürze hob und den Blick auf seine Genitalien freigab. Auch hatte er sie öfters aufgefordert, sich von ihm fotografieren zu lassen, wobei er sie bat, sich mehr und mehr zu entblößen, wozu es im Sommer keiner großen Überredungskunst bedurfte.
Nach diesen Berichten erstattet J.s Mutter Anzeige. Wie sich bei den Einvernahmen der Zeugen herausstellte, war die Großmutter durchaus im Bilde, sie hatte ihren Mann bei diesen Aktivitäten beobachtet, aber keinen Grund zum Einschreiten gesehen, »da er völlig harmlos ist und ohnehin keine sexuellen Handlungen mehr vollziehen kann«. Der Täter selbst erwies sich bei den Befragungen vor Gericht als absolut uneinsichtig, war aufgrund seines fortgeschrittenen Alters nur wenig kritikfähig und sich daher der Tragweite seines Tuns nicht bewußt. Er hatte keinerlei Schuldeinsicht.

In den letzten Jahren war ein Anstieg jener Fälle von älteren Nachhilfelehrern, Leihopas, Babysittern und betreuenden Personen in verschiedensten Kindergruppen zu verzeichnen, die ihre Vertrauensstellung im Rahmen ihrer Aufsichtspflicht grob mißbrauchen. Der Autor stand als Gerichtssachverständiger wiederholt vor der schwierigen Aufgabe, die spezifische Persönlichkeitsstruktur dieser Täter im Gutachten präzise darzustellen.

Ein Siebzigjähriger wird beschuldigt, die fünfjährige N., die er als »freundlicher« Nachbar zeitweise beaufsichtigte, wiederholt im Genitalbereich betastet zu haben. N. vertraut sich ihrer Mutter an, diese erzählt davon ihrer Freundin, und als die Sache immer weitere Kreise zieht, stellt sich heraus, daß der Mann bereits einschlägig vorbestraft ist. Er wird angezeigt, und im Zuge einer Hausdurchsuchung wird in seinem Schreibtisch eine ganze Sammlung von Nacktaufnahmen von Kindern unterschiedlichsten Alters gefunden, Buben und Mädchen in zum Teil unverfänglichen, zum Teil eindeutig gestellten Posen, die den Blick auf das Genitale der Mädchen bzw. die Erektion der Buben freigeben. Trotz dieser Beweismittel verantwortete sich der Mann vor Gericht, er habe N. bloß nach dem Urinieren gesäubert, habe darauf geachtet, daß beim Sandspielen im Garten dem Mädchen kein Sand zwischen die Beine geriet und es dort aufrieb, und keinesfalls habe eine dieser Handlungen auch nur im geringsten sexuellen Charakter gehabt. Erst als im Zuge der kontradiktorischen Befragung N. auf dem Bildschirm im Gerichtssaal zu sehen ist und ihre Befragung beginnt, bricht der alte Herr zusammen. Er bekennt sich nun vollinhaltlich und reumütig schuldig.

Die Unberechenbaren

Zuletzt soll ein Kreis von Tätern erwähnt werden, der in keine der bisher genannten Gruppen paßt. Es sind Personen, die sowohl spontan als auch ganz gezielt Kinder und Jugendliche sexuell mißbrauchen und die auch bei sorgfältigster Diagnostik des Gerichtssachverständigen keinen Hinweis auf eine bestimmte, zuordenbare Persönlichkeitsstruktur zulassen. Wie zu Anfang des Kapitels erwähnt wurde, soll durch Erstellung von Täterprofilen der Umgang mit und die allfällige Behandlung der Täter ermöglicht oder erleichtert werden. Es ist aber nicht möglich, ein solches Profil zu erstellen, wenn der Täter sowohl in seiner Persönlichkeitsstruktur als auch in seiner Motivation undurchschaubar ist, vor allem in der Prognose bleibt er somit vollkommen unberechenbar.

Täterinnen und Mit-Täterinnen

Eine junge, attraktive Frau verführt während der Sommerferien im Hotel ihren noch nicht 14jährigen Sohn: Von dieser ungewöhnlichen Konstellation handelt der französische Film »Herzflimmern« von Louis Malle, der vor rund 20 Jahren überaus populär war – ein Zeichen, daß sein Thema breite Schichten des Publikums in seinen Bann ziehen konnte. Dabei rührt die leichte, elegante Inzestgeschichte an ein besonders tiefes Tabu, das erst in jüngster Zeit – wenn auch in anderen Zusammenhängen – wieder an Aktualität gewinnt.
Um das Thema »Mißbrauchstäterinnen« wurden in den letzten Jahren heftige Diskussionen geführt. Wiederholt wurden dabei Mütter beschrieben, die die Genitalien ihrer kleinen Söhne manipulierten oder schwerstbehinderten Söhnen bei deren Befriedigung sexueller Bedürfnisse geholfen hätten. Auch Berichte über homosexuelle Frauen, die Mädchen sexuell verführen, oder über Lehrerinnen, Babysitterinnen, Krankenschwestern, Verwandte oder Stiefmütter, die sich an ihren Schutzbefohlenen – absichtlich oder scheinbar unabsichtlich – vergehen, wurden veröffentlicht. Man weiß heute, daß Täterinnen, ob allein handelnd oder mit anderen Frauen und Männern gemeinsam, grundsätzlich nicht weniger gewalttätig und grausam agieren können als Männer. Doch noch weichen die Ergebnisse und Zahlen in den verschiedenen Untersuchungen zu kraß voneinander ab, um ein deutlicheres Bild der Realität zu ergeben. Dem Autor dieses Buches jedenfalls sind in zwanzigjähriger Berufspraxis insgesamt nur drei Fälle untergekommen, in denen es zu sexuellen Übergriffen von Frauen auf Kinder gekommen ist. Und in allen drei Fällen hat es sich um Mütter mit schweren psychischen Abweichungen gehandelt, deren Hemm-, Brems-, Kon-

troll- und Steuermechanismen nicht hinreichend intakt gewesen sind.

Neben den Täterinnen gibt es auch die Mit-Täterinnen, Mütter beispielsweise, die schon Kleinkinder in sexuelle Handlungen mit ihren – möglicherweise wechselnden – Sexualpartnern einbeziehen. Was den Kindern zunächst wie ein Spiel erscheinen mag, sind in Wirklichkeit nichts anderes als bewußt gesetzte Sexualhandlungen, die dem Partner als pervertierte Sexualpraktiken angeboten werden – nicht immer notwendigerweise unter Alkoholeinfluß, wie hinterher gern angeführt wird. Oft steigern sich dabei anfänglich behutsame Berührungen bis zu groben und verletzenden körperlichen Mißhandlungen, deren Ausmaß die Erwachsenen in ihrer sexuellen Erregung gar nicht hinreichend wahrnehmen und deren Existenz sie später durch Ausreden zu verschleiern suchen. Oft ist es eine große Abhängigkeit von Männern und die Angst, von ihnen abgelehnt zu werden, die Frauen dazu bringen, den Mißbrauch ihrer Kinder durch ihren Mann oder Partner tatkräftig zu unterstützen. Aber nicht immer.

Die fünfjährige, geistig leicht behinderte S. hat bereits ihrer Kindergärtnerin, einer Sozialarbeiterin und einer Kriminalbeamtin erzählt, zu welchen Sexualhandlungen sie von ihrer Mutter und deren Lebensgefährten aufgefordert wurde. Jetzt schildert sie dem Sachverständigen, der mit der Begutachtung betraut wurde, nochmals detailreich alle Varianten dieses Tuns, das kaum eine aktive oder passive Handlung vor und mit dem Kind ausließ. S. gibt das Geschehen in den Ausdrücken von Pornoheften wieder, zeigt bei ihren Erzählungen keinerlei Scheu und stellt alles so dar, als sei es die größte Selbstverständlichkeit der Welt. In der Wohngemeinschaft, in der das Mädchen nun untergebracht ist, fällt es durch übersexualisiertes Verhalten auf, sexuelle Handlungen zählen zu seinem Alltagsrepertoire, und ohne Scheu überfällt es Erzieherinnen, die anderen Burschen und Mädchen der Wohngemeinschaft sowie männliche Besucher mit seiner Kenntnis der verschiedensten Sexualpraktiken, was die Erzieherinnen ziemlich ratlos und unsicher macht. Man sieht schließlich nur den Ausweg, S. in eine heilpädagogische Pflegefamilie mit schon erwachsenen Kindern zu

geben. Ihre Therapie dauert nunmehr drei Jahre, wobei nur ganz geringe Fortschritte erzielt werden.
Die Täter, also die Mutter und deren Lebensgefährte, nach ihren Taten befragt, erklären, sie hätten nichts dabei gefunden, das Kind in ihr Sexualleben einzubeziehen. Sie selbst hätten beide in der Kindheit die gleichen Erfahrungen gemacht, und es hätte ihnen schließlich »auch nicht geschadet«.

Weniger aktiv, wenngleich für das Kind nicht weniger schädigend, agieren die Mütter, die »bloß« wegschauen, die vom anhaltenden Mißbrauch ihres Kindes angeblich nichts gewußt haben. Auch sie, die – aus Mangel an Einsicht oder Courage – geflissentlich alle Signale übergehen, die das Kind in seiner Not aussendet, sind Mit-Täterinnen.
Manchmal verläuft die Mitwisserschaft auch offen: Vor allem die schlechte soziale Lage der Familie kann dazu verleiten, die sexuelle Ausbeutung des Kindes durch einen Außenstehenden als kleineres Übel zu betrachten angesichts der verlockenden materiellen Zuwendungen, Geschenke, Reisen, mit denen das Kind für die Benutzung seines Körpers entschädigt wird. Diese Fälle sind aber in der absoluten Minderzahl.

Nicht alle Mütter sind Komplizinnen

Es gibt keine Belege dafür, daß sexueller Mißbrauch von den Müttern der Opfer überwiegend bewußt oder unbewußt toleriert wird. Tatsächlich werden viele Mißbrauchshandlungen so raffiniert eingefädelt, daß für die Mütter nur schwer erkennbar ist, daß Übergriffe auf ihr Kind im Gange sind. Mag schon sein, könnte man nun einwenden, doch ist auf jeden Fall etwas faul, wenn das Kind sich in einem solchen Fall nicht sofort seiner Mutter anvertraut. Es ist aber zu bedenken, daß sexueller Mißbrauch – trotz des Medienechos – noch immer weithin ein Tabuthema ist. Viele Eltern und Großeltern können in sexuellen Fragen immer noch nicht offen Stellung beziehen, und wie schon an anderer Stelle ausgeführt wurde, ist eine freimütige und offene

Sexualerziehung gemeinhin alles andere als selbstverständlich. In vielen Familien herrscht also nicht die Atmosphäre, die Kinder ermuntert, sexuelle Belange zum Thema zu machen. Im Gegenteil, ungebrochen wirkt immer noch die Tradition fort, daß man »schlafende Hunde«, sprich die kindliche Sexualität, nicht wekken soll, und man ignoriert folglich schlichtweg alles, was damit zusammenhängt. Als würde das, worüber man nicht spricht, auch nicht existieren.

Es ist daher nicht verwunderlich, daß das Bekanntwerden eines Mißbrauchs für viele Familien »Schande« bedeutet. Daß Nachbarn sich plötzlich scheinheilig entrüsten: »Wir haben uns schon so etwas gedacht ...« Und daß die Angehörigen von Mißbrauchsopfern oft aus Scham auf eine Anzeige und damit auf Strafverfolgung verzichten, um die »Schande« möglichst nicht publik zu machen (es wird übrigens umso seltener angezeigt, desto enger der Verwandtschaftsgrad ist). Mit ein Grund, warum die Dunkelziffern im Bereich des sexuellen Mißbrauchs so hoch sind.

Der soziale Druck macht es notwendig, den Müttern von Opfern beizustehen und ihnen zu helfen, das Vorgefallene zu verarbeiten. Professionelle Arbeit mit Elterngruppen, in die auch Bezugspersonen wie KindergärtnerInnen oder LehrerInnen, aber auch die betroffenen Kinder selbst eingebunden werden, und daraus hervorgehende Selbsthilfegruppen können hier eine große Hilfe leisten. Nicht Vorverurteilung der Angehörigen von Opfern, nicht Rachebewußtsein den Tätern gegenüber, nicht Schuldzuweisung an die Opfer (etwa in Form der Doppelbotschaft: »Du armes Kind ... was hast du uns für eine Schande bereitet«), sondern begleitende Hilfsmaßnahmen, die den Eltern die Scham und den Kindern die Schuldgefühle nehmen, sind nötig. Selbstanklagen der Mütter und Selbstverteidigung nach außen verstellen nur den Blick auf die Umstände, die zu dem Mißbrauch geführt haben, und auf die tieferliegenden Ursachen.

Wichtig ist es, aufzuzeigen: Kindesmißbrauch ist kein sozialer Makel. Er kann jede Familie betreffen. Es ist mit ein Ziel dieses Buches, die Öffentlichkeit aufzurütteln und unmißverständlich klarzumachen, daß grundsätzlich *jedes* Kind, und sei es noch so behütet und beschützt, Opfer von sexuellem Mißbrauch werden kann. Und daß *jeder* Erwachsene im Prinzip als Täter in Frage kommt (was nicht heißt, daß in jedem von uns ein potentieller Kindesmißbraucher steckt, sondern nur, daß es keine Kriterien dafür gibt, jemanden von vornherein davon auszuschließen). Auch wenn es viele nicht wahrhaben wollen: MißbraucherInnen sind Menschen wie du und ich. Ein entrüstetes »Bei uns doch nicht!« oder ein verleugnendes »Von dem kann ich es mir einfach nicht vorstellen!« schließt nur die Augen vor der Realität, schadet dem Kind und verhindert jegliche Vorbeugung, deren wichtigste Maßnahmen Wachheit und Vorurteilsfreiheit sind.

Worauf kommt es beim Gerichtsgutachten des Täters an?

Allgemeine Kriterien für die psychiatrische Begutachtung eines Täters

Zu einem Gutachten gehört die möglichst genaue Beschreibung der Lebensgeschichte eines Menschen, die Anamnese. Dafür werden alle biographischen Daten erfaßt, wie Alter, Herkunft, Schul- und Berufsbildung, Familienkonstellation, körperliche und geistige Krankheiten und soziale Auffälligkeiten. Es erfolgt eine umfassende körperliche, intellektuelle, emotionale und soziale Bestandsaufnahme.

Der zweite Teil des Gutachtens beschäftigt sich mit der intellektuellen Basisausstattung eines Täters, seiner Aus- und Weiterbildung, mit eventuellen Zusatzqualifikationen, aber auch Entwicklungsknicken und Leistungseinbrüchen. Dafür wird häufig ein Psychologe beigezogen, der neben den Hirnleistungsfunktionen der Intelligenz auch Konzentration, Ausdauer, Gedächtnisfunktionen, Merkfähigkeit, Reaktionsfähigkeit und Aufmerksamkeitsspanne testet sowie im psychodynamischen Bereich mit standardisierten Verfahren psychologischer Tests auch Einblick in das Leben und Erleben des Täters bietet.

Die psychiatrische Befundung umfaßt als dritten Teil auch den sogenannten »psychopathologischen Status«, in dem beim Täter eventuelle Abweichungen von der Norm festgestellt werden. Und schließlich wird noch eine in der Alltagssprache abgefaßte genaue Beschreibung der erhobenen aktuellen Daten zur Tathandlung hinzugefügt.

Abweichungen von der Norm?

Der psychopathologische Status

Um beim Täter eventuelle Abweichungen von der Norm festzustellen, wird ein »psychopathologischer Status« nach folgenden Beurteilungskriterien erstellt, wobei eine variable Bandbreite innerhalb des akzeptierten Normverhaltens mit einbezogen wird:

Gemessen wird die Bewußtseinslage nach qualitativen und quantitativen Kriterien und die zeitliche, örtliche, persönliche und situative Orientierung (das heißt, ob eine Person weiß, wann sie sich wo und mit wem in welcher Situation gerade befindet), die Merkfähigkeit, die Leistungen des Alt- und Neugedächtnisses, die Grobzuordnung der Intelligenz und ihrer Abweichungen, die Wahrnehmungs-, Behaltens-, Erinnerungs- und Wiedergabefähigkeiten und Abweichungen der Wahrnehmungsqualitäten (vor allem Wahnwahrnehmungen und Halluzinationen). Beurteilt wird auch eine eventuell abweichende Psychomotorik, Denkstörungen im dynamischen oder formalen Sinn, also die Denkgeschwindigkeit, wie auch die Fähigkeit, ein Denkziel zu erreichen. Ferner wird beurteilt, inwiefern der Täter ein Ich-Bewußtsein im Denken, Fühlen und Wollen besitzt, sein Antrieb, die Abweichungen in Stimmung und Befindlichkeit, die Anpassungs- und Reaktionsfähigkeit auf leichte oder schwere seelische Belastungen und die psychosexuelle Entwicklung werden untersucht.

Anamnese, psychologische Beurteilung, psychopathologischer Befund und Beschreibung der Tathandlung ergeben zusammen ein »Befundungsbild« des Täters, aus dem letztendlich der Gutachter seinen Schluß (das »Kalkül«) zieht. Dieser Schluß muß logisch, bündig und nachvollziehbar sein. In seinem Ergebnis muß er auch dem Laien die Tathandlung in Motivation, Ausführung, in ihren besonderen Umständen und individuellen Ausgestaltungsbedingungen begreiflich erscheinen lassen. Aus dieser Beurteilung wird auf die Einsichtsfähigkeit in ein Unrecht der Handlung geschlossen bzw. festgelegt, ob beim Täter überhaupt ausreichend Einsicht vorhanden gewesen ist, um das Unrecht einer Tat einsehen zu können. Diese folgenreiche Schlußfolgerung nennt man »gutachterliche Äußerung«. Sie ist Voraussetzung, um die strafrechtliche Verantwortung des Täters festlegen zu können. Die gutachterlichen Äußerungen stellt ein Sachverständiger, Gerichtspsychiater oder Psychologe dem Gericht, das den Auftrag gegeben haben muß, zur Verfügung; dieses hat den Befund des Gutachters zu würdigen und ihm gegebenenfalls zu folgen, kann aber auch Ergänzungen fordern oder die Folgerungen als unschlüssig ablehnen. Das Gericht *kann* also, *muß* aber nicht dem Gutachten folgen.

Das Gutachten kann die Arbeit des Gerichts nicht ersetzen, sondern unterstützt sie, indem es auch dem Laien die Zusammenhänge verständlich macht. Das Ziel des Gutachtens ist es, festzustellen, ob ein Täter für seine Tat verantwortlich bzw. eingeschränkt verantwortlich gemacht werden kann. Oder es erklärt, warum er zu einer Einsicht in die Tat außerstande war. Gründe für letzteres sind schwere psychische Störungen sowie Einschränkungen seiner körperlichen und geistigen Fähigkeiten als Folge von Nerven-, Geistes- oder Gemütskrankheiten, hirnorganische Erkrankungen, wie Epilepsie, Zustand nach schweren Kopftraumen, Zustände nach Hirnhaut- oder Hirnentzündung, schizophrene oder wahnhafte Krankheiten bzw. Manien, Depressionen und manisch-depressives Kranksein. Weitere Gründe für eine mangelnde Tateinsicht können tiefgreifende Bewußtseinsstörungen sein, wie dies unter schwerem Alkohol- oder Drogeneinfluß der Fall ist, oder ein Schwachsinnszustand, der verhindert, daß der Täter erkennt, welche Handlung er gesetzt hat. Auch andere gleichwertig schwere seelische Störungen kommen in Betracht.

Kommt der Gutachter in seinem Befund zu dem Schluß, daß eine Einsicht ins Unrecht dieser Handlung nicht gegeben war und daher nicht nach Einsicht gehandelt wurde, ist der Täter in eine Anstalt für geisteskranke Rechtsbrecher einzuweisen und dort zu behandeln.

Die Begutachtung pädophiler Täter

Auch im Fall pädophiler Täter erfolgt ein Gerichtsgutachten nach den eben beschriebenen Kriterien. Generell gilt, daß Pädophile bestens in die Gesellschaft integriert sind und ein gut angepaßtes Leben führen. Am Arbeitsplatz, in der Familie und in ihrem sozialen Umfeld fallen sie nicht auf, und ihre sexuellen Vorlieben bleiben entweder völlig verborgen oder werden von der Umwelt als gerade noch tolerierbare Abweichungen akzeptiert. So kann ein gewisser Hang zum Voyeurismus in legaler Form am Nacktbadestrand oder durch Konsum von Pornographie befriedigt werden. Nur: Die Pornos zeigen in diesem Fall Erwachsene in jugendlichen oder kindlichen Posen. Die Lust an der Kindhaftigkeit zeigt sich auch in einer unübersehbaren Bevorzugung von Intimrasuren und wird zwar mit dem Interesse für die Kultur orientalischer Länder begründet, wo intime Körperbehaarung verpönt ist, doch fällt zugleich auf, daß Enthaarung das Genitale kindhaft erscheinen läßt. Auch die Lust, Badezeremonien und körperliche Ausscheidungsvorgänge zu beobachten, ist natürlich an sich nicht verboten, kann jedoch, ebenso wie die anderen genannten Vorlieben, einen Hinweis auf pädophile Tendenzen und somit ein Alarmzeichen darstellen.

Ein Gutachten wird freilich meist erst dann erstellt, wenn ein konkreter Verdacht auf ein Vergehen vorliegt, etwa nachdem ein Kind den Mißbrauch einer ihm nahestehenden Person anvertraut hat und ungläubiges Entsetzen bei den Erwachsenen die Folge ist.

Der pädophile Täter, der sich im Alltag völlig bedeckt hält und häufig eine beruflich gute und sozial sehr geachtete Position einnimmt, weist unter Berufung auf seine Seriosität jegliche

Verdächtigung weit von sich. Da er sein Vorgehen so verdeckt und geheim wie möglich halten konnte, ist ein Nachweis tatsächlich oft unmöglich. Aussage steht gegen Aussage, und der Täter versucht mit sämtlichen schon erwähnten Argumenten des Erwachsenen, das Kind unglaubwürdig zu machen. Je jünger das Kind ist, desto leichter gelingt es, seine Aussagen als Irrtum und Mißverständnis hinzustellen. Je geistig unbegabter das Kind ist, desto mehr wird seine Wahrnehmungsfähigkeit in Abrede gestellt. Wirkt das Kind überzeugend, heißt es, es handle sich um Intrigen und Verleumdungen. Und nützt keine dieser Verteidigungsstrategien, wird das Opfer als VerführerIn, als »Lolita«-Typ, als schamlos und sexbesessen denunziert. Jede einzelne dieser Strategien findet auch in der Strafverteidigung ihren Niederschlag, mit dem Ziel, die Zeugen möglichst unglaubwürdig erscheinen zu lassen.

Gutachten über pädophile Täter belegen vor allem die Unauffälligkeit ihrer Persönlichkeitsstrukturen. Vergleicht man die Beschreibungen der Lebensgeschichte und der Familienumstände von Mißbrauchstätern, also die Anamnesen, springen keinerlei übereinstimmenden Besonderheiten ins Auge. Ob in einer kompletten Familie oder mit einem alleinerziehenden Elternteil aufgewachsen, bei Großeltern oder im Internat, in geordneten Verhältnissen oder nicht, als Einzelkind oder mit Geschwistern, in welcher Konstellation und Gesellschaftsschicht auch immer – keine Erziehungsstruktur läßt relevant häufig den Schluß zu, daß sie spätere pädophile Tendenzen fördert. Selbst die Tatsache, als Kind Opfer von Mißbrauch gewesen zu sein, bedeutet nicht zwingend, daß daraus neue Kindesmißhandler hervorgehen. Die Anzahl der Fälle von sexueller Gewalt, die von Jahr zu Jahr häufiger publik werden, müßte ja sonst gleichbleiben und zudem auf ein entsetzliches Sittenbild der letzten und vorletzten Generation hindeuten, wofür aber selbst die strengsten Untersuchungen kein Indiz ergeben haben. Durchschnittlich wurden 20 Prozent aller Frauen in ihrer Kindheit mißbraucht, doch es gibt keinen statistischen Hinweis darauf, daß die Zahl erwachsener Mißbraucherinnen derart hoch liegt. Also nicht aus allen sexuell mißbrauchten Mädchen werden später notwendigerweise Täte-

rinnen. Umgekehrtes gilt für Jungen, deren Mißbrauchsrate bei unter 10 Prozent liegt: Ihnen steht aber eine weit höhere Zahl männlicher Sexualmißbraucher und -mißhandler gegenüber, die demnach zum überwiegenden Teil keine Opfer gewesen sein können.
Auch im körperlichen Bereich gibt es keinen Hinweis auf sexuelle Gewalttendenzen. Weder Mißbildungen noch körperliche Funktionseinschränkungen sind bei pädophilen Tätern gehäuft zu finden. Ebensowenig gibt es Anzeichen im sozialen und auch nicht im intellektuellen Bereich, sieht man von der Tatsache ab, daß geistig begabtere Täter mit mehr Raffinesse vorgehen und ihr Handeln geschickter verschleiern können als geistig simpler strukturierte, auch ihre Verteidigungsstrategien sind differenzierter und beschränken sich nicht bloß auf den Vorwurf, Opfer einer Intrige zu sein, wie er bei den weniger begabten Tätern verbreitet ist.
Emotional gesehen, fallen einzig die im Abschnitt »Typologie« dargestellten psychischen Entwicklungsstörungen auf. Charakteristisch ist allgemein eine infantile Persönlichkeitsstruktur mit einem hohen Maß an Liebesbedürftigkeit. Ob Versäumtes und Vorenthaltenes oder nicht intensiv genug Erlebtes im Erwachsenenalter – ein Ausgleich für diese Defizite wird schließlich durch verbotene Handlungen immer wieder gesucht, gefordert und scheinbar befriedigt oder aber einem anderen (dem Opfer) ebenfalls genommen.

Folter und Sexualmord

Nicht zuletzt nach den tragischen Meldungen der letzten Zeit, darunter jene aus Belgien, wird vielfach die Frage gestellt, wie Menschen psychisch strukturiert sind, die imstande sind, sexuelle Gewalt gegen Kinder bis zur Tötung auszuüben. Zwei Merkmale, die schon erwähnt wurden, sind immer wieder kennzeichnend: ein primär unauffälliges Persönlichkeitsbild und ein äußerst vorbedachtes, verstecktes Vorgehen. So sind in den dramatischen Ereignissen, die in den letzten Jahren Wien erschütterten, als zwei

Mädchen in Wien-Favoriten Sexualmördern zum Opfer fielen, die Täter mit großer Perfektion vorgegangen. Sie haben praktisch keine Spuren hinterlassen und konnten auch mit intensivster Fahndung, mit Hilfe spezialisierter Psychologen und mit dem Einsatz biologischer, biochemischer und fahndungstechnischer Hilfsmittel sowie Spezialfahndungen nicht überführt werden. Ähnliches gilt auch für die Fälle in Belgien, wenngleich hier noch andere Gründe mitspielten, weshalb man der Täter im Fall des Kinderporno-Rings erst nach Jahren habhaft werden konnte.

Ob die Täter einzeln oder in Gruppen handeln, von sich aus oder im Auftrag anderer, in direkter Aktion oder auf Bildträgern, die wiederholt konsumiert werden können, entscheidend ist hier, daß ein äußerst hohes Maß an sexueller Gewalt im Spiel ist, das – verbunden mit körperlicher und seelischer Qual der Opfer – als lustvoll und sexuell stimulierend erlebt wird. Ganz offensichtlich zeigt der Täter einen hohen Aggressionspegel und eine unbewußte Identifikation sowohl mit dem Aggressor wie mit dem Opfer, also ein ebenso sadistisches wie masochistisches Bedürfnis, wobei letzteres abgespalten und auf das Opfer übertragen wird. Dies klingt nach einem sehr komplizierten psychischen Geschehen, und das ist es auch. Und um es zu beurteilen, genügt der meist umgehend und spontan erhobene Ruf nach Bestrafung, Kastration oder gar Todesstrafe bei weitem nicht.

Abscheu und Abwehr sowie die Tatsache, daß die inkriminierten Handlungen im allgemeinen kaum nachvollziehbar sind, machen die Beurteilung noch schwieriger. Selbst dem erfahrenen Gerichtssachverständigen fällt es bei solchen Untersuchungen oft schwer, die objektive Distanz zum Täter zu wahren. Dennoch muß er jene psychopathologischen Kriterien werten, die, als Mosaiksteinchen zusammengetragen, die Motivation des Täters erkennen lassen. Da das Opfer ein Kind ist, wird der Sachverständige in der Kindheit des Täters nach Ursachen für die Tat suchen, wobei er nicht immer fündig wird. Häufig findet sich jedoch ein hohes Strafbedürfnis, das in der Vergangenheit des Täters wurzelt, bzw. ein hohes Ausmaß an erlebten Bestrafungen. Eine mögliche Bewußtseinsänderung durch Drogengebrauch darf niemals ausgeschlossen werden. Auch nicht die Möglichkeit, daß Denkstörungen vorliegen, die den Ablauf des logischen, konkreten Denkens beeinträchtigen, oder auch Ich-Störungen, das heißt ein verändertes Ich-Bewußtsein (Depersonalisation) bzw. eine veränderte Wahrnehmung der Wirklichkeit (Derealisation), gepaart mit Halluzinationen wie Stimmen, die Greueltaten befehlen und denen gehorcht werden muß. Daß Kinder, die Opfer sexueller Gewalt geworden sind, dafür auch noch mit dem Leben bezahlen müssen, kann seinen Grund darin haben, daß der Täter nach vollzogener Handlung seine Realitätseinsicht wiedergewinnt und nun – oft in ausbrechender Panik – versucht, das Opfer »verschwinden« zu lassen.

Es ist also strikt zu unterscheiden, ob eine psychische Störung oder eine Geisteskrankheit vorliegt oder ob sich der Täter selbst durch den Gebrauch bewußtseinsverändernder Substanzen in einen Zustand versetzt hat, in dem er inneren Befehlen gehorcht, denen er sich nicht entziehen kann. In allen Fällen kann es zum äußersten kommen, darunter Tötungshandlungen mit davor schwersten Körperverletzungen des Opfers bis hin zum Verzehr einzelner Leichenteile. Sexuell motivierte extreme Gewalttätigkeit gegen Säuglinge und Kleinstkinder fällt überwiegend nur in den Bereich der schwer geisteskranken Täter.

WER SIND DIE OPFER?

Nicht nur Kinderpsychiater und -psychologen stellen sich immer wieder die Frage, ob bestimmte Kinder in höherem Maße gefährdet sind als andere, Opfer von Kindesmißbrauch zu werden. Nach Hunderten von Fällen im Laufe der Berufspraxis ist die Versuchung groß, eine Typologie zu entwickeln, in der Hoffnung, damit die Prävention und den Opferschutz wirksamer zu unterstützen. Es scheint naheliegend, sich dabei am Lebensalter des Kindes zu orientieren und bestimmte Persönlichkeitsmerkmale herauszufiltern, die Einblick geben, wann und auf welche Weise ein Kind am besten geschützt werden könnte. Allein, weder das Lebensalter noch die sozialen Umstände der Herkunftsfamilie und des Umfeldes können dafür sichere und eindeutige Kriterien liefern. Im Grunde ist es nur möglich, je nach Alter einzelne Lebenssituationen zu beschreiben, in die ein Kind geraten kann und vor deren Gefahren daher rechtzeitig und eindringlich zu warnen ist.

Jedes Alter kommt in Frage

Von Geburt an ist der Mensch der Fürsorge und Verantwortlichkeit anderer ausgeliefert. Daher kommen alle Personen, die mit seiner Pflege befaßt sind, als mögliche Mißbrauchstäter in Frage. An erster Stelle stehen hier selbstverständlich die Eltern: Väter und Stiefväter mit Persönlichkeitsstörungen, unerfahrene, überforderte Mütter ... Oft ist es nur ein kleiner Schritt vom sexuellen Mißbrauch zur körperlichen Mißhandlung, ja, häufig sind beide identisch. So können falsch verstandene Versuche, ein schreiendes Baby zu beruhigen, genitale Handlungen nach sich ziehen, die schließlich in schwerem Mißbrauch und in Mißhandlung enden – Handlungen, von denen die Täter in der Regel beteuern, sie seien nichts als Liebkosungen gewesen, die aber tatsächlich Gewaltakte gegen ein Wesen sind, das nicht nur vollkommen

wehrlos ist, sondern über die es, aufgrund seines Alters, auch gar nicht sprechen kann. Zum Teil schwere Verletzungsspuren im Genital- und Afterbereich sind lebhafte Zeugnisse solcher Mißhandlungen, die sowohl von Vätern als auch von Müttern an ihren Kindern begangen werden.
Kleinkinder und Kinder im Vorschulalter sind besonders vertrauensselig gegenüber Personen, die sie kennen und die ihnen nahestehen. So finden sie auch nichts dabei, sich vor ihnen zu entblößen oder von ihnen entblößen zu lassen. Sie teilen arglos die Badewanne mit dem Erwachsenen und werden auch nicht gleich stutzig, wenn sie auf spielerische Weise mit dessen körperlichen Reaktionen, etwa der Erektion, vertraut gemacht werden. Da sich ein Vorschulkind noch im »Märchenalter« befindet, in dem das magisch-animistische Denken vorherrscht, gibt es sich mit jeder, auch noch so unwahrscheinlichen und phantastischen Erklärung des Erwachsenen zufrieden. Ob nun von wundersam sich aufrichtenden Zauberstäben oder von tanzenden Schlangen die Rede ist, es ist leicht, Kinder dazu zu verführen, mit dem Glied des Mannes wie mit einem Spielzeug umzugehen.

In einem Fall, der vor Gericht kam, hat ein vierjähriges Mädchen mit ihrer Freundin dem Glied des Stiefvaters Puppenkleider angezogen. Ein anderes wurde, ohne zu wissen, worum es sich handelt, spielerisch dazu verleitet, ein Kondom über das erregte Glied des Vaters zu streifen. Ein weiteres brachte sein Vater in der Badewanne dazu, das eingeseifte Glied und den Seifenschaum der Schamhaare mit dem austretenden Sperma zu vermengen, indem der Mann erklärte, es handle sich um weitere produzierte Seife. Auch die Erklärung, das austretende Sperma sei Milch, erscheint Kindern logisch.
Anders lag der Fall bei einem bereits siebenjährigen Mädchen aus stark verwahrlostem Milieu, das dem Autor in seiner Eigenschaft als Sachverständigem erzählte, daß sie in der Badewanne immer wieder das Glied des Stiefvaters manipulieren mußte; auf die Frage, ob und, wenn ja, welche Flüssigkeit denn aus dem Glied ausgetreten sei, erklärte das Mädchen, es sei »etwas anderes, wie wenn der kleine Bruder Lu-lu in die Badewanne macht«, denn die

gelbliche Flüssigkeit verschwinde sofort im Wasser, wohingegen die weiße Milch als Brocken im Badewasser umherschwimme.

Vom Volksschulalter bis zur Pubertät zeigen Kinder oft auffallend große Neugier an sexuellen Dingen. Es handelt sich dabei oft um äußerst gut aufgeklärte Kinder, die schon genau über die Sexualität Bescheid wissen und die Erwachsene bei sexuellen Handlungen beobachtet oder solche in Pornos betrachtet haben. Es gibt auch Kinder, die durchaus ahnen, daß Sexualität etwas »Geheimnisvolles« an sich hat, jedoch keine genauere Kenntnis davon haben und daher auf »Erkundung« gehen. Darunter sind die vom Autor so genannten Mädchen mit den »sprechenden Augen«, die mit großer Treffsicherheit von Mißbrauchstätern erkannt werden.

Der Autor erinnert sich an ein neunjähriges Mädchen, das zu einer neurologischen Untersuchung in die Klinikambulanz kam. Während der Untersuchung, die anberaumt worden war, um eine Gesichtslähmung auszuschließen, legte das Mädchen eine für sein Alter übermäßige Koketterie an den Tag. Der Untersucher bat daraufhin die Mutter zu einem Gespräch unter vier Augen und schlug ihr vor, sie möge ihre Tochter nochmals sexuell aufklären und sie dabei auf die Gefahren aufmerksam machen, die ihr bei solch aufreizendem Verhalten drohen könnten. Die Mutter, zunächst erschrocken und abwehrend, berichtete schließlich, daß sie zwei Tage zuvor auch von der Großmutter des Mädchens daraufhin angesprochen worden sei: Während einer Fahrt im öffentlichen Autobus hätte das Mädchen »so herumgeschaut«, daß »alle Männer aufmerksam« geworden seien und es wohl an der Zeit sei, das Mädchen »vor den Männern oder die Männer vor dem Mädchen« zu schützen.

Dieses Beispiel zeigt, daß es bei den Kindern Verhaltensweisen gibt, die dann vom Täter rechtfertigend als Argument dafür benützt werden, daß er, der Erwachsene, ja »verführt« worden sei und nicht umgekehrt. Der Roman »Lolita« von Vladimir Nabokov, 1955 erschienen und auch verfilmt, hat offensichtlich ein Tabuthema seiner Zeit berührt und seither dem Typ sehr verführerischer junger Mädchen, dem weit ältere Männer verfallen, seinen Namen gegeben. Liest man den Roman, zeigt sich freilich – wie in all unseren genannten Fällen –, daß es die männliche Hauptfigur ist, die ihre Phantasien mit dem Mädchen auslebt und dessen soziale Notsituation ausnützt, während Lolita im Grunde geschehen läßt, was die Phantasie des Erwachsenen gestaltet.

Probleme mit professionellen Erziehungs- und Aufsichtspersonen

Es gibt heute neben der Institution »Kindergarten« eine ganze Reihe weiterer Einrichtungen wie Tagesmütter, Leihopas und Leihomas, private Kindergruppen oder Babysitter, Au-pair-Mädchen und -Burschen. In vielen dieser Betreuungsmöglichkeiten arbeiten Menschen, die zwar ihre Zeit zur Verfügung stellen können, aber oft nur eine geringe oder gar keine spezielle Ausbildung bzw. Empfehlungen besitzen. Diese Umstände führen manchmal dazu, daß Verdächtigungen auf sexuellen Mißbrauch auftauchen können, die dann von minderqualifizierten und ungeschützten »Profis« zuweilen besonders schwer zu entkräften sind. Oft genügt es, daß sich ein Kind bloß vage über einzelne Verhaltensweisen seines Betreuers oder der Betreuerin äußert, und es bricht ein Medienrummel los, der dann noch dazu eventuell tatsächlich vorhandene Spuren und Hinweise verwischt. Es kommt vor, daß die Zeichnungen eines Kindes im Kindergartenalter (aus denen übrigens allein niemals ein klarer Hinweis auf Kindesmißbrauch abzuleiten ist!) von den Eltern fehlinterpretiert und als Beweis für erfolgte sexuelle Übergriffe betrachtet werden. Gerüchte entstehen, die jeglichen realen Kerns entbehren und durch ihre blühende Phantasie ganze Kindergruppen anstecken. Verdächtigungen ziehen dann von den Eltern bis hin zu den Medien dramatisch weite Kreise.
Das heißt nicht, daß bestimmte Gefahren auch nur im geringsten unterschätzt werden sollen, sondern nur, daß das Pendel auch

manchmal in die andere Richtung ausschlagen kann und dort die am schlechtesten qualifizierten Berufsgruppen trifft, was insgesamt wenig hilfreich ist. Selbstverständlich muß jeglichem Hinweis auf Mißbrauchshandlungen nachgegangen werden. Doch es muß wiederholt werden, daß die jeweilige Entwicklungsstufe des Kindes mit einbezogen werden sollte, in der manches vielleicht überzeichnet dargestellt wird oder in der Phantasie des Vorschulkindes einen anderen Stellenwert einnimmt, als dies in der Realität der Fall ist. Wie sehr die Betreuerszene bereits darauf sensibilisiert ist, mögen folgende Äußerungen angehender Kindergärtner belegen: Im Rahmen eines Seminars erzählten sie dem Autor, sie hätten während ihres Praktikums die Eltern gebeten, den kleinen Mädchen keine Bodies anzuziehen, da diese im Schritt mit Druckknöpfen versehen sind, was beim Ankleiden nach dem Toilettegang zu längeren Manipulationen zwischen den Beinen führt und unter Umständen falsch gedeutet werden könnte.
Dennoch: Es gibt sie, die »dirty old men«, die »schmutzigen alten Männer«, die sich gegen geringes Entgelt als Leihopa oder Babysitter verdingen, um ihre Bedürfnisse z. B. in den schon beschriebenen Bade- und WC-Ritualen vor allem kleinerer Kinder zu befriedigen. Es ist also zu überlegen, wem man sein Kind zur Aufsicht anvertraut, denn keine noch so seriöse Babysitterzentrale kann Garantien abgeben, da selbst sie über das Persönlichkeitsbild der von ihr empfohlenen Babysitter nicht Bescheid wissen kann. Doch selbst wer auf bekannte und nahestehende Personen zurückgreifen kann, sollte beim Weggehen, und zwar in Gegenwart des Babysitters, dem Kind grundsätzlich versichern, daß es keinen Grund habe, sich zu ängstigen, jedoch in allem und jedem sich den Eltern anvertrauen könne – zugleich ein Vertrauensvorschuß und eine Warnung für den Babysitter. Keine verantwortliche Pflegeperson wird sich gegen Kontrollmaßnahmen und ein legitimes Maß an Mißtrauen wehren.

Man weiß heute, daß in Fällen von Mißbrauch Kindergärtnerinnen oder Lehrerinnen die bevorzugte Ansprechpersonen für Kinder sind. Es sind geprüfte und autorisierte Fachleute, die vom

Kind als Menschen erlebt werden, denen es sein Geheimnis anvertrauen kann.
Lehr- und Erzieherberufe ergreifen Menschen, die gern mit Kindern arbeiten; sie tragen die entsprechende Verantwortung und stehen in der Regel über jedem Verdacht. Es werden aber auch – ob bewußt oder unbewußt – vereinzelt Menschen angezogen, die entweder unausgelebte pädophile Wünsche auf diese Weise kompensieren wollen oder gar ihre Neigungen aktiv ausleben, sei es, daß dies von Anfang ihr Ziel war, oder weil sich eben Gelegenheit dazu bot. Opfer sind jene Kinder, die sich der Lehrkraft emotional sehr offen und anschmiegsam nähern, vernachlässigte Kinder, die liebes- und zärtlichkeitsbedürftig sind, die Schwierigkeiten haben im Umgang mit Nähe und Distanz und eine übergroße Vertrauensseligkeit besitzen, so daß es für sie schwer ist, eine Gefahr zu erkennen. Schließlich erziehen wir unsere Kinder dazu, ihren Lehrern Vertrauen entgegenzubringen. Und es ist in keinem Punkt Absicht dieses Buches, unberechtigtes Mißtrauen zu säen. Es will vielmehr zur wachsamen Aufmerksamkeit aufrufen.
Gerade Kinder, die unter dramatischen Lebensumständen aufwachsen – sei es, daß ein Elternteil schwer erkrankt ist, sei es, daß er dem Kind durch Tod oder Scheidung verlorenging –, neigen besonders zu Zärtlichkeitsbezeugungen und mangelnder Kritikfähigkeit, die unter Umständen von Erwachsenen mißbraucht werden können. Mißhandelte, abgelehnte, in der Familie zu wenig akzeptierte oder insgesamt benachteiligte Kinder sehen oft in der Lehrkraft einen Ersatzvater oder eine Ersatzmutter, auf jeden Fall aber eine integre Person, deren etwaige Annäherungsversuche daher nicht mit der nötigen Wachsamkeit quittiert werden. Ein Teufelskreis aus Zuneigung, Abhängigkeit und Mißbrauch entsteht, aus dem sich das Kind nicht mehr befreien kann. Je weniger intellektuell begabt das Kind ist, desto weniger erkennt es diese Falle; es ist stolz und dankbar, wenn ihm die Lehrkraft Aufgaben überträgt, und freut sich, wenn es die ihm erwiesene Güte zurückgeben darf. Das Kind arbeitet so dem Täter zu, ohne zu wissen, daß es sich immer mehr in der Falle verfängt.

Viele Jahre hindurch hat ein Sonderschuldirektor, der auch unterrichtete, mehrere seiner Schülerinnen in der Klasse sexuell mißbraucht. Die betroffenen Mädchen haben viele Jahre lang geschwiegen, bis eines von ihnen psychisch erkrankte und sich die behandelnden Ärzte wunderten, daß keine der üblicherweise eingesetzten Therapieformen hinreichend wirkte. Als die Ärzte nach Ursachen dafür suchten, enthüllte sich im psychologischen Test und in Symbolform, was geschehen war: Jeweils ein Mädchen mußte während des Unterrichts an den Tisch des Lehrers treten, wo es – während es den Blicken der übrigen Schüler entzogen war – von dem Mann unsittlich berührt wurde bzw. sein entblößtes Glied zu berühren hatte. Erst jetzt, als sich das Geheimnis der Patientin enthüllt hatte, konnte sie erfolgreich behandelt werden. Der Schuldirektor wurde angezeigt. Als es zur Gerichtsverhandlung kam, war von den wartenden Müttern, die als Zeugen geladen waren, zu hören: »Jetzt ist er endlich erwischt worden; er hat ja schon vor 20 Jahren in seiner Tischlade Pornohefte gehabt, die er den Mädchen gezeigt hat.«
Diese Äußerung machte den Autor, an den sie adressiert war, nachdenklich: Ganz offensichtlich wußte eine ganze Generation von Frauen vom Treiben dieses Mannes, und doch war in all der Zeit keine von ihnen imstande gewesen, ihm das Handwerk zu legen.

Behinderte sind häufig Opfer, bei denen sich der Täter darauf verläßt, daß man ihnen wohl nicht glauben und ihre etwaige Aussage als Phantasterei werten wird.

Die zwölfjährige behinderte A., die täglich von einem Transportbus morgens zur Schule und nachmittags wieder nach Hause gebracht wurde, kam plötzlich immer später heim. Auf die bohrenden Fragen der besorgten Mutter konnte oder wollte das Mädchen nicht antworten; es war schwer sprachbehindert und in der geistigen Reife auf der Stufe eines Kindergartenkindes. Doch die Mutter ließ nicht locker. Nur ihrem Mißtrauen und ihren fortgesetzten akribischen Fragen war es schließlich zu verdanken, daß der Grund für die Verspätungen aufgedeckt wurde. Der

Busfahrer hatte jedesmal auf der Heimfahrt eine Route eingeschlagen, die es ihm ermöglichte, A. als letzte heimzubringen. Nachdem er alle anderen Kinder abgesetzt hatte, benützte er den Bus, um dem Mädchen sexuelle Gewalt anzutun. Nachdem es gelungen war, sein Vorgehen aufzudecken, verteidigte er sich damit, daß man A., die ja kaum sprechen könne und sich nur durch Zeichensprache verständlich mache, wohl kaum Glauben schenken dürfe. Selbst klar erkennbare Hinweise, die das Mädchen anhand von anatomischen Puppen gab, versuchte der Täter (übrigens vergeblich) durch diese Argumente zu entkräften.

In einem ganz umgekehrten Fall hingegen wurde der Einsatz eines aufmerksamen, engagierten Erziehers diesem beinahe zum Verhängnis:

Herr F., zunächst Sozialpädagoge in einem Heim für Schwererziehbare, betreut danach in einer Wohngemeinschaft sozial auffällige Kinder und Jugendliche. Im Zuge dieser Tätigkeit entdeckt er einen Zirkel von Strichjungen, der in einem Marktgebiet der Großstadt, in der Herr F. arbeitet, sein Revier hat und wo auch immer wieder neue, meist verwahrloste und streunende Jungen rekrutiert werden. Einer der aktivsten Jungen dieser Gruppe, der für die anderen praktisch den Rang eines Zuhälters einnimmt, wird von F., der für ihn verantwortlich ist, »enttarnt«, und da alle Mitglieder der Gruppe unter 16 Jahre alt sind, deckt der Sozialpädagoge den gesamten Zirkel auf. Es kommt zu Verhaftungen von Kunden, die Kinder werden auf mehrere Wohngemeinschaften verteilt. Der »Zuhälter«, der keine 14 Jahre alt ist, verbleibt in der von F. betreuten Wohngemeinschaft.
Zwei Jahre später ergibt es sich, daß der Sachverständige diesen Jungen zu begutachten hat. Dabei stellt sich heraus, daß Herr F. als Beschuldigter vor Gericht steht. Er wird homosexueller Übergriffe auf seine Schutzbefohlenen und der Ausnützung seiner Autoritätsstellung bezichtigt, wobei drei Jungen, darunter der zu begutachtende, gemeinsam als Zeugen fungieren. Nur durch Kenntnis der Vorgänge vor zwei Jahren, die es ermöglicht, gezielte Fragen zu stellen, und durch die behutsame Strategie des Gerichts,

keinen der drei Zeugen wissen zu lassen, was die anderen ausgesagt haben, kann die Anschuldigung schließlich als Racheakt gegen den Sozialpädagogen entlarvt und der frühere »Zuhälter« zu einem Geständnis gebracht werden.

Mit dem Eintritt in die Pubertät entwickelt das Kind ein besonderes Abhängigkeitsverhältnis zum Lehrer. Es verehrt ihn, bewundert ihn und glaubt, ihm durch vorauseilenden Gehorsam zu Diensten sein zu müssen; es macht kleine Erledigungen für ihn, holt Lehrmaterial, hilft ihm beim Tragen oder begegnet ihm einfach äußerst freundlich. Dieses Verhalten wirkt manchmal mehr als »anbiedernd« und entspricht dem Suchen und Ausprobieren von Nähe und Distanz, einer für dieses Alter typischen Dynamik, die aber oft von den betroffenen Erwachsenen nicht als solche erkannt und manchmal mißverstanden oder ausgenützt wird. Schulausflüge mit Übernachtungen, Skikurse und Land- bzw. Stadtschulwochen können dann zur Gefahr für die Kinder werden.
In anderen Fällen kann es aber in diesem Alter auch dazu kommen, daß sich Kinder aufgrund des Leistungsdrucks der Schule oder der Eltern erpressen lassen: in der Hoffnung, bessere Noten zu bekommen, erklären sie sich bereit, auf die sexuellen Wünsche ihres Lehrers einzugehen, vor allem aus Angst vor Strafe bei schlechten Schulergebnissen. Nur scheinbar verbessert sich jedoch dadurch ihre Lebenssituation.

S., ein depressives 15jähriges Mädchen, erhält Nachhilfeunterricht von einem Lehrer, der mit ihrer Familie befreundet ist. Tatsächlich verbessern sich ihre Schulleistungen, und die Kontakte zwischen S. und ihrem Nachhilfelehrer intensivieren sich. Der Lehrer fühlt sich sogar als Psychotherapeut des Mädchens, obwohl er dafür nicht ausgebildet ist. Er will S. helfen, hat aber akute eigene familiäre Probleme und verstrickt sich immer tiefer in eine konfliktreiche Situation. Die Treffen zwischen S. und dem Lehrer werden immer häufiger, und schließlich kommt es zu einer intimen Beziehung zwischen ihnen. Die depressive Verfassung des Mädchens bessert sich zunächst, verschlimmert sich aber dann so, daß sie selbstmordgefährdet ist. Ab diesem Zeitpunkt erhält sie professionelle psychotherapeutische Hilfe. Der Nachhilfelehrer, vom Therapeuten auf die verheerende Wirkung seiner Handlungsweise hingewiesen, bleibt uneinsichtig: Er erkennt weder, daß seine scheinbare Hilfe den Zustand des Mädchens nur verschlechtert, noch daß die intime Beziehung eine zusätzliche schwere Belastung für S. bedeutet hat; auch daß er das Vertrauen sowohl des Mädchens als auch ihrer Familie mißbraucht hat, sieht er nicht.

Hilfslehrdiensten – ob Musik, Tanz- oder Malunterricht, ob Nachhilfestunden – ist ganz besondere Aufmerksamkeit zu schenken, besonders wenn der Schüler allein in der Wohnung des Lehrers ist oder umgekehrt der Lehrer zum Schüler kommt, aber sonst niemand zu Hause ist. Intime Nähe wird so gefördert, und Übergriffe scheinen erlaubt, die das Kind in der Hoffnung, sich dadurch mühsame Lernarbeit zu ersparen, willig in Kauf nimmt. Das Angebot äußerst günstiger Tarife sollte die Eltern besonders hellhörig machen und sie veranlassen, den Lehr- und Lernerfolg sorgfältig zu überprüfen.

Ein Klavierschüler wollte unbedingt mit dem Unterricht aufhören. Als die betroffenen Eltern mit dem Kind den Musiklehrer aufsuchten, erklärte ihnen dieser, wie notwendig es gerade in Krisenzeiten sei, sich den schönen Künsten, insbesondere aber der Musik hinzugeben. Dabei umarmte er den Jungen, hielt ihn gleichsam körperlich und seelisch fest und machte den hilflosen Versuch des Kindes, sich von dem Übergriff des Lehrers zu befreien, zunichte. Dies führte den Jungen, der es nicht gewagt hatte, sich auszusprechen, in eine schwere Depression und schließlich zu einem Selbstmordversuch, der zum Glück rechtzeitig entdeckt wurde.
Der Fall trug sich im Süden Österreichs zu und erregte Aufsehen, als der Klavierlehrer sich schließlich in mehreren Prozessen verantworten mußte: Er hatte während seiner Musikstunden insgesamt acht Schüler sexuell belästigt; der Junge, von dem eben die Rede war, befindet sich seither in stationärer psychiatrischer Dauerbehandlung.

Die Pubertät ist auch ein Alter, in dem die Kinder bzw. Jugendlichen zu Schwärmereien, Exhibitionismus und Verliebtheiten neigen, die – gepaart mit freizügiger Mode und Sprache – in extremen Fällen sicher manchem Lehrer ziemlich zusetzen. Häufig fehlt auch eine nötige Supervision, die Lehrern und Erziehern helfen könnte, mit solchen Situationen besser umzugehen. Vor diesem Hintergrund kann es in seltenen Fällen auch vorkommen, daß Kinder im Pubertätsalter tatsächlich falsche Behauptungen aufstellen, um sich für eine vermeintliche Zurückweisung oder enttäuschte Liebe zu rächen. Dem Lehrer oder Erzieher werden Handlungen unterstellt, die dieser niemals getan hat. Aussage steht gegen Aussage.
Die Beweislast gegen den Lehrer ist oft so erdrückend, daß sich der Sachverständige selbst bei noch so guter Kommunikation mit dem Jugendlichen schwertut, die Situation zu klären. Und es darf in solchen Fällen nicht wundernehmen, wenn Verteidiger und Beschuldigter im Gerichtsverfahren das Argument anführen, daß die Anschuldigungen phantasiert oder in schädigender Absicht vorgebracht werden. Eine mögliche Falschaussage darf niemals ganz außer acht gelassen werden, schließlich stehen der persönliche Ruf und die berufliche Karriere eines Lehrers oder Erziehers und auch das private Leben eines Menschen auf dem Spiel. Leider wird aber diese Möglichkeit, die selten genug zutrifft, immer wieder auch für die Verteidung von Mißbrauchstätern strapaziert, um generell die Glaubwürdigkeit von Kindern herabzusetzen. Hier liegt die Gefahr inflationären Umgangs mit der Wahrheit.

Orte großer emotionaler Bedürftigkeit – Internate, Heime, Ferienlager

Von Wedekinds »Frühlingserwachen« über Musils »Zögling Törless« bis zu Torbergs »Schüler Gerber« – immer wieder sind Kinder und Jugendliche fern von daheim oder emotional alleingelassen den Stürmen ihrer Entwicklung und ihrer Bedürftigkeit vor allem im Alter der Pubertät und der Adoleszenz sich und anderen hilflos ausgeliefert. Allein die Literatur bietet genügend Anschauungsmaterial, wie leicht es Pädophilen und Sadisten fällt, angesichts von Einsamkeit, Verunsicherung und emotionalen Defiziten ihre Opfer zu requirieren. Kein Wunder, daß Internate, Behindertenheime, Erziehungsheime, Sportlager und Sommercamps ideale Jagdgründe für Mißbraucher sind, die sich oft ganze Gruppen von Kindern und Jugendlichen gefügig machen und mit Erpressungen zum Stillschweigen bringen. Selbst wenn die Vorkommnisse an die Öffentlichkeit dringen und es zu Gerichtsverhandlungen kommt, greifen die Täter zu Verleugnungen, Verleumdungen und Erpressungen, um einer Verurteilung zu entgehen. Sind, wie in Internaten häufig, gleich mehrere Täter an einem Fall beteiligt und der Konspiration verdächtigt, bildet sich gewöhnlich eine Mauer des Schweigens bzw. einer kollektiven Verteidigung mit gegenseitiger Zeugenschaft, und häufig bleibt dann das schwächste Glied der Kette auf der Strecke: das Opfer, das sich gegen diese Übermacht mit seiner Glaubwürdigkeit kaum noch durchsetzen kann.

Das Kind ist in Einrichtungen, in denen es außer Haus übernachtet, doppelt und dreifach ausgeliefert. Von der elterlichen an die institutionelle Autorität gleichsam weitergereicht, bemüht es sich umso mehr um Gehorsam, damit es den Eltern keine Schande bereitet. Daß es von seiner neuen Umgebung sozial und emotional abhängig ist, muß nicht notwendigerweise ein Nachteil sein: das Ersatz-Zuhause kann durchaus eine Bereicherung für die Lebensqualität des Kindes sein. Es kann aber auch einen defizitären Zustand herbeiführen, der das Kind in seinem Widerstand gegen mögliche Übergriffe schwächt.

Kinder in Institutionen haben naturgemäß eine Scheu, gegen die »Mächtigen« auszusagen. Sie können sich auch nur schwer dem Elternteil anvertrauen, der schließlich den Aufenthalt in der pädagogischen Einrichtung herbeigeführt hat. Eigene kindliche Schuldgefühle tun das übrige, so daß dem Kind in seiner Not nur der Weg in die »Aktionssprache« bleibt: nachvollziehbare oder auch scheinbar unverständliche Handlungen, die von auffälligen Verhaltensänderungen bis hin zu klinischen Symptomen körperlicher Natur reichen können.

Wie wichtig es wäre, vor allem jungen, unerfahrenen oder schlecht ausgebildeten Erzieherinnen und Erziehern durch das bleibende Angebot einer beratenden Begleitung im Umgang mit verfänglichen Situationen zu helfen, zeigt das folgende Beispiel:

Der elfjährige K., der in einem Internat lebt, kann nicht schlafen. Es gelingt ihm einfach nicht, abends im Bett zur Ruhe zu kommen. Er muß immerzu an zu Hause denken, und er hat Angst, es könnte ihm passieren, daß er, ein elfjähriger Junge, aus Kummer in der Nacht ins Bett macht. Immer wieder steht er auf und geht aufs Klo, was schließlich seinem Erzieher auffällt, der in einem Raum neben dem Schlafsaal bei offener Tür schläft. Er mahnt den Jungen mehrmals, leise zu sein und rasch einzuschlafen, um die anderen nicht zu wecken. Als das nichts hilft, nimmt er den Jungen zu sich ins Zimmer. Sie sprechen über K.s Zuhause, seine Mutter, die K. sehr liebt, und die Geschwister, die zu Hause leben dürfen. Eine Atmosphäre des Vertrauens entsteht, die auch den Erzieher berührt.

Ein nächster Abend folgt, dann noch einer, und einmal schmiegt sich K. zutraulich an den Erzieher. Die anfänglich aus pädagogischer Sicht durchaus nachvollziehbare Situation erhält eine gefährliche Dimension: Der Erzieher weißt nicht, woher plötzlich seine Gefühle für K. kommen, und er spürt eine erotische Anziehung, die ihm bisher fremd war. Zwar hat er während seiner Ausbildung von solchen Verführungssituationen gehört, in die man mit Kindern, die einsam, traurig und liebesbedürftig sind, geraten kann. Doch er selbst ist einsam und liebesbedürftig, erschöpft und von der Tagesarbeit überfordert. Es gefällt ihm, daß der Junge ihm Nähe, Vertrauen und Zuneigung schenkt. Eine Supervision wurde ihm nie gewährt. Und so kommt es, daß die Beziehung der beiden außer Kontrolle gerät und intim wird.

Mit der Zeit fallen K.s Kameraden die nächtlichen Besuche beim Erzieher auf. Sie registrieren genau, wie oft und wie lange der Junge in dem Zimmer ist, und beginnen ihn zu hänseln. Bis K. es nicht mehr aushält und ihnen Details von den Treffen erzählt. Diese Information wird von den anderen Jungen benutzt. Sie erpressen den Erzieher, bis dieser einen Selbstmordversuch unternimmt. Der »Skandal« fliegt daraufhin auf.

Es gibt viele Gründe, ein Kind ins Internat zu geben: örtliche Schulprobleme, zu lange Schulwege, häufige Abwesenheit der Eltern aus beruflichen Gründen u. a. m. In vielen Ländern war und ist es üblich, Kinder ab dem zehnten Lebensjahr im Internat erziehen zu lassen, sei es aus Prestigegründen, sei es, weil die Eltern – etwa in Diplomatenfamilien – weit entfernt ihrer Arbeit nachgehen. Für die Einweisung in ein Heim hingegen liegen meist soziale Ursachen vor; für ein Kind, dessen Unterbringung weder beim Vater noch bei der Mutter ausreichend gesichert ist, bieten sich hier jedoch sogar oft günstigere Voraussetzungen, als sie eine vielleicht lieblose Erziehung bei Pflegeeltern, die Kinder bloß aus finanziellen Gründen aufnehmen, gewährleisten würde.
In beiden Fällen entwickeln die Kinder notgedrungen ein ungewöhnlich hohes Maß an Selbständigkeit, bleiben aber – fern von den Eltern und früh auf sich gestellt – in ebenso großem Ausmaß innerlich liebesbedürftig und abhängig: eine psychische Konstellation, die sie, noch dazu wenn der Lehrer oder Erzieher eine angesehene und scheinbar unangreifbare Stellung einnimmt, allzuleicht zu Mißbrauchsopfern werden läßt. Ausgehungert nach Anerkennung und persönlicher Zuneigung, die – über die kollektiven Bildungs- und Erziehungsmaßnahmen hinaus – ihm ganz allein gilt, ist ein solches Kind noch für die kleinste, flüchtigste, auch körperliche Zuwendung dankbar. Zärtlichkeiten, Streicheln oder Küssen, ja selbst intime Berührungen empfindet es als individuelle, herzliche Liebesbeweise, die es gleichermaßen erwidert. Nicht selten entwickelt sich daraus tatsächlich eine intime Beziehung, die wenig Romantisches hat, sondern sich eher durch eine Verschiebung der kindlichen Liebesbedürftigkeit in Richtung körperlicher Kontakt mit rasch erhältlicher Befriedigung und Erfüllung auszeichnet. Für den Erwachsenen bieten sich zur Anbahnung solcher sexueller Kontakte besonders die Begegnungen beim abendlichen Zubettgehen (vor allem bei kleineren Kindern), wiederholte abendliche Diskussionen, wenn die anderen Kinder bereits schlafen gegangen sind, Aussprachen unter vier

Augen u. a. an. Gelegenheiten, die natürlich einhergehen mit Tröstungen bei Heimweh und Einsamkeitsgefühlen, mit beruhigenden Erklärungen, warum der Aufenthalt in dieser Einrichtung notwendig sei, mit Zureden beim traurigen Abschied von den Eltern ... Paart sich diese Zuwendung mit einer respekteinflößenden Position des Erwachsenen – sei es der Anstaltsleiter, ein konfessioneller Würdenträger oder eine besonders angesehene Lehrkraft –, kommt zur Bedürftigkeit des Kindes auch der Aspekt des Gehorsams dazu: Die prestigeträchtige Machtposition des Verführers/der Verführerin verleitet den Täter/die Täterin zur Annahme, daß das Kind zu einer Aussage nicht den Mut hätte und angesichts des guten Rufs der Autoritätsperson ohnehin unglaubwürdig erscheinen würde – eine Einschüchterung, deren sich die Autoritäten schamlos bedienen.

Im Gesetz ist das Autoritätsverhältnis von Vorgesetzten zu den von ihnen Abhängigen geregelt. Wird diese Autorität ausgenützt, um Abhängige zur Unterwerfung zu nötigen, besteht also ein Strafbestand, egal wie subtil, schleichend und schmeichlerisch die Übergriffe gesetzt werden. Im Juristendeutsch: In pädagogischen Einrichtungen stehen unmündige und/oder minderjährige Schutzbefohlene in einem Abhängigkeitsverhältnis zu einem für das Kindeswohl verantwortlichen Erwachsenen.
Um welche Einrichtung es sich dabei auch immer handeln mag, das Gesetz legt klar fest, daß der abhängige Schutzbefohlene vor dem verantwortungstragenden Erwachsenen in seiner ganzen Integrität geschützt sein muß. Wobei die Integrität sowohl das körperliche wie auch das intellektuelle, emotionale und soziale Wohl umfaßt.
Dies gilt sowohl für Internate und Heime wie für Sommercamps und Trainingslager. In letzteren werden noch dazu im Bereich sportlicher und anderer Aktivitäten zwar immerhin qualifizierte Trainer und Fachkräfte eingesetzt, aber im pädagogischen Bereich sind häufig bloß ungeschulte Betreuungskräfte tätig. Gemeinsames Umziehen, Duschen, Sporteln, Übernachten erzeugen eine besondere körperliche Nähe, in der die pubertäre und jugendliche Neigung zu Zoten sowie sexuelle Neugier, Unsicher-

heit und Konkurrenzgefühle zusätzlich die Stimmung »anheizen«. In diesem Klima finden einschlägige Erwachsene genügend Möglichkeiten, die Grenze zwischen Pädagogik und Pädophilie unbemerkt zu überschreiten, sei es im Sporttraining bei der notwendigen Hilfestellung und körperlichen Berührung, sei es im Rahmen von Ferienaktivitäten, bei täglichen Verrichtungen oder beim Zubettgehen im Sommerlager.

In abgeänderter Form gilt das eben Gesagte auch für Wochenendaktivitäten, Knabenchöre, Freizeitgruppen, Vereine, Klubs oder die verschiedenen konfessionellen Vereinigungen. Nirgendwo sonst genießt der pädophile Täter mehr Schutz, wird den betreuenden Personen mehr Ehrenhaftigkeit, Charakterstärke und guter Willen zugetraut als in solchen nach außen hin moralisch intakten Einrichtungen.

Eine wirksame Vorbeugung besteht eigentlich nur in der Maxime, unter keinen Umständen zu vertrauensselig zu sein und grundsätzlich jeden Erzieher, jeden Leiter, Betreuer und Verantwortlichen falls notwendig in Frage zu stellen, was nicht heißt, daß das Kind in Angst und Schrecken leben oder eine Einrichtung von vornherein diskreditiert werden soll. Aber die vielen Gerichtsverfahren sowie die internen Disziplinarverfahren, mit denen Institutionen das Problem in ihren eigenen Reihen (angeblich) lösen, zeigen, daß ein gesundes Mißtrauen angebracht ist. Vor allem muß die Qualifikation der Verantwortlichen überprüft und – auch bei jahrzehntelanger Tätigkeit – immer wieder hinterfragt werden. Es ist nämlich eine Eigenheit der Täterpersönlichkeit, daß mit zunehmendem Alter häufig die moralischen Bedenken, die Selbstbeherrschung und die Kontrolle nachlassen.

Einen weiteren Sicherheitsfaktor stellt auch die Einstellung von sowohl männlichen wie weiblichen Betreuungspersonen dar. Eine gleichgeschlechtliche pädagogische Einrichtung birgt von vornherein die Gefahr, etwa den homophilen Tendenzen, die einer männlichen Gemeinschaft innewohnen, mehr Raum zu geben, als der Einrichtung dienlich ist.

Stumme Schreie – die Folgen sexuellen Mißbrauchs

Die Signale sexuell mißbrauchter Kinder

Immer wieder wird gefragt, ob es nicht *ein* Symptom, *eine* bestimmte Veränderung gibt, die anzeigen, daß einem Kind sexuelle Gewalt angetan wurde. Leider lautet die Antwort: nein. Ein eindeutiges Symptom (oder eine Gruppe von Symptomen, ein klar definierbares »Mißbrauchssyndrom«) gibt es nicht. Man kann einem Kind den Mißbrauch nicht ansehen, ebensowenig wie der Täter ein Kainsmal auf der Stirn trägt. Es gibt nur die Tatsache, *daß* sich etwas verändert.

Kinder, die über das Geschehene nicht sprechen können, senden eine Reihe nonverbaler Signale und Botschaften aus, aus denen sich ablesen läßt, daß etwas nicht in Ordnung ist. Aus der psychosomatischen Medizin wissen wir, daß der Mensch eine Organ- oder Körpersprache besitzt, sie auch einsetzt und manchmal mit ihr sogar einen »Dialekt« spricht. Dann ist es notwendig, einen Dolmetscher, nämlich einen Psychotherapeuten, aufzusuchen, der hilft, den »stummen Schreien« verbalen Ausdruck zu verleihen. Denn nicht immer ist es so einfach, daß Kopfzerbrechen Kopfschmerzen macht, Ärger sich auf die Galle schlägt, Magenschmerzen entstehen, wenn einem etwas im Magen liegenbleibt, häufiges Erbrechen darauf hindeutet, daß etwas zum Kotzen ist, Bettnässen beweist, daß die Blase »weint«, und Durchfälle ausdrücken, daß man das Leben nicht lebenswert findet.

Vor allem ist im Auge zu behalten: Es ist die gesamte Verhaltensänderung des Kindes, die den Hinweis gibt, daß Gefahr im Verzug ist. Das aber bedeutet aufmerksame Beobachtung. Denn um eine solche Veränderung festzustellen, muß man wissen, wie die Ausgangslage war, und die ist in der rasch fortschreitenden Entwicklung des Kindes- und Jugendalters oft gar nicht so einfach auszumachen. Es ist also ein hohes Maß an Wachsamkeit und Zuwendung notwendig, um ein plötzliches Auftreten etwa von Überreaktionen oder Rückzugstendenzen über das normale bzw. sich ohnehin verändernde Verhalten hinaus festzustellen.

Und selbst dann ist, es sei darauf hingewiesen, kein eindeutiger Hinweis auf sexuellen Mißbrauch gegeben, sondern vorerst nur auf ein verändertes seelisches Gleichgewicht, deren Ursachen es erst herauszufinden gilt. Das können Streitigkeiten der Eltern sein, die vor der Scheidung stehen, Überforderung in der Schule oder ein Druck von Schulkameraden, denen das Kind nicht gewachsen ist, es kann die Verwirrung um körperliche Veränderungen in der Pubertät sein oder früher Liebeskummer, der auf jeden Fall Respekt verdient. Es kann sich aber eben auch um erste Signale eines sexuellen Mißbrauchs handeln, der ja in den meisten Fällen behutsam angebahnt wird und ohne Gewaltanwendung vor sich geht. Das sollte zumindest immer als Möglichkeit mit in Betracht gezogen werden, sobald etwas »komisch« ist.

Denn auch wenn die Anzeichen im einzelnen unspezifisch sind und noch kein Beweis: Es gibt keinen sexuellen Mißbrauch, der nicht beim Kind Verhaltensänderungen hervorruft. Da der Täter das Kind sowohl psychisch als auch physisch in seinen Besitz nimmt und kontrolliert, kann es verschiedenste Mechanismen und Verhaltensauffälligkeiten entwickeln, um diese Situation überhaupt aushalten zu können. So etwa, wenn es, um nicht gänzlich ohnmächtig zu sein, durch Identifikation mit dem Aggressor ein Stück Aggression übernimmt und an anderen Kindern auslebt. Ein solches Symptom mag von der ahnungslosen Umwelt als »Störung« begriffen werden, es ist aber eine wichtige Überlebensstrategie und zugleich ein unübersehbares SOS-Zeichen.

Die Signale, mit denen ein Kind versucht, sich mitzuteilen, sind so verschieden wie die Kinder selbst. So deuten ständig auftretende Kopfschmerzen, ein plötzlicher Räusper-, Zwinker- oder Kopfschütteltick oder Magen-, Darm- und Blasenbeschwerden in jedem Fall auf Sorgen des Kindes hin. Auch Schwächen in der geistigen Leistungsfähigkeit, wie schwere Konzentrationsschwäche oder plötzliche Lernverweigerung, mangelnde Aufmerksamkeitsspanne, insgesamt herabgesetzte Leistungsfähigkeit, Unfähigkeit, sich einfache Dinge zu merken, Wahrnehmungsschwierigkeiten, Unfähigkeit, etwas so wiederzugeben, wie es das Kind bisher gewohnt war, sind alarmierende Zeichen, die es erforderlich machen, mit Sorgfalt aufzuspüren, was dem Kind fehlt und was es mit den Symptomen auszudrücken versucht. So dürfen auffällige Aktivitätsveränderungen, das heißt, ein deutlich gesteigerter oder verminderter Antrieb des Kindes, nicht einfach der Pubertät zugeschrieben werden, nach dem Motto »Das wird sich schon wieder geben ...«, sondern müssen immer als Hilferuf gewertet werden, selbst wenn sich herausstellen sollte, daß die Ursachen aus der Sicht des Erwachsenen vergleichsweise »harmlos« waren. Ein erhöhtes Maß an Angst, Aggressivität, unerklärliche und für das Kind ungewöhnliche Handlungsweisen, plötzlich auftretende Zwänge, das heißt ständige Wiederholungen im Denken, Sprechen oder Handeln (das Kind spricht z. B. ständig immer nur über ein bestimmtes Thema oder entwickelt einen Waschzwang), übertriebene Heiterkeit, Gereiztheit oder Traurigkeit müssen ebenfalls immer als Warnsignale verstanden werden, die die Eltern auch mit weiteren Bezugspersonen des Kindes diskutieren sollten. Treten zusätzlich noch versteckte oder offene sexuelle Äußerungen und Verhaltensweisen hinzu, etwa ein übermäßiger Gebrauch von Zoten und schmutzigen Witzen, ein plötzlich auftretender Exhibitionismus, oder beginnt das Kind, sich auf eine für die Eltern unverständliche Weise mitzuteilen, indem es z. B. unvermittelt und ohne nähere Erklärung ständig eine bestimmte Person oder Situation erwähnt, sollte auch ein Psychologe oder Kinderpsychiater beigezogen werden.

Veränderungen beim Kind, die auf sexuellen Mißbrauch hindeuten können:

- Schlafstörungen
- Schulleistungsstörungen, wie Konzentrationsschwäche, mangelnde Aufmerksamkeitsspanne, generell herabgesetzte Leistungsfähigkeit, Unfähigkeit, sich einfache Dinge zu merken, Gedächtnislücken, Wahrnehmungsschwierig-
- keiten, Unfähigkeit, etwas so wiederzugeben, wie es das Kind bisher gewohnt war
- Eßstörungen
- Störungen im Hygieneverhalten, z. B. Waschzwang
- Plötzliche Verhaltensänderungen wie Aktivitätsverände-

rungen (der Antrieb des Kindes ist deutlich gesteigert oder vermindert), Aggressivität, unerklärliche und für das Kind ungewöhnliche Handlungsweisen
- Angst
- Rückzug
- Flucht in eine Phantasiewelt
- Zwänge, das heißt ständige Wiederholungen im Denken, Sprechen oder Handeln
- Stimmungswechsel, übertriebene Heiterkeit, Gereiztheit oder Depression
- Versteckte oder offene sexuelle Äußerungen, übermäßiger Gebrauch von Zoten und schmutzigen Witzen
- Krankheiten
- Weglaufen

Um allen gefährlichen Vereinfachungen vorzubeugen, muß nochmals deutlich betont werden: Alle diese genannten Symptome können, aber müssen nicht *notwendigerweise* sexuellen Mißbrauch belegen. Nicht jedes Kind, das einen plötzlichen Leistungsabfall in der Schule hat, ist mißbraucht worden!

Auswirkungen

Sexueller Mißbrauch löst im Kind eine Reihe von Verstörungen und quälenden Gefühlen aus, die es allein nicht zu bewältigen vermag. Sie von sich aus anderen mitzuteilen ist der seltener gewählte Ausweg, Verdrängung oder Verschiebung auf andere Ebenen der häufigere. Verhaltensauffälligkeiten, Entwicklungshemmung, seelische Probleme und psychosomatische Symptome sind die Resultate des unbewältigten Leids, die den Betroffenen manchmal ein Leben lang zu schaffen machen. Selbst – oder gerade – dann, wenn sie die Ursache scheinbar »vergessen« haben.
Zu den Belastungen, mit denen vor allem weibliche Mißbrauchsopfer in ihrem späteren Leben oft zu kämpfen haben, gehören

unter anderem Lebensängste, Vertrauensverlust und eine fundamentale Unsicherheit bezüglich des eigenen Selbstwertgefühls, die Angst, nicht mehr liebens- oder begehrenswert zu sein. Wo Selbstvertrauen sein sollte, findet sich ein Gefühl von Leere, Hoffnungslosigkeit und Abgeschnittensein von der eigenen Lebendigkeit. Das Verhältnis zum eigenen Körper und zur Sexualität ist meist tief gestört. Viele Opfer leiden auch unter Panikattaken, Depressionen, Migräne oder Alkohol- und Drogenmißbrauch.

Aber so, wie es keine eindeutigen kindlichen Signale gibt, die als solche zuverlässig auf Mißbrauch schließen lassen, gibt es auch keine bestimmten seelischen Folgen, die ausschließlich durch Mißbrauch hervorgerufen werden. Auch sind nicht alle Opfer im gleichen Ausmaß psychisch geschädigt. Einige leiden dauerhaft, andere vorübergehend. Manchmal sind die Schäden nicht gleich zu erkennen und kommen erst nach Jahren zum Tragen.

Diese unterschiedliche Entwicklung der Folgen kann viele Ursachen haben: Zum einen hat jeder Mensch andere Möglichkeiten, für ihn bedrohliche Ereignisse zu verarbeiten. Zum anderen spielen die Umstände des Mißbrauchs und die damit verknüpften Beziehungen eine Rolle: z. B. in welchem Alter der Mißbrauch stattfand oder begann, wie nahe der Täter dem Kind stand, wieviel Zwang und Gewalt er angewendet hat, wie massiv die Übergriffe waren oder wie häufig und anhaltend der Mißbrauch war.

So ist der Mißbrauch umso schädigender, je jünger das Kind ist. Auch macht es einen bedeutenden Unterschied, ob es sich um einen einmaligen Übergriff gehandelt hat oder um eine langdauernde Beziehung und Abhängigkeit. Die zugehörigen Gefühle (Angst, Wut, Ohnmacht, Erschrecken, Scham, Schmerz ...) sind bei einmaligen Erlebnissen gewärtiger, und das Kind schildert den Vorfall in der Regel lebhafter, emotionaler, »authentischer«. Bei langfristigen, sexuell ausbeuterischen Beziehungen mit einem viel Älteren werden diese verstörenden, quälenden Gefühle häufig verdrängt oder auf andere Weise »ausgeschaltet«, damit das Kind psychisch überleben kann. Viele Opfer beginnen auch, um die Mißbrauchshandlungen ertragen zu können, aus ihrem

Körper »auszusteigen«. Diese Versuche, sich zu schützen und aufzuspalten, führen dazu, daß die Berichte eines langjährig mißbrauchten Kindes stumpfer, eher unbeteiligt, manchmal sogar leicht ironisch wirken, was die Aussagen für viele unglaubwürdig erscheinen läßt, weil Inhalt und Ausdruck so gar nicht zusammenpassen. Fand diese Beziehung im Rahmen der engsten Familie statt, wird es zur tiefgreifendsten psychischen Störung des Opfers kommen: Langdauernder inzestuöser Mißbrauch gilt als einer der folgenschwersten Eingriffe in die psychosexuelle Entwicklung des Kindes. Besonders schwere Spätfolgen treten auch auf, wenn das Kind nicht nur sexuell mißbraucht, sondern zusätzlich noch körperlich mißhandelt worden ist.
Die Reaktionen im Umfeld des Kindes auf die Aufdeckung des Mißbrauchs sind ebenfalls von erheblicher Bedeutung. Besonders großen Einfluß hat das Verhalten der Eltern bzw. Elternteile oder anderer Bezugspersonen. Gehen sie einfühlsam mit dem Kind um, und ermöglichen sie ihm, über das Geschehene zu sprechen, aber vor allem: bieten sie eine andere, »korrigierende« Art der Beziehung an wie jene zum Täter, sind die schädigenden Folgen des Mißbrauchs im allgemeinen geringer. Die Auswirkungen für die Betroffenen sind größer, wenn die Eltern oder andere wichtige Bezugspersonen verständnislos, ablehnend oder strafend reagieren.
Sind die Umstände unerträglich, zieht sich das Kind vollends in sich zurück. Die Erlebnisse und Begleitumstände werden, um sich zu schützen, verdrängt, um sich dann aus dem »Off« des Unbewußten ein Leben lang für die Betroffenen negativ auszuwirken. Viel später erst wird dem Betroffenen vielleicht qualvoll bewußt werden, was einst geschehen ist und seither die Lebensqualität in vielen Bereichen so massiv eingeschränkt hat.
Damit dies nicht geschieht und weil sich sexuelle Gewalt und Ausbeutung bei vielen Opfern auf das Gefühlsleben jahrzehntelang schädlich auswirken kann, ist es so wichtig, daß das Opfer rasch und umgehend nach der Aufdeckung therapeutische oder heilpädagogische Hilfe erhält und das Geschehene bearbeiten kann. Nur so ist die Heilung des verletzten Kindes zu sichern und zu verhindern, daß vielleicht lebenslange Schäden entstehen.

Mädchen und Jungen

Sexueller Mißbrauch kann sich bei Mädchen und Jungen sehr verschieden auswirken. Auch die Umstände sind sehr oft unterschiedlich: Mädchen werden häufiger im engsten Familienkreis und fast immer von Personen des anderen Geschlechts – von Vätern, Stiefvätern, Freunden der Mutter – sexuell mißbraucht und mißhandelt, wie überhaupt weitaus mehr Mädchen als Jungen sexueller Gewalt ausgesetzt sind (nur in Internaten und Heimen ist dieses Verhältnis umgekehrt).
Bei Jungen geschieht der Mißbrauch im allgemeinen eher durch Personen des eigenen Geschlechts, und zwar weit seltener durch solche, die die Vaterrolle bei ihnen einnehmen, sondern eher durch andere männliche Verwandte, durch Bekannte und Freunde der Familie und, weit öfter als bei Mädchen, durch Fremdtäter, also Täter außerhalb der Familie, wie Nachbarn, Heimerzieher, Lehrer, Pfarrer, Jugendgruppenleiter, Fußballtrainer oder überhaupt gänzlich Fremde. Daraus ergeben sich für Jungen andere Konsequenzen als für Mädchen. Ein Mißbrauch außerhalb der Familie ruft oft mehr Verständnis und Unterstützung für das Opfer sowohl in der Familie als auch in der Öffentlichkeit hervor. Die Situation, in der die Übergriffe stattfinden, ist leichter zu meiden, und die Beziehung zum Täter kann in der Regel abgebrochen werden. Die Existenz und der Zusammenhalt der Familie sind nicht bedroht; weder stellt sich die Frage nach einer Heimunterbringung noch nach der Zerstörung der Familie. Aus all diesen Gründen kommen diese Fälle auch viel öfter zur Anzeige.
Der eigene Umgang mit dem Mißbrauch zeitigt ebenfalls unterschiedliche Folgen. Buben haben in der Regel – im Unterschied zu vielen Mädchen – mehr Schwierigkeiten damit, sich als Opfer fühlen. Nun sind aber z. B. homosexuelle Handlungen in unserer Gesellschaft noch immer gesetzlich und sozial stigmatisiert und geächtet, was es »echten« Jungen doppelt schwer macht, sich jemanden anzuvertrauen: Sie möchten nicht schwach, benachteiligt und verfügbar sein wie Mädchen, und ebensowenig wollen sie von Gleichaltrigen als »Schwule« verspottet werden. Deshalb

schweigen sie oft und identifizieren sich eher mit dem Täter. Sie wenden die erfahrene sexuelle Gewalt weniger gegen sich, wie viele Mädchen, sondern nach außen, indem sie z. B. ihrerseits kleinere Kinder demütigen und mißbrauchen. Mädchen wiederum, die dazu erzogen wurden, verständnisvoll, duldsam und an den Bedürfnissen anderer orientiert zu sein, richten die Aggressionen öfter gegen sich selbst. Sie resignieren im Fall eines Mißbrauchs schneller, fühlen sich ohnmächtiger – und sind es aufgrund der Familienkonstellation meistens auch.

Mädchen wie Jungen brauchen, um mit ihrer Gewalterfahrung auch langfristig fertig zu werden, geübte Begleitung und Unterstützung. Diese Arbeit wird in erster Linie von Frauen geleistet. Es wäre aber zu wünschen, daß Jungen ebenfalls geschlechtsspezifische Hilfe erhalten und so anhand eines Vorbilds lernen, daß auch Männer Gefühle zeigen, Hilfe annehmen und Konflikte ohne (sexuelle) Gewalt lösen können.

KIND UND RECHT

Am Ende des Aufdeckungsprozesses von sexuellem Mißbrauch steht manchmal eine Gerichtsverhandlung. Ein Hauptanliegen dieses Buches ist es, zu zeigen, was Kinder und Jugendliche, die Opfer sexueller Gewalt geworden sind, in diesem Fall konkret erwartet. Eine gute Kenntnis der rechtlichen Situation und der Gerichtspraxis gibt mehr Sicherheit und kann helfen, die Gefahr zu mindern, daß den Opfern weitere Schäden zugefügt werden.

»Wenn du unser Geheimnis verrätst ...«
Der mühsame Weg bis zum Gerichtsverfahren

Von dem Zeitpunkt an, an dem ein Übergriff bekannt wird, beginnt für das Kind und seine Betreuer bzw. seine – häufig geschockten – Eltern ein Weg, der geprägt ist von leidvollen Erfahrungen. Nicht immer endet er bei Gericht. Um die Fälle, die zur Gerichtsverhandlung führen, aber geht es im folgenden.

Von der Aufdeckung bis zur Anzeige – sinnvolle Maßnahmen der Intervention

Es dauert oft lange, bis ein Kind den Mut aufbringt, sich einer Person seines Vertrauens mitzuteilen, und fast immer ist diesem Schritt ein monate-, ja jahrelanges psychisches Martyrium vorausgegangen. Ob durch Einschüchterung und Drohung, ob durch scheinbar liebevolles Pflegen des gemeinsamen »Geheimnisses" – die ganze Zeit über hat der Täter das Kind unter massiven Druck gesetzt und erpreßt, um dessen Stillschweigen zu erzwingen. Nichts fürchtet ein Kindesmißbraucher mehr als den Verrat! Und um zu verhindern, daß sein verbotenes Tun bekannt wird, ist ihm jedes Mittel der Unterdrückung recht.

Nicht nur aus diesen Gründen ist es für das Kind unendlich schwierig, seine Angst zu überwinden und sich jemandem anzuvertrauen. Auch muß es im Fall einer solchen Aussprache intime Details preisgeben, die mit starken Schamgefühlen besetzt sind. Vor allem aber nagt an ihm – gleich welchen Lebensalters – die Ungewißheit, ob man ihm überhaupt Glauben schenken wird. Ein Zweifel, der bis zur Gerichtsverhandlung nicht mehr weichen wird. Es spricht Bände, daß unser Erziehungssystem junge Menschen entläßt, die nicht davon ausgehen, daß Erwachsene sie für glaubwürdig befinden.
Und in der Tat verhüllen die scheinbaren Hilfsangebote von Erwachsenen allzuoft mehr schlecht als recht die dahinterliegende Überzeugung, daß Kindern im Grunde nicht zu trauen ist. Mit diesem Vorurteil muß endlich und endgültig aufgeräumt und mit Nachdruck festgestellt werden: Nur 3 bis 5 Prozent aller Aussagen von Kindern und Jugendlichen sind falsche Beschuldigungen. Die weitaus überwiegende Mehrheit der Opfer sagt – klar und beredt – die Wahrheit. Die reale Statistik straft nicht die Kinder, sondern die Erwachsenen Lügen!

Ist das Kind schließlich soweit, sich jemanden anzuvertrauen, so wendet es sich in der Regel an die Kindergärtnerin oder die Lehrerin, an eine Bezugsperson also, die Nähe und Distanz zugleich verkörpert, die durch den regelmäßigen, verläßlichen Kontakt vertraut ist, aber nicht zu den engeren Familienangehörigen zählt. Eher selten wählt es erfahrungsgemäß als erste Anlaufstelle Mutter oder Vater, Großeltern oder Geschwister, zu Recht, denn die Wahrscheinlichkeit ist groß, daß sie auf die Mitteilungen des Kindes mit Unglauben, Verblüffung oder Verleugnung reagieren.
Tatsächlich geraten Personen, die in enger Beziehung zum Täter stehen, in solchen Fällen in unlösbare Konflikte, z. B. wenn die Großmutter als Ansprechpartnerin gewählt wurde und nun erfahren muß, daß sich ihr Sohn an seinem Kind – ihrem Enkelkind vergangen hat bzw. vergeht. Ihre erste Reaktion wird Abwehr dieser ungeheuerlichen Vorstellung sein, und sie wird versuchen, ihren Sohn in Schutz zu nehmen und das Kind der Lüge zu

zeihen. Es kann sich auch herausstellen, daß ihrer Abwehr eine viel tiefere Ursache zugrundeliegt, etwa die verdrängte Tatsache, daß es in dieser Familie nicht erst in dieser Generation zu sexuellem Mißbrauch kommt, wie der Fall der dreizehnjährigen B. gezeigt hat, der in Kapitel 2 beschrieben wurde (siehe S. 27). Nahezu alle Kinder teilen ihr Geheimnis nur unter dem Siegel der Verschwiegenheit und der wiederholt gestellten Forderung, keine der Informationen weiterzuverwenden, mit, was seine AnsprechpartnerInnen in ein großes Dilemma bringt: Schließlich handelt es sich um ein kriminelles Vergehen, das – unter der Bedingung, Stillschweigen darüber zu bewahren – aufgedeckt wird. Keinesfalls sollte sich die Vertrauensperson vorschnelle Versprechungen abringen lassen, die sie später nicht einhalten kann. Ein neuerlicher Vertrauensbruch ist das letzte, was das Kind in dieser Situation brauchen kann. Ebensowenig übrigens wie Komplizen, die sich zum Schweigen verpflichten lassen: Behält nämlich die eingeweihte Person ihr Wissen für sich, ist sie gleich ohnmächtig wie das Opfer und kann zu seinem Schutz nichts unternehmen.
Die vom Kind gewählten Vertrauenspersonen sind in den meisten Fällen keine Experten für sexuelle Gewalt, und es ist daher sinnvoll, wenn sie nicht nur für das Kind, sondern auch für sich selbst Hilfe organisieren. Falsch ist panikartiges Weiterverweisen an andere Stellen. Wirksames Eingreifen heißt vielmehr: Ruhe bewahren, dem Schutz und der Unterstützung für das Kind Vorrang einräumen, ihm – auch wenn es schwerfällt – Zeit lassen, alles in Ruhe und Sicherheit darzustellen, Fakten sammeln, sich an kompetente Stellen wie spezialisierte Beratungszentren oder das Jugendamt wenden, fachliche Unterstützung organisieren, Gewißheit bekommen. Erst nachdem das Geschehen ausreichend erörtert wurde (niemand kann sexuellen Mißbrauch allein aufdecken!), läßt sich eine für das Kind erträgliche Strategie entwickeln, was nach der Aufdeckung geschehen soll – am besten mit dem Kind gemeinsam, ohne ihm freilich die Entscheidung aufzubürden. Eine Verpflichtung, Anzeige zu erstatten, besteht für Vertrauenspersonen nicht.

Diese Überlegungen gelten selbstverständlich nicht bei brutalen Überfällen, bei Vergewaltigungen und bei körperlicher und seelischer Gefährdung durch sadistische Praktiken. Hier hat der unmittelbare Schutz von Leib und Seele Vorrang, und es ist dem Kind bei all seinen Bitten um Diskretion begreiflich zu machen, daß Gefahr für es selbst und für andere Kinder im Verzug ist. In allen anderen Fällen aber ist der Grad der Bedrohung für das Opfer abzuwägen.

Diese Haltung mag zahlreiche Kritiker auf den Plan rufen, die Erfahrung hat aber gezeigt, daß ein behutsamer Umgang mit der Situation die Vertrauensbasis zum Kind stärkt und ihm hilft, möglichst offen über das Vorgefallene zu sprechen, um dieses in der Folge auch be- und verarbeiten zu können. Desto genauer und umfassender die Information, desto mehr Sicherheit für das Kind auch im Hinblick auf ein allfällig künftiges Gerichtsverfahren! Deshalb sollte man das Kind ermutigen, in Ruhe und mit aller Zeit, die es braucht, die Vorfälle so detailliert wie möglich zu schildern. Es ist anzuraten, nach solchen Gesprächen detailgenaue Prokolle zu verfassen, sowohl was den zeitlichen Ablauf des Geschehens als auch was das Vorgehen des Täters im einzelnen anbelangt. Auch scheinbare »Nebensächlichkeiten« – die aber später prozeßentscheidend sein können – sowie die vom Kind verwendeten Ausdrücke und Begriffe sollten wörtlich (auch in Vulgärsprache) darin festgehalten werden.

Ohne diese Ruhe und Genauigkeit erreicht man statt Hilfe für das Kind oft das Gegenteil. So führt eine überhastete Konfrontation des Täters mit der Beschuldigung bloß zur Leugnung, sie hilft ihm, Spuren zu verschleiern, und verschlimmert unter Umständen die Lage des Kindes. Es kommt vor, daß die sexuelle Mißhandlung danach gewaltsamer ist als vorher. Zudem können unüberlegte, ungeplante Handlungen beim Opfer erneut Gefühle von Ausgeliefertsein, Abhängigkeit, Ohnmacht, Mißachtung, Unglaubwürdigkeit, Schutzlosigkeit oder Vertrauensbruch auslösen. Interventionsfehler können sich also für das Kind verhängnisvoll und für die beabsichtigte strafrechtliche Verfolgung des Täters behindernd auswirken, weshalb Umsicht und Besonnenheit bei der Aufdeckung besonders wichtig sind.

Natürlich ist es für die vom Kind gewählte Vertrauensperson nicht immer einfach, die Wahrheit von einer möglichen falschen Beschuldigung zu unterscheiden, die Aussagen des Kindes zu überprüfen und die geeigneten rechtlichen Schritte zu empfehlen. Daß in den letzten Jahren immer öfter sexuelle Gewaltdelikte an Kindern an die Öffentlichkeit drangen, hat immerhin etwas die Scheu gemindert, über solche Handlungen nachzudenken.

Ob nun die Vertrauensperson, z. B. die Lehrerin, die Entscheidung trifft, Familienmitglieder zu informieren oder – ohne diesen Umweg – sofort Anzeige zu erstatten, richtet sich danach, wie sie die Situation nach gründlicher Analyse einschätzt. Ein Patentrezept in dieser Frage gibt es nicht – und darf es nicht geben. Mag es in dem einen Fall angezeigt sein, die Mutter einzubeziehen, kann gerade das für ein anderes Kind zum Nachteil werden, beispielsweise wenn die Mutter ökonomisch oder psychisch vom Täter stark abhängig ist. Umgekehrt kann es aber für Angehörige, die es als ihr Recht ansehen, als erste kontaktiert zu werden, eine tiefe Kränkung bedeuten, wenn eine Anzeige bei der Kriminalpolizei erfolgt, noch ehe sie selbst von den Vorgängen informiert wurden.

Kinder ab etwa dem achten Lebensjahr haben ein sehr sicheres Gefühl, welcher Weg der richtige ist, wenn sie sich erst einmal in Ruhe und mit einem Abstand von mehreren Tagen aussprechen und etwas Ordnung in ihren seelischen Aufruhr bringen können. Immer vorausgesetzt, dem Kind droht keine akute Gefahr durch massive Gewalttätigkeit, empfiehlt es sich nach einer genauen Analyse in der Regel, nächste Verwandte mit einzubeziehen, da das Kind ja möglichst bei seiner Familie verbleiben soll. Anders, wenn die Angehörigen – Mutter, Onkel, Tante, Großmutter oder Geschwister – am Geschehen aktiv oder passiv beteiligt sind. In diesem Fall ist sofort die Kriminalpolizei einzuschalten, zumal das Kind dann nicht mehr weiter zu Hause wohnen kann und an einem anderen Ort – in einem Heim, einer Pflegefamilie, einer Wohngemeinschaft oder bei unbeteiligten Verwandten – untergebracht werden muß.

Leider bewahrheiten sich in diesen Fällen die vom Täter als beliebte Druckmittel eingesetzten sich selbst erfüllenden Prophezeiungen: Wenn du unser Geheimnis verrätst, dann kommst du ins Heim/zerstörst du die Familie/bringst du den Vater ins Gefängnis ...! Trotzdem ist, um letztlich das psychische Gleichgewicht des Kindes auf lange Sicht wiederherstellen zu können, manchmal ein Ende mit Schrecken besser als ein Schrecken ohne Ende mit weiterer seelischer Mißhandlung.

Anzeige – und wie geht's weiter?
Rechtswege im Überblick

Das Strafverfahren
Jede Privatperson oder Institution kann bei der Staatsanwaltschaft oder bei den Sicherheitsbehörden eine **Strafanzeige** gegen einen Mißbrauchstäter erstatten; für Behörden und Dienststellen besteht in Österreich eine eingeschränkte Anzeigepflicht. Wichtig: Sämtliche Sittlichkeitsdelikte sind sogenannte Offizialdelikte (also Kläger ist der Staat in Vertretung durch die Staatsanwaltschaft), das heißt, eine einmal erstattete Anzeige kann von der anzeigenden Person nicht mehr zurückgenommen werden. Allein die Staatsanwaltschaft kann eine an sie gelangte Anzeige zurücklegen, wenn sie keinen Grund zur Verfolgung des Angezeigten findet. Außerdem: Eine Strafanzeige wird im Einzelfall genau geprüft. Vor allem dann, wenn die Anzeige nicht vom Opfer, sondern von Dritten erstattet wird; denn die Konsequenzen der Anzeige und des nachfolgenden Verfahrens hat das betroffene Kind zu tragen!
Die **Sicherheitsbehörden** ermitteln in dem Fall (Zeugeneinvernahmen usw.) und leiten die Anzeige an die Staatsanwaltschaft weiter. Diese entscheidet aufgrund der gegebenen Beweislage, ob gegen den vermeintlichen Täter ein gerichtliches Verfahren eingeleitet wird oder nicht. Das heißt: Das Verfahren wird eingestellt, oder es wird eine Anklage gegen den Beschuldigten erhoben.
Der **Untersuchungsrichter** oder die **Untersuchungsrichterin** hat den Sachverhalt zu erforschen, also Beweise sowohl gegen als auch für den Beschuldigten zu sammeln (z. B.

durch Zeugeneinvernahmen, Einholung von psychologischen oder medizinischen Gutachten).
Der Strafrichter bzw. die Strafrichterin schließlich leitet die **gerichtliche Hauptverhandlung** und führt das Beweisverfahren ab.
Der Prozeß endet mit einem **Urteil,** und zwar entweder mit einem Freispruch oder mit einer Verurteilung des Angeklagten (bedingte und/oder unbedingte Freiheitsstrafe).
Sowohl der Täter als auch die Staatsanwaltschaft kann dieses Urteil anfechten, indem er oder sie **Berufung** einlegt. Erst nach der Entscheidung des Obergerichts ist das Urteil rechtskräftig.
Um Anspruch auf Schadenersatz und Schmerzensgeld zu erheben, gibt es die Möglichkeit, sich dem Verfahren privat anzuschließen. Diese sogenannte **Privatbeteiligung** ist mit keinerlei Kosten verbunden, bringt jedoch zumindest kleine Besserstellungen im Rahmen des Verfahrens (z. B. das Recht auf Akteneinsicht, das Zeugen ohne Privatbeteiligung nicht haben).

Familienrechtliche Maßnahmen
Während für strafrechtliche Maßnahmen das Strafgericht zuständig ist, entscheidet über familienrechtliche Maßnahmen – oft parallel zum Strafverfahren – der **Familienrichter** oder die **Familienrichterin** im Rahmen des **Pflegschaftsverfahrens** (z. B. Entzug der Obsorge).
Familienrechtliche Maßnahmen werden erforderlich, wenn der Kindesmißbraucher Familienmitglied ist oder wenn ein Kind in seiner Familie nicht den entsprechenden Schutz findet. Bei einer ernsten Gefährdung des »Kindeswohls«, wie es in der Fachsprache heißt, können die **Jugendämter** eine **dringende Maßnahme** setzen: das heißt, sie können veranlassen, daß das Kind aus der Familie genommen wird und in einem Heim oder bei einer Pflegefamilie untergebracht wird. Innerhalb von acht Tagen muß das Jugendamt in einem solchen Fall einen Antrag beim **Pflegschaftsgericht** auf Entziehung der Obsorge einbringen. Auch Familienangehörige, z. B. ein getrennt lebender Elternteil, Großeltern, Tanten

usw., haben die Möglichkeit, einen Antrag auf Entziehung der Obsorge zu stellen. In jeden Fall hat das Pflegschaftsgericht, »von wem immer es angerufen wird«, die dem Kindeswohl entsprechenden gerichtlichen Verfügungen zu treffen, sei es, daß das Kind von seiner Familie getrennt wird, sei es, daß es dort bleibt bzw. dorthin zurückkommt.

Zivilrechtliche Maßnahmen
Im Anschluß an das Strafverfahren wird auf zivilrechtlichem Weg geklärt, ob und in welcher Höhe Schmerzensgeld und Schadenersatz an das Opfer zu zahlen ist.

Die erste Einvernahme

In vielen Sozialberufen ist eine Scheu verbreitet, die Polizei einzuschalten – eine Haltung, die nicht immer im Sinne der Prävention und im Interesse des Kindes ist. Auch sind die zuständigen Beamtinnen und Beamten der Erhebungsabteilungen EU-weit mittlerweile gut geschult, da die Zahl der Anzeigen bei sexueller Gewalt an Kindern seit Jahren rapide im Ansteigen begriffen ist. Auch die Sorge, daß sich in Reaktion auf eine Anzeige der Mißbrauch bis zur Vergewaltigung steigern könnte, erweist sich nicht unbedingt als berechtigt.
Kommt es zur Einvernahme, werden Jungen von männlichen und Mädchen von weiblichen Kriminalbeamten befragt, und zwar sehr behutsam, schon deshalb, weil bereits diese erste Befragung »Amtscharakter« und daher Folgen hat: Das offizielle Protokoll, das dabei aufgenommen wird, findet in Hinkunft bei jedem weiteren Verfahrensschritt immer wieder Verwendung und bildet auch die Vergleichsgrundlage für alle späteren Aussagen, die ja deckungsgleich sein sollten. Entsprechend der Bedeutung dieser Einvernahmen für das Kind und für das weitere Verfahren wäre es übrigens wünschenswert, wenn jeweils zwischen Innenministerium und Justizministerium ein engeres Netz geknüpft würde, damit Erhebungsbeamtinnen und -beamte ein noch höheres Maß an Kompetenz erhalten und in ihren Befragungen gleichsam

»echte« Gehilfen der Sachverständigen werden können. Denn je früher und kompetenter man zu Aussagen des Opfers gelangt, desto früher und kompetenter kann man ihm helfen.
Es ist den Beamten vollkommen bewußt, welchen Streß eine solche Befragung für das Kind bedeutet. Da die Umgebung ungewohnt, die Gesprächspartner fremd und das Thema dem Kind peinlich ist, beschäftigt man sich zu Beginn der Einvernahme zunächst mit bekannten Dingen: den Lebensumständen des Kindes, dem Kindergarten oder der Schule, den Ferien- und Freizeitaktivitäten, dann einer möglichst eingehenden Schilderung der vertrauten Personen aus dem engeren sozialen Umkreis, einer Beschreibung der Tatorte und näheren Umstände und schließlich – ins Detail gehend – die Tathandlungen, die im Protokoll festgehalten werden, und zwar in der Terminologie des Kindes, so daß auch sprachlich Authentizität gewährleistet ist.
Die meisten Kinder schämen sich zu Beginn, die Dinge beim Namen zu nennen oder Ausdrücke zu verwenden, die nur unter den Gleichaltrigen und auch dann oft nur hinter vorgehaltener Hand gebräuchlich sind. Die Beamten ermutigen sie dann und versuchen, ihnen die Scheu vor den peinlichen Enthüllungen zu nehmen. Wie die Erfahrungen zeigen, können Kinder sehr offen und deutlich werden, sobald eine Vertrauensbasis hergestellt ist und der Verfahrensstil bei ihnen jeden Zweifel ausräumt, daß man sie keinesfalls für Täter hält. Da die Beamten beauftragt sind, mögliche weitere Opfer auszuforschen, führt das bei älteren Kindern zunächst häufig zusätzlich zur Abwehr: Sie wollen nicht das Gefühl haben, daß sie andere verraten, weil das gegen ihren »Moralkodex« verstoßen würde.
Der Befragungsstil paßt sich dem Alter der Kinder an. Er läßt ausreichend Zeit für Pausen und beraumt, falls notwendig, auch eine Vertagung an, sofern garantiert ist, daß das Kind daheim nicht unter massiven Druck der Familie gerät. Am Ende muß die Befragung klar und eindeutig ergeben, ob es sich um einen Einzel- oder Mehrfachtäter handelt, ob für das Kind oder auch andere Kinder Gefahr im Verzug ist und ob Verabredungs-, Verdunklungs- oder Fluchtgefahr des Täters besteht, denn entsprechend wird der Journalrichter, dem die Anzeige zur Kenntnis

gebracht wird, entscheiden, ob der Täter verhaftet wird oder nicht. Es ist dies ein besonders kritischer Verfahrensschritt, da Kindern ab dem Volksschulalter klar bewußt ist, daß ihre Aussagen schwerwiegende Folgen haben. Immer wieder kann man Sätze hören wie: »Ich will, daß das, was mit mir geschieht, endlich aufhört, aber ich möchte nicht, daß mein Vater (oder Stiefvater, Onkel, Bruder usw.) ins Gefängnis kommt.« Ein arger Prüfstein für das entstehende Vertrauensverhältnis zwischen Kind und Beamten, da einerseits die Aufdeckung unweigerlich zur konsequenten Strafverfolgung verpflichtet, aber andererseits das Kind auf die Ehrlichkeit und Verläßlichkeit der Erwachsenen baut und unerwünschte Folgen als Vertrauensbruch ihm gegenüber wertet.

Opferschutz

1994 sind in Österreich einige rechtliche Neuerungen zum Schutz der Opfer von Sexualdelikten in Kraft getreten, darunter die Präzisierung und Einschränkung der Anzeigepflicht von Behörden und öffentlichen Dienststellen. Diese sind grundsätzlich verpflichtet, bei Verdacht einer strafbaren Handlung, die ihren gesetzmäßigen Wirkungsbereich betrifft, eine Anzeige zu erstatten. Nun wurde mit der eingeschränkten Anzeigepflicht eine Ausnahmeregelung im Interesse des Kindes geschaffen, das heißt, daß es Ämtern und Behörden bei Vorliegen von sexuellem Mißbrauch möglich ist, auch ohne sofortige Anzeige zu intervenieren. Diese Neuerung ist vor allem für MitarbeiterInnen von Jugendämtern, Sozial-, Familien- und Suchtgiftberatungsstellen, LehrerInnen, Kinder- und Jugendanwälte und -anwältinnen wichtig. Sie alle sollen nicht mehr dazu verpflichtet sein, durch eine Anzeige ein Strafverfahren in Gang zu setzen, ohne daß z. B. für Kind und Mutter genug Zeit bleibt, um sich darauf vorzubereiten. Oder wenn damit die therapeutische Aufarbeitung eines traumatischen Erlebnisses des Opfers gefährdet würde. Dies gilt auch dann, wenn sich die Behörde oder die öffentliche Dienststelle eines Dritten, etwa eines autonomen Kinderschutzzentrums, bedient, um mit therapeutischen Maßnahmen der seelischen Belastung des Kindes entgegenzuwirken.

Ein weiteres Novum ist die Festlegung, daß bei der Vernehmung eines noch nicht vierzehnjährigen Kindes (wie auch eines psychisch Kranken oder geistig Behinderten), soweit es in seinem Interesse ist, jedenfalls in allen Stadien des Gerichtsverfahrens eine Person seines Vertrauens beigezogen werden kann. Auch neue Zeugenschutzbestimmungen wurden geschaffen, darunter die kontradiktorische Befragung. Das Zeugnisentschlagungsrecht wird besonders beachtet, bringt aber damit auch Schwierigkeiten ein; doch dazu später.

Zwischen Anzeige bzw. erster Einvernahme und den nachfolgenden Verfahrensschritten vergeht erfahrungsgemäß ein längerer Zeitraum, in dem das Kind von seiner Umwelt auf vielerlei Arten unter Druck gesetzt werden kann. Aus diesem Grund ist zu fordern, daß als Maßnahme des Opferschutzes bereits zu diesem Zeitpunkt ein Prozeßbegleiter oder eine Prozeßbegleiterin zur Verfügung gestellt wird, wünschenswerterweise aus den Reihen der Sozialarbeiter, Kinderpsychologen, Kinderschutzbeauftragten oder Kriminalbeamten, Personen also, die mit den einzelnen Verfahrensschritten vertraut sind und dem Kind schon von daher Sicherheit und Hilfestellung geben können. Daß nächste Angehörige dafür nicht gut geeignet sind, ergibt sich vor allem aus deren mangelnder Distanz zum Geschehen, zum Täter und zu den möglichen Repressalien, denen das Kind innerhalb der Familie zu dieser Zeit ausgesetzt ist. Verwandte sind auch nie ganz frei von dem Vorwurf, daß das Kind, weil es sich nicht schon viel früher jemanden anvertraut hat, die Situation doch auch irgendwie zugelassen, ja womöglich im Sinne der »Verführungstheorie« das Ganze selbst angezettelt hat und daher durchaus nicht frei von Schuld ist. Sie sind also in jedem Fall – ob bewußt oder unbewußt – von ihren subjektiven Interessen geleitet, haben aber zugleich, was das anbelangt, kaum ein Einsehen, weshalb es oft sehr schwierig ist, den Angehörigen begreiflich zu machen, daß ihre Anwesenheit kaum nützlich und eine neutrale, außenstehende Person als VerfahrensbegleiterIn für das Kind weitaus geeigneter ist.

Weitere Erhebungsverfahren

Nach Erstattung der Anzeige und der ersten Einvernahme werden weitere Einvernahmen vereinbart und zusätzliche Zeugen zur Erhellung des Geschehens von der Kriminalpolizei vorgeladen. Es ist, wie gesagt, für das Kind sehr schwierig, diesen Zeitraum durchzustehen. Die Information, daß ein möglicher Täter beschuldigt wird und weshalb, breitet sich in Windeseile aus. Zahlreiche Menschen erfahren davon, die nun das Geschehen ihrerseits kommentieren und das Kind in eine starke Loyalitätskrise stürzen, was für das künftige Verfahren durchaus nicht wünschenswert ist. Das Opfer steht plötzlich als Verräter da, als jemand, der einer womöglich weithin als vertrauenswürdig geltenden Person unsittliche Handlungen unterstellt. Keiner kann sich vorstellen, daß der/die Beschuldigte diese Dinge getan hat, und man redet dem Kind heftig zu, nochmals darüber »nachzudenken«, ob es, was es angegeben hat, auch wirklich erlebt hat oder ob nicht einfach seine »Phantasie mit ihm durchgegangen« ist. Diese Aufforderung steigert sich schließlich im Lauf der Zeit zur veritablen Erpressung: Sollte nicht doch – als Resultat dieses »Nachdenkens« – die Anzeige zurückgezogen werden, zumal, wenn die Familie vom Täter finanziell, emotional, sozial oder aus anderen Gründen abhängig ist?
Angesichts solcher Repressalien ist es bisweilen notwendig, das Kind, um seiner Selbstachtung willen, vorübergehend aus dieser Umgebung zu entfernen.

Im Zuge der Erhebungen kann es nun zu einer Verhaftung des Beschuldigten kommen. Dazu müssen die Kriminalbeamten das von ihnen recherchierte Faktum der Staatsanwaltschaft anzeigen, und der zuständige Journaldienst fertigt einen Haftbefehl aus. Der Beschuldigte wird daraufhin in Untersuchungshaft genommen, das heißt, er wird in das zuständige Untersuchungsgefängnis gebracht, wobei nunmehr das weitere Untersuchungsverfahren von der Staatsanwaltschaft dem Untersuchungsrichter überantwortet wird. Es liegt im Ermessen des Untersuchungsrichters, nun eigene Einvernahmen der Zeugen und des Beschuldigten durchzuführen bzw. Kriminalbeamte zu beauftragen, vor Ort weitere Recherchen vorzunehmen und mögliche Tatzeugen oder Personen, die Details zum Geschehen beisteuern können, einzuvernehmen. Die kriminalbeamtlichen Protokolle werden dem Untersuchungsakt beigefügt, ebenso wie die Befragungsprotokolle des Untersuchungsrichters. Es liegt auch beim Untersuchungsrichter, ob er Sachverständige beizieht, ob nun zu Fragen der Täterpersönlichkeit oder zur Aussagefähigkeit und Aussagetüchtigkeit der kindlichen bzw. jugendlichen Zeugen. Später wird noch speziell auf diese Tätigkeit des gerichtlichen Sachverständigen eingegangen werden.

Es kommt immer häufiger vor, daß bereits im kriminalpolizeilichen Erhebungsverfahren kinder- und jugendpsychiatrische Gerichtssachverständige oder zumindest Kinder- und Jugendpsychiater, die Befunde erstellen, eingesetzt werden. Dies entspricht einer wichtigen Forderung der Kinder- und Jugendpsychiatrie: Im Sinne des Kinderschutzes sollte man, wie schon erwähnt wurde, so früh und so kompetent wie möglich zu Aussagen des Opfers gelangen, um ihm gleichzeitig ebenso frühzeitig und kompetent geeignete Hilfe und Unterstützung zukommen zu lassen. Dazu stehen Ärzte und Psychologen, Rechtsberater, Sozialarbeiter, Psychotherapeuten und Kinderschutzbeauftragte zur Verfügung, die ein Ziel gemeinsam haben: dem Kind in seinem erlittenen Trauma beizustehen und ihm zu helfen, so gut wie möglich darüber hinwegzukommen. Dies kann freilich nur dann gelingen, wenn auf die individuellen Bedürfnisse des Kindes eingegangen wird und nicht ein starres Schema routinemäßiger Konflikt- und Krisenbewältigung zur Anwendung kommt, das häufig an dem, was dieses bestimmte Kind braucht, vorbeigeht. Also nicht der obligate Ablauf von Opfer-Täter-Konfrontation, ewigem Wiederkauen von Details der fraglichen Situationen oder der Versuch, mit einem Therapeuten Verdrängungsmechanismen aufzubrechen, dienen dem Kind, sondern sehr behutsames, individuelles Erarbeiten von Zusammenhängen, die auch außerhalb des unmittelbaren Mißbrauchsgeschehen liegen, aber mit diesem auf tiefgreifende Weise emotional und sozial verflochten sein können.

Ob und inwieweit der nunmehr beauftragte Untersuchungsrichter im weiteren mit Fingerspitzengefühl vorgeht, liegt an seiner Persönlichkeit und an seiner Ausbildung. In Österreich ist es aufgrund der gesetzlichen Lage möglich, daß Sachverständige Kinder *kontradiktorisch*, das heißt vor laufender Videokamera, getrennt von Untersuchungsrichter, Staatsanwalt, Täter und Verteidiger, befragen. In anderen europäischen Ländern gibt es für dieses Vorgehen noch keine gesetzliche Grundlage, und die Vernehmung durch den Untersuchungsrichter ist für das Kind nun bereits die zweite oder gar dritte Befragung. Durch die neue Umgebung bei Gericht stellt sie eine zusätzliche Belastung dar, noch dazu erfolgt diese Vernehmung häufig durch Richter, die ansonsten mit ganz normalen Strafverfolgungen zu tun haben und aus diesem Bereich einen viel härteren Ton mitbringen, den kindliche Zeugen nur schwer verkraften können. Die Reaktion ist häufig Verweigerung der Aussage, zumal das Kind darauf verweisen kann, das Ganze ohnehin schon mindestens einmal gesagt zu haben. Wenn sich außerdem auch noch nahe Verwandte mit in die Vernehmung drängen, ständig dreinreden und den Ablauf des Ganzen »stören«, entstehen zusätzliche Irritationen. Aus all diesen Gründen liegt es auf der Hand, daß gerade bei Einvernahmen von Kindern die abgeschiedene, kompetente und behutsame Befragung vor der Videokamera ein äußerst großer Fortschritt ist.

Die Hauptverhandlung

Der Ablauf

Ergeben sich aus den Erhebungen des Untersuchungsrichters zusammen mit jenen, die die Kriminalpolizei in das Verfahren einbringt, Erhärtungen des Tatverdachts, kommt es zur Anklage. Sie wird von seiten der Anklagebehörde schriftlich formuliert und dem Beschuldigten rechtzeitig zugestellt. Hatte dieser zum Zeitpunkt der kontradiktorischen Befragung noch die Möglichkeit, das Kind über den Sachverständigen befragen zu lassen, indem er selbst oder sein Anwalt Fragen an diesen formuliert, so wird es, sobald es zur Hauptverhandlung kommt, zur Aufgabe der Verteidigung, die Interessen des Beschuldigten so vehement wie möglich zu vertreten.

Je nach Deliktschwere kommt es zu einer Einzelrichter-, Schöffen- oder Geschworenenverhandlung. Und entsprechend finden sich zum Verhandlungszeitraum der Richter, der Staatsanwalt, die Schöffen oder Geschworenen, der Beschuldigte, sein Verteidiger, eventuell ein beigezogener Privatbeteiligtenvertreter für das Opfer, ein gerichtlich beeideter Dolmetsch im Fall eines fremdsprachigen Beschuldigten und die gerichtlichen Sachverständigen ein. Der vorsitzende Richter hat bei Schöffenverhandlungen einen, bei Geschworenenverhandlungen zwei Beisitzer zur Seite.

Das Verfahren wird durch den Vorsitzenden mit der Erhebung der Personaldaten eröffnet. Danach stellt er fest, ob die Schöffen bzw. Geschworenen vereidigt sind. Sind sie es nicht, erfolgt die Vereidigung unter Verlesung der Eidesformel und der Schwurform »So wahr mir Gott helfe« bzw. bei konfessionslosen Schöffen oder Geschworenen durch Handschlag mit den Worten »Ich gelobe«.

Die Vereidigung findet im Stehen der im Saal anwesenden Personen statt. Danach nehmen alle Platz, und der Vorsitzende bittet den Staatsanwalt, seine Anklageschrift vorzutragen, die schriftlich ausgefertigt ist. Der Staatsanwalt bezieht sich in seinem Vortrag auf die Tatfakten nach den einzelnen Paragraphen und erläutert dann, welche Wirklichkeit sich hinter dem Paragraphenkonvolut versteckt und was sich konkret zugetragen hat. Danach wird der Verteidiger aufgefordert, auf die Anklageschrift zu entgegnen. Seine Replik zeigt, welche Linie die Verteidigung einschlägt. Zumeist gibt sie auch bereits bekannt, ob sich der Angeklagte schuldig bekennen wird oder nicht.

Nun wird der Angeklagte gefragt, ob er die Anklageschrift verstanden hat und ob er sich im Sinne der Anklage schuldig, teilschuldig oder nicht schuldig bekennt. Dem geht die Belehrung des Vorsitzenden voraus, daß der Angeklagte das Recht besitzt, sich zu verteidigen, wie er es für wichtig und richtig erachtet, im Fall eines Schuldspruchs ein umfassendes und reumütiges Geständnis aber der wesentlichste Milderungsgrund in der Schuldbemessung und damit auch für das Strafausmaß wäre. Danach wird der Angeklagte ausführlich und genau zunächst zu seinen Lebensumständen und dann zu den Vorwürfen befragt. Er kommt auch durch Erklärungen zu Wort, wird auf allfällige Widersprüche, aber auch auf gehaltvolle Zeugenaussagen hingewiesen und um Erläuterungen ersucht, es werden Vorbehalte aus den Akten zur Kenntnis gebracht, die tunlichst aufgeklärt werden sollen.

Nachdem der Vorsitzende, der (oder die) Beisitzer, die Schöffen bzw. Geschworenen und die Verteidigung ihre Fragen gestellt haben, wird vom Vorsitzenden verkündet, daß nun das Beweisverfahren aufgenommen wird. Dies ist gleichbedeutend mit der Anhörung der Zeugen, der Vorführung von Objekten, die als Beweismittel dienen, der Verlesung von Beweismitteln und dem Vortrag der Sachverständigengutachten. Die Sachverständigen, deren schon zuvor schriftlich abgegebene Gutachten bestätigt oder geändert wurden, erläutern die Gutachten nun mündlich und können von den Mitgliedern des Gerichtshofes befragt werden.

Auf die Frage des Richters, ob weitere Beweismittel gewünscht werden, kann es noch zu Verlesungen aus dem Gerichtsakt kommen. Das Beweisverfahren wird geschlossen, dann folgen die Schlußplädoyers zunächst des Staatsanwalts, dann des Verteidigers. Das letzte Wort erhält der Angeklagte, der sich in der Regel der Verteidigungsrede seines Anwalts anschließt.

Danach zieht sich das Gericht zur Beratung zurück. Es erscheint wieder, wenn die Schöffen bzw. Geschworenen ihren Wahrspruch getroffen haben, der vom Richter im Namen der Republik verkündet wird, und zwar im Stehen aller im Gerichtssaal Anwesenden. Danach erläutert er das Strafausmaß, die Milderungs- und Erschwerungsgründe bzw. den Freispruch; letzteren besonders eingehend, wenn er im Zweifel für den Angeklagten erfolgte. Wurde der Angeklagte verurteilt, hat er die Möglichkeit, Bedenkzeit zu erbitten, um die Strafe anzunehmen oder um Nichtigkeit bzw. Berufung anzumelden. Gleiches gilt auch für den Staatsanwalt, z. B. wenn ihm das Strafausmaß zu niedrig erscheint. Soweit der rein formale Ablauf eines Strafprozesses, der natürlich hochdramatisch ablaufen kann, wenn zur Erhärtung der Anklage Zeugen aufgeboten werden, die besonders klar und deutlich das Verbrechen bestätigen sollen, oder umgekehrt die Verteidigung Zeugen aufruft, die die Glaubwürdigkeit vor allem der kindlichen Zeugen erschüttern sollen.

»... und nichts als die Wahrheit« – Das Kind im Gerichtsverfahren

Auch wenn das Kind noch so sorgfältig auf die Umgebung und den Umgangston bei Gericht vorbereitet wird, bleibt es doch eine enorme seelische Belastung, im Rahmen eines Prozesses auszusagen. Zeugenaussagen vor Gericht verdienen höchsten Respekt. Und doch ist es für die Gerichtsbeamten oft schwierig, sich in die Lage des gerichtsunerfahrenen Laien – ob Kind oder Erwachsener – einzufühlen, den die Staatsautorität nahezu erstarren läßt. Hinzu kommt, daß die Gerichtsangehörigen häufig mit Rechtsbrechern zu tun haben, die nicht zum erstenmal vor Gericht stehen und daher mit dem Ambiente und dem Ablauf von Gerichtsverfahren durchaus vertraut sind. Ganz zum Unterschied vom »Normalbürger«, der, selbst wenn er ansonsten eloquent und gebildet sein mag, vor Gericht plötzlich zu stammeln beginnt, sich an vertraute Alltagssituationen kaum noch oder nicht richtig erinnern kann und seine gewohnte Alltagssprache praktisch ablegt. Um wieviel mehr verschlägt es da einem Kind die Sprache. Ein Reflex, der sehr folgenschwer sein kann, denn wenn das Kind die Aussage verweigert oder zur Aussage nicht bereit ist, so bedeutet dies das Aus der Strafverfolgung.

Bei Aussagen vor dem Untersuchungsrichter als auch in der Hauptverhandlung (falls es soweit kommt) muß der kindliche bzw. jugendliche Zeuge ausdrücklich an die Wahrheitspflicht erinnert werden, und zwar in altersgemäßen Worten; und der

Zeuge muß durch Gestik, Mimik und seine Antwort zu erkennen geben, daß er sich bewußt ist, was Wahrheit bedeutet. Nun ist dies ein äußerst heikles Thema, zumal Recht- und Unrechtbewußtsein, das im Sinn der moralischen Urteilsfähigkeit die Voraussetzung dafür ist, Lüge von Wahrheit zu unterscheiden, erst ungefähr ab dem achten Lebensjahr möglich ist; alle Angaben vor diesem Alter weisen nicht die für das Gericht notwendige Präzision und Sicherheit auf.

Noch etwas ist dem Kind vor der Befragung klarzumachen, auch wenn es oft gar nicht leicht verständlich zu machen ist: nämlich daß Aussagen, die es belasten könnten, sowie Angaben, die nach seiner Ansicht zu stark an sein persönliches Intimleben rühren, nicht getroffen werden müssen. Man nennt diese Möglichkeit »Zeugnisentschlagungsrecht«, und sie wurde als Bestimmung eingeführt, um die Integrität des Opfers bzw. Zeugen zu schützen. Auch Aussagen, die einen Verwandten nächsten Grades in die Gefahr einer strafrechtlichen Verfolgung bringen könnten, müssen vom Zeugen nicht gemacht werden.

Hier liegt es an der Fairness des Sachverständigen, diese Verfahrensregeln einzuhalten, und an seiner Geschicklichkeit, solche Entschlagungsmöglichkeiten im Rahmen seiner Befragung aufzuzeigen und bei ihrem Verständnis behilflich zu sein. Die Entscheidung, sich der Aussage zu entschlagen, hat für den Zeugen keinerlei negative Folgen. Er kann, ohne befragt zu werden, das Gerichtsgebäude verlassen und hat keinerlei Sanktionen zu erwarten. Umso folgenreicher sind die Auswirkungen für den Beschuldigten oder Angeklagten, denn er kann ohne Aussage des Zeugen keiner kriminellen Handlungen überführt werden: Eine nicht einbekannte strafbare Handlung ist soviel wie nicht geschehen, und es gibt Strafverfahren, in denen es nur deshalb im Zweifel für den Angeklagten zum Freispruch kommt, obwohl alles bisher vom Kind Einbekannte und Angegebene – auch das Gerichtsgutachten – mit an Sicherheit grenzender Wahrscheinlichkeit auf strafbare Handlungen hinweist.

Die siebenjährige K. berichtete ihrer Großmutter, daß sie etwa seit dem fünften Lebensjahr (sie erinnerte sich deshalb so genau, weil

sie damals den Kindergarten gewechselt hatte) vom Lebensgefährten der Mutter als auch von dieser selbst in deren Schlafzimmer zu sexuellen Handlungen aufgefordert und des öfteren in die sexuellen Aktivitäten der beiden Erwachsenen einbezogen wurde. Unmittelbar nach Bekanntwerden der Übergriffe erzählte K. in einer speziell für Mißbrauchsfälle eingerichteten Spitalsambulanz die entsprechenden Details dem Arzt, der ihre Aussagen exakt bis ins kleinste protokollierte und seinen Befund dem Gericht zur Verfügung stellte. Nun war der Arzt, den die Großmutter in Begleitung einer Kriminalbeamtin aufgesucht hatte, zum Zeitpunkt des Verfahrens nicht als Sachverständiger bestellt, sondern war bloß gebeten worden, K. zu untersuchen und im Hinblick auf ihre weitere Entwicklung einen Behandlungsplan zu erstellen. Diese Maßnahmen erfolgten in der besten Absicht, dem Kind rasche und wirksame Hilfe zukommen zu lassen.
Im folgenden Untersuchungsverfahren wurde schließlich eine Videobefragung durch einen Gerichtssachverständigen angesetzt, an der der Gerichtshof in einem abgesonderten Raum teilnehmen sollte. Es war Aufgabe dieses Sachverständigen, K. am Anfang des Gesprächs an die Wahrheitspflicht zu erinnern und sie zugleich darauf hinzuweisen, daß sie die Aussage verweigern könne, sofern sie die inkriminierten Handlungen der eigenen Mutter beträfe, nicht aber in bezug auf den Lebensgefährten der Mutter. Das Mädchen, mit einer Fülle an zuständigen, fremden Personen und zu beachtenden Details und Anordnungen seelisch überfordert, erklärte daraufhin, es werde überhaupt nichts mehr sagen. Selbst als der Sachverständige K. damit ködern wollte, daß sie ja schließlich schon einmal einem Arzt alle Details erzählt habe und man ja auf dieses Protokoll zurückgreifen könne, blieb K. dabei, sie werde nie mehr irgend etwas über diese Vorfälle sagen. Das Gerichtsverfahren war damit beendet.
Ein Fall psychosomatischer Reaktion war die zehnjährige E. Sie hatte zunächst sowohl einer Sozialarbeiterin als auch etwas später einer Psychotherapeutin die kriminellen Handlungen eines Kindesmißbrauchers geschildert, mit dem sie weder verwandt noch bekannt war. Jetzt war sie aber plötzlich in keiner Weise mehr bereit, auch nur das geringste Detail preiszugeben. Auf Fragen des

Sachverständigen antwortete sie bloß: »Wenn ich nur daran denke, wird mir schlecht.« Oder: »Wenn ich noch weiter gefragt werde, muß ich erbrechen.« Der Fall mußte damit zu den Akten gelegt werden.

Bei Sexualprozessen, in denen Kinder als Zeugen auftreten, steht im allgemeinen Aussage gegen Aussage, weil Täter ja nur ganz selten in flagranti ertappt werden. Es ist daher die Hauptlinie der Verteidigung, die Aussage des Kindes als unwahrscheinlich zu denunzieren. Schließlich geht es in dem Verfahren ja darum, die Beweismittel, die den Beschuldigten belasten, in Frage zu stellen. Oder schärfer formuliert: Es geht um die Erschütterung der Glaubwürdigkeit des Zeugen. Und zwar um jeden Preis. Hiezu ein Beispiel aus der Zeit vor der Gesetzesänderung 1994, als in Österreich noch keine Einvernahmen per Video zugelassen waren, das zeigt, daß dafür kein Mittel zu trivial war:

Im Rahmen von Zeugeneinvernahmen wird die leibliche Mutter des Opfers, ein sechsjähriges Mädchen, aufgefordert: »Nun schildern Sie einmal Ihre Tochter. Wie verläßlich und vertrauenswürdig ist sie denn?« Und schon die nächste Frage des Verteidigers läßt seine Absicht noch klarer zutage treten: »Sagen Sie, gute Frau, hat Ihr Kind schon einmal gelogen?« Die Antwort der Mutter lautet selbstverständlich: »Aber ja, natürlich, welches Kind hat denn noch nie gelogen?« Worauf der Anwalt scharf und laut in den Raum sagt: »Ich habe an diese Zeugin keine weiteren Fragen!« Dabei läßt er mit der drohenden Formulierung und seiner unheilschwangeren Stimme erkennen, daß man dem nachfolgend befragten Kind nicht zu glauben braucht.
Das Mädchen betritt unsicher und ängstlich den Gerichtssaal, er ist eine fremde und bedrohliche Umgebung für das Kind. Obwohl das Verfahren unter Ausschluß der Öffentlichkeit stattfindet, sind gezählte zehn Personen, ein Teil davon in Gerichtsroben, im Raum. Eine der ersten Fragen des Verteidigers lautet: »Nun sag einmal, hast du schon einmal gelogen?« Kurzes, betretenes Schweigen, dann das Einbekennen: »Ja, gewiß, ich habe schon gelogen.« Darauf beharrt der Anwalt in schneidendem Ton und

demagogisch: »Dann brauche ich wohl keine weiteren Fragen mehr zu stellen. Wir haben es hier mit einer gewohnheitsmäßigen Lügnerin zu tun, von deren Aussagewert wohl keine Verurteilung abhängig sein darf.«

Wenngleich eine solche Wechselrede in Österreich bereits der Vergangenheit angehört, so wirft sie doch ein bezeichnendes Licht darauf, wie gezielt ein schiefes Bild erzeugt werden kann und in vielen Ländern immer noch erzeugt wird. Daß das Kind ein höchst schutzwürdiges Wesen ist, dieser Grundsatz gerät in der Gerichtspraxis leider allzuoft in Vergessenheit. Statt notwendige, seinem Alter und seiner Schutzbedürftigkeit entsprechende Umgangsweisen zu erfahren, wird das Kind der Routinemaschinerie der Rechtsordnung ausgeliefert und von der Erwachsenenwelt als Verfügungsobjekt behandelt. Damit wird im Prozeß der Wahrheitsfindung jedoch wiederholt, was schon im Akt der Mißhandlung gegeben war: die Verfügbarkeit des Kindes im Interesse der Erwachsenen. Es ist danach kaum noch zu erwarten, daß das Kind bei einer möglichen weiteren Gerichtsverhandlung unbefangen vor den Richter tritt.

Zur Verschärfung der Situation trägt außerdem das mediale Interesse bei. Je jünger, spektakulärer, sadistischer oder prominenter ein Beschuldigter ist, desto mehr öffentliche Aufmerksamkeit ist ihm gewiß. Häufig finanziert er sogar seine Verteidigung aus den Honoraren der Presse. Es kommt vor, daß Gerichtssachverständigengutachten, die Monate zuvor an das Gericht abgegeben wurden, sich plötzlich vor dem Prozeß wortwörtlich in den Zeitungen abgedruckt wiederfinden. Und statt der Meinungsvielfalt im Sinne von Berichtspflicht und Berichtsrecht nachzukommen, wird in den öffentlichen Medien bereits eine »Vorverhandlung« mit Vorverurteilungen inszeniert, das eigentliche Verfahren wird nun unter diesem Druck und bei nicht mehr vorhandener Objektivität durchgeführt. Eine solche Situation ist vor allem für das Opfer extrem belastend, garantiert aber auch dem Angeklagten keine dem Rechtsstaat würdige Verhandlung. Hier wären dringend legistische Maßnahmen zu wünschen, die unter anderem dafür sorgen, daß aus Gerichtsakten erst zitiert werden darf, *nachdem* die öffentliche mündliche Verhandlung stattgefunden hat.

Die kinder- und jugendneuropsychiatrische Begutachtung

Wie entsteht ein Gutachten des Opfers?

Ein kinder- und jugendneuropsychiatrisches Gutachten besteht – wie auch jenes des Täters – aus dem Befund und dem gutachterlichem Kalkül. Der Befund umfaßt die Anamnese, also die Beschreibung der Lebensgeschichte, und zwar zunächst nach körperlichen Kriterien: also die Schwangerschaft der Mutter, die Geburt des Kindes, seine Krankheiten und die Befindlichkeit im ersten Lebensjahr, Probleme wie Eß- oder Schlafstörungen, das Einsetzen der Zahnung und der psychomotorischen Entwicklung, darunter das Sich-Aufrichten, die ersten Schritte, die motorische Geschicklichkeit, der Beginn des Sprechens von den ersten Worten an, die häufig nur die Mutter versteht, bis zu Ein- und Zwei-Wort-Sätzen oder einer eventuellen Verzögerung, der Verlauf des Sauberkeitstrainings bis hin zu komplett erreichter Sauberkeit bei Tag und Nacht sowie eventuelle Rückfälle und deren mögliche Gründe, Kinder- und andere Krankheiten, Unfälle und Spitalsaufenthalte.
Die intellektuellen Kriterien umfassen die Stärke und Schwäche der Intelligenzentwicklung, den Schuleintritt, eine eventuell verzögerte Schulreife, Vorschulbesuch, Umschulungen und überhaupt der schulische Werdegang. Zur Abrundung wird ein psychologisches Intelligenztestprofil beigezogen.
Zur emotional-sozialen Entwicklung gehört, welche Einstellung die Mutter oder die Eltern zu Schwangerschaft und Geburt hatten, ob das Kind erwünscht war, ob es ehelich, außerehelich oder vorehelich zur Welt kam, ob und wann bzw. unter welchen Bedingungen die Partnerschaften und Beziehungen der Mutter Veränderungen unterworfen waren, ob ein Elternteil mit einem neuen Lebenspartner zusammengezogen ist, ob die Entwicklun-

gen innerfamiliäre oder außerhäusliche Gründe hatten, welche Rolle die Großeltern dabei spielten und ob bzw. welche dramatischen Ereignisse in welchem Lebensjahr auf das Kind einwirkten, wie sie es beeinflußt und verändert haben und ob sie bewältigt wurden. In den sozialen Bereich fallen u. a. auch Übersiedlungen, Emigration bzw. Immigration, ein möglicher Kulturschock und die soziale Integration der Familie und des Kindes.

Alle diese unabdingbaren Faktoren geben Einblick in den familiendynamischen, psychodynamischen und soziokulturellen Hintergrund einer Familie. Zusammen mit dem zu erhebenden inkriminierten Geschehen runden sie den Befund ab, der im allgemeinen den Erziehungsstil, die Bezugspersonen und die Gefahren für das Kind bereits erkennen läßt, diese aber trotzdem noch im einzelnen konkret abfragen und niederlegen muß. Zudem wird jede seriöse Befundaufnahme auch Details aus dem weiteren Umfeld des Kindes, die zur Erhellung der Situation beitragen, einbeziehen, also eine mögliche Befragung von Angehörigen, so sie nicht in den Fall verwickelt sind, oder eine Anamnese der Geschwister, falls diese nicht ebenfalls als Opfer in Betracht kommen und daher einer eigenen Begutachtung unterzogen werden müssen.

Nach der Erhebung der lebensgeschichtlichen Details, die zum Teil mit dem Kind selbst, zum Teil mit begleitenden Bezugspersonen festzustellen sind, kommt es zu jenen Befragungen, die in ihrem Ergebnis die sexuellen Übergriffe möglichst detailgenau zu dokumentieren haben. Es liegt an vielerlei Bedingungen – der Umgebung während der Befragung, dem Alter des Kindes, dem Fragestil, dem Alter und dem Geschlecht des Gutachters –, ob es gelingt, dem Opfer zu helfen, Angst und Scham zu überwinden und jenes Geheimnis preiszugeben, auf das es vom Täter eingeschworen wurde, und obendrein noch all die peinlichen Einzelheiten zu erzählen, die zur Erhellung des Falles notwendig sind. Im günstigsten Fall hat der gerichtliche Sachverständige für diese Gespräche eine entsprechend eingerichtete Praxis bzw. Räume, die kindgerecht ausgestattet sind, so daß kleine Kinder auf spielerische Weise und größere Kinder verbal rasch Zutrauen fassen können. Wie in der psychotherapeutischen Praxis darf der Raum nicht zu anregend ausgestattet sein, da sonst das Kind vor Begeisterung über all die Dinge, die es hier entdeckt, gar nicht mehr für eine konstruktive Befragung – und das bedeutet: Anstrengung – zu gewinnen ist. Der Befragungsraum soll also keineswegs einer Spielwarenabteilung gleichen.

Dennoch ist es notwendig, verschiedene Gegenstände so im Raum zu verteilen, daß sie dem Kind auffallen und es gezielt daraus Objekte wählen kann, die ihm seine Aussagen erleichtern. Kasperlpuppen eignen sich dafür hervorragend. Kleinere Kinder können sich dahinter gleichsam verstecken und über die Puppe Kontakt mit dem Gesprächspartner aufnehmen. Es kann auch sinnvoll sein, einen sogenannten Szenobaukasten einzusetzen. Entwickelt als projektives Testinstrumentarium, werden die einzelnen Bausteine dieses Baukastens aber vom Sachverständigen nicht für die Erstellung eines psychologischen Tests, sondern als Hilfsmittel verwendet, mit dem die Kinder leichter ihre Lebensrealitäten darstellen können. Für diesen Zweck hat der Autor beispielsweise den Baukasten um einige wichtige Objekte erweitert: eine kleine Badewanne, eine Dusche, einen Mini-Fernseher, einen Videorecorder, einen kleinen Fotoapparat, eine Videokamera, eine moderne WC-Anlage ... Gegenstände und Orte also im Spielzeugformat, die für die Anbahnung und den Vollzug sexueller Übergriffe charakteristisch sind.

Auch Ablenkung ist zuweilen notwendig, was Spielsachen sinnvoll macht, die der Entspannung und Auflockerung dienen und so dem Kind den Kontakt zum Gesprächspartner erleichtern. In anderen Fällen sind anatomische Puppen hilfreich, die in Sets erhältlich sind; es sind Puppen, die mit allen anatomischen Details ausgestattet sind: Genitalien, Afteröffnung, eine Zunge, die man aus dem Mund ziehen kann, primäre und sekundäre Geschlechtsmerkmale. Sie können, wenn dem Kind die Worte fehlen, zur Verdeutlichung benützt werden, und sei es bloß, um Schwierigkeiten bei der Benennung von Körperorganen oder einzelnen Handlungen nonverbal auszugleichen.

Etwa ab dem achten Lebensjahr sind viele Kinder, falls der erste Kontakt positiv verläuft, durchaus bereit, direkt und mit wenig Scheu verbal zu kommunizieren. Es liegt dann an der Gesprächsführung ihres Gegenübers, die wesentlichen Details so herauszuarbeiten, daß sie für das Erstellen des Gutachtens sowie für das Gericht in der Fülle all der anderen Einzelheiten als Beweismittel dienen können. Gelingt es, vom Kind eine eindeutige Tatschilderung und eine Aussage über alle kritischen Details zu erhalten, reicht im allgemeinen eine einzige Befragung. Falls nicht, wird ein zweiter Termin vereinbart.
Es hängt von der individuellen Arbeitstechnik des Sachverständigen ab, ob und welche Objekte er dabei zur Animation einsetzt. Das Ziel aber steht für ihn immer fest: nämlich jene Details in Erfahrung zu bringen, auf die es ankommt, also rechtsrelevante Aussagen zu erreichen, die in der Fachsprache »Material« genannt werden. Dieses Material ist vielfältig und vielschichtig, und es muß vom Gutachter geordnet und sortiert, auf seinen Bedeutungsgehalt überprüft, hinterfragt und nochmals hinterfragt werden. Die relevanten Einzelheiten sind herauszufiltern, um daraus zu schließen, ob es sich dabei um strafbare Fakten handelt, die später vom Gericht in der offenen Beweisführung zu bewerten sein werden, oder ob es sich um »schamlose« Handlungen an Kindern handelt, für deren Ahndung es keine gesetzliche Grundlage gibt. Letzteren ist bei der Befragung besonders kritisches Augenmerk zu schenken, da sie Warnsignale sein können für einen künftigen Mißbrauch, der sich im Moment erst im Anbahnungsstadium befindet.

Worauf es ankommt

In Kenntnis der gebräuchlichsten Verteidigungslinien wird der Gutachter in der Befragung besonderen Wert auf haptische Details legen. Damit sind Berührungswahrnehmungen gemeint, die ein Kind nur selbst gemacht haben kann und die nicht aus zweiter Hand, also etwa von Bild- und Tonträgern, stammen können. Es ist nämlich ein beliebter Trick der Verteidiger zu behaupten, was das Kind aussagt, hätte es in Wirklichkeit nicht selbst erlebt, sondern sei bloß eine Übertragung von dem, was es in einem pornographischen Videofilm oder einem Pornoheft gesehen hat. Um eine solche Argumentation zu entkräften und den Aussagen des Kindes zu möglichst großer Glaubwürdigkeit zu verhelfen, sind haptische Einzelheiten entscheidend, auch wenn es besonders viel Geduld und eine gute Kenntnis der speziellen Alltagssprache eines Kindes erfordert, um sie aufzuspüren. So sagte ein Kind auf die vorsichtige Frage nach der Beschaffenheit jener Flüssigkeit, die aus dem Glied des Stiefvaters austrat: »Es sieht aus wie der geronnene Käse auf dem Schinken-Käse-Toast und ist glitschig." Und ein Mädchen erklärte: »Immer, wenn er mich da unten berührte, fühlte ich ein heftiges Stechen bis zu meinem Bauchnabel.« Beide Aussagen sind in dieser Form Hinweise auf Erlebnisse und Sensationen, die so weder im Film noch auf Fotos dargestellt werden können, und ihre Authentizität verleiht daher den Schilderungen des Kindes in der Beweiswürdigung des Gerichts mehr Gewicht.

Neben den haptischen können sich auch zeitliche Details unter Umständen entscheidend auswirken. Erschwerend ist dabei die entwicklungspsychologische Tatsache, daß Kinder vor dem achten Lebensjahr kaum eine gesicherte zeitliche Zuordnung von Geschehnissen treffen können. Gelingt es doch, ist dies eher vom Zufall abhängig. Verläßlicher ist die Verknüpfung mit besonderen Ereignissen. Ein fünfjähriger Junge erinnerte sich beispielsweise, daß die Übergriffe seines Vaters stattfanden, als die Mutter im Spital lag, weil sie ein Baby bekam. Zwei Schwestern erinnerten sich an die Übergriffe eines Onkels während der Ferien an der istrischen Küste, wobei sie die Räume genau schildern konnten; nun hatten die beiden Mädchen in ihrem ganzen Leben nur einen einzigen Ferienaufenthalt an der istrischen Küste verbracht. Auch an Jahreszeiten kann der Zeitraum festgemacht werden, z. B. weil die Kleidung sehr leicht oder besonders warm war.

Örtliche Einzelheiten sind ebenfalls wesentlich. Kindern, die mehrmals übersiedelt sind, immer wieder bei verschiedenen Bezugspersonen übernachtet haben usw., müssen dabei zuweilen komplizierte räumliche Zuordnungen gelingen, etwa in der

Form, ob es den Fernseher im Wohnzimmer oder im Schlafzimmer orten kann, noch das Stockwerk weiß, eine bestimmte Raumanordnung oder Einrichtungskonstellation wiedergeben kann oder sich an Phasen des Alleingelassen-Werdens in bestimmten Wohnsituationen erinnert. Wie kniffelig es dabei zugehen kann, zeigt das folgende Beispiel:

Die sechsjährige T., deren Eltern geschieden waren, sagte aus, daß sie bei den Wochenendbesuchen beim Vater zu Füßen des Bettes, das er mit seiner Lebensgefährtin teilte, schlafen mußte. Man fesselte sie dort mit den Händen ans Gitter des Bettgestells, und in dieser mißlichen Lage mußte sie, ohne sich wehren zu können, dem Geschlechtsakt des Paares zusehen.
Über diese Fesselung entstand während des Verfahrens eine heiße Diskussion. In einem Protokoll waren die Begriffe »Gitter« und »Bett« zusammengefaßt worden, wodurch das Wort »Gitterbett« entstanden war. Hier hakte der Verteidiger ein. Er hinterfragte, ob sich der Vorfall überhaupt zugetragen habe und wenn ja, in welcher Wohnung denn ein Gitterbett stehe. Es gibt gar kein solches Gitterbett? Nun, dann sei an T.s Glaubwürdigkeit stark zu zweifeln, offensichtlich habe sie alles erfunden ...
Erst als der Gerichtssachverständige sehr ruhig und gewissenhaft bei T. nachfragte, was es denn mit dem Gitter für eine Bewandtnis habe, stellte sich heraus, daß es um ein Gitter am Fußende des Doppelbettes ging. Das Mädchen mußte bei seinen Besuchen in einem Bett, das zu Füßen des Doppelbettes stand, schlafen und war dort auch angebunden worden.

Um solchen Verwirrspielen entgegenzuwirken, muß der Sachverständige auch die möglichst exakte Feststellung des Täters, belegt durch kritische Details, im Auge behalten. Das mag verwundern, scheint doch alles klar zu sein, wenn ein Opfer den Täter beim Namen nennt und deutlich beschreibt, wie es verführt und sexuell mißbraucht worden ist. Blättert man jedoch in Prozeßakten, fällt auf, daß keineswegs alles klar ist. So zeigt das folgende Beispiel, wie immer wieder der Versuch unternommen wird, dem Kind zu unterstellen, daß nicht die Person der Täter ist, die vor dem Richter steht; zwar wird nicht in Frage gestellt, daß die Übergriffe tatsächlich stattgefunden haben, aber behauptet, sie seien von einer anderen Person erfolgt, und das zweifellos belastende Geschehen würde bloß auf den Angeklagten projiziert.

In einem Untersuchungsverfahren kommt die sechsjährige M. vor den Untersuchungsrichter, um im Fall ihres Mißbrauchs auszusagen. Der Richter ordnet eine kontradiktorische Befragung vor laufender Videokamera durch einen Sachverständigen an, zu der auch der Beschuldigte und sein Verteidiger zugezogen werden. Zum Erstaunen des Sachverständigen stellt der Verteidiger keinerlei Fragen an M. Im Resultat dieser Einvernahme kommt es zur Hauptverhandlung. Die Rahmenbedingungen: Das Verfahren findet in einer österreichischen Kleinstadt statt. Der Angeklagte, der Adoptivvater von M., ist ein höherer Beamter der Stadtverwaltung und damit ein Fall, der das öffentliche Interesse erregt. Die lokale Presse nimmt sich des Falls an, und noch vor Prozeßbeginn erörtert sie die Argumente für und gegen den Angeklagten.
M.s Schilderungen sind detailreich und weisen eindeutig auf kriminelle Handlungen hin, so daß die Verteidigung nicht darauf abzielt, sie in Frage zu stellen, sondern sie jemand anderem als dem Angeklagten anzulasten, doch findet sich in der Umgebung der ehrenwerten Adoptiveltern niemand Geeigneter dafür. Man gräbt also in M.s Familiengeschichte, und es stellt sich heraus, daß M. bis zum zweiten Lebensjahr bei ihrer leiblichen Mutter gelebt hat. Nun war die Mutter zu dieser Zeit eine Prostituierte, die bei ihrem Zuhälter wohnte. Dieser beaufsichtigte das Kind, während die Frau ihrer Arbeit nachging, und was liegt – aufgrund des Milieus – näher, als dem Lebensgefährten der leiblichen Mutter die Übergriffe zuzuschreiben? Vergeblich bemüht sich der Sachverständige, das Gericht darauf hinzuweisen, daß der Erinnerungsspeicher eines zweijährigen Kindes unmöglich ausreicht, um die fraglichen Handlungen, die Empfindungen und Schmerzen derart detailliert und plastisch wiederzugeben, wie es M. tut. Auf die Frage: »Können Sie mit absoluter Gewißheit ausschließen, daß nicht Übergriffe des Lebensgefährten der Mutter auf M. stattgefunden haben?«,

kann er nur antworten: »Es ist nicht mit der für das Gericht notwendigen Sicherheit auszuschließen, daß auch Handlungen durch den Lebensgefährten der Mutter stattgefunden haben können.«
Zwar entspinnt sich noch ein Disput zwischen dem Sachverständigen und dem vorsitzenden Richter darüber, wie es aus entwicklungspsychologischer Sicht um das Erinnerungsvermögen eines zweijährigen Kindes bestellt sei, doch wird dies letztlich als zu wenig relevant für den Prozeß erachtet.
Der Angeklagte wird im Zweifel freigesprochen, und M. bleibt bei ihren Adoptiveltern.

Der Ausgang des eben genannten Fallbeispiels zeigt, welcher Umstand für den gerichtlichen Sachverständigen im Strafverfahren noch zu bedenken ist. War nämlich der oder die Angeklagte bzw. Mitangeklagte ein Familienmitglied (Mutter, Vater, Stief- oder Adoptivvater), und wurde er bzw. sie, wenn auch im Zweifel, freigesprochen, folgt dem Strafverfahren im allgemeinen sehr rasch ein Pflegschaftsverfahren, in dem das Kind, das während des Verfahrens außerhalb der Familie untergebracht wurde, von seiner Familie (vom Freigesprochenen, von der nicht angeklagten Mutter) zurückgefordert wird. Aufgrund des Freispruchs sieht das Pflegschaftsgericht häufig keine Handhabe, dies zu verweigern. Ist ein Sachverständiger häufig in einer bestimmten Region eingesetzt und mit den dortigen Pflegschaftsverfahrensusancen vertraut, wird er diese Umstände bereits in seinem Strafgutachten vorab einkalkulieren.

Das Kalkül

Die Aussagefähigkeit oder Aussagetüchtigkeit des Zeugen zu beurteilen und zu erhärten ist die Aufgabe des eigentlichen Gutachtens.
Man nennt diese Schlußfolgerung das »Kalkül«, und sie umfaßt mehrere Kriterien: die Reife, den psychiatrischen Gesundheitszustand, die kognitiven Fähigkeiten, die moralische Urteilsfähig-

keit und die soziale Fertigkeit, sinn- und planvoll vorausdenken und Tragweiten abschätzen zu können.
Natürlich können diese Gutachtensfaktoren nie alle Fragen lückenlos beantworten, aber die folgende Beschreibung kann helfen zu zeigen, auf welche Einzelheiten der Sachverständige eingehen muß, ehe er seine – doch sehr folgenschweren – Schlüsse zieht.

Die Glaubwürdigkeit der Kinder

Worauf es in einem Gutachten ankommt

Von einem Gutachten wird erwartet, daß es feststellt, ob das Kind glaubwürdig ist. Man nennt es deshalb auch »Glaubwürdigkeitsgutachten«. Um es gleich vorweg zu sagen: So etwas gibt es nicht. Kann es gar nicht geben, denn welcher Sachverständige könnte mit hundertprozentiger Sicherheit sagen, ob man dem Kind glauben kann oder nicht? Zwar stellen Gerichte immer wieder dieses Ansinnen, doch geht das an den realen Möglichkeiten des Sachverständigen vorbei. Nur wenn er selbst bei der kriminellen Handlung dabeigewesen wäre, könnte er beurteilen, ob die Aussagen des Kindes wahr sind, und selbst dann hätte er immer noch ein rechtsphilosophisches Problem. Schließlich bliebe die Frage offen, ob er die Realität richtig wahrgenommen hat oder womöglich einer falschen Wahrnehmung erlegen ist.
Das Gutachten kann in seinen Schlußfolgerungen nur darauf abzielen, die Aussagen von Kindern möglichst zu erhärten. In diesem Sinne kann man es, wie es gebräuchlich ist, als »Glaubwürdigkeitsgutachten« bezeichnen. Im Grunde ist es aber eine Expertise, in der es um nichts anderes als die Beurteilung der Aussagefähigkeit und Aussagetüchtigkeit von Kindern und Jugendlichen geht.
Dazu eine Begriffsklärung: *Aussagefähigkeit* heißt bei Gericht, Erlebtes und Wahrgenommenes so wiedergeben zu können, daß sich ein außenstehender Laie ein Bild von den Vorgängen machen kann, und zwar, indem der Zeuge den Eindruck hinterläßt, er spricht tatsächlich von eigenen konkreten Erlebnissen bzw. Wahrnehmungen und nicht von Eindrücken und Informationen, die aus Erfundenem, Er-

dachtem oder Phantasiertem stammen. Wichtig ist, daß die Angaben freimütig sind und offensichtlich nicht unter Zwang abgegeben werden. Stocken, Stammeln, Nachdenkpausen und Wiederholungen schränken aber die Aussagefähigkeit nicht ein.
Bei der *Aussagetüchtigkeit* hingegen kommt es darauf an, ob der Zeuge für das konkret Erlebte, Erfahrene oder Beobachtete auch klare Worte findet, das heißt, in altersgemäßer Sprache logisch und folgerichtig Inhalte sprachlich faßt, wobei die Wortwahl durchaus umgangssprachlich, deftig oder ordinär sein kann; auch Gestus und Mimik werden hier mit einbezogen, ebenso bildliche oder Objekte verwendende Ausdrucksformen, wenn nur genau vermittelt wird, welches Geschehen an dem Kind vollzogen wurde. Denn erst daraus läßt sich ableiten, ob ein strafbarer Tatbestand erhärtet werden kann. Und der ist nur in Zusammenschau sämtlicher Beweise feststellbar, was eben ausschließlich dem Gerichtshof überlassen bleiben muß. Ein Sachverständiger hat von einer solchen Beweiswürdigung völlig die Finger zu lassen, weil er sonst als manipulativ gilt und die Unabhängigkeit des Gerichtsverfahrens gefährdet.

Die Reife

Die Begutachtung der Reife orientiert sich an den Dimensionen Körper, Intellekt, Emotionalität und Sozialisation des Kindes.
Um die körperliche Reife festzustellen, nimmt man typische Entwicklungen eines Lebensalters zum Maßstab: die volle Pflegebedürftigkeit eines Säuglings, gehen, sich also bereits selbständig von einem Ort zum anderen bewegen, zu können, Ausscheidungsvorgänge melden bzw. sie schon beherrschen zu können, Benennung aller Körperteile und Kenntnis ihrer Funktionen, am Beginn der Pubertät die Feststellung der primären und sekundären Geschlechtsmerkmale, der Körperbehaarung, des Stimmbruchs, des Eintretens der Menstruation, der Regelmäßigkeit der Blutungen bei Mädchen bzw. der Pollutionen (nächtliche Samen-

ergüsse) bei Jungen usw. Alle diese Kriterien sind wichtig, um z. B. den Zeitpunkt des ersten Übergriffes oder auch Veränderungen durch Übergriffe feststellen zu können.
Die intellektuelle Reife wird u. a. festgemacht an der sprachlichen Ausdrucksform, der Schilderung und Benennung von Geschehnissen, der Kenntnis sexueller Vorgänge und der entsprechenden Terminologie, der Umgang mit Intimität, der Fähigkeit, Recht von Unrecht und aktives von passivem Fehlverhalten zu unterscheiden, sowie die Tragweite von Handlungen abschätzen und benennen zu können.
Die emotionale Reife orientiert sich an der Fähigkeit, zwischen nahen Bezugspersonen, zwischen Bekannten, Verwandten und Vertrauten, zwischen Menschen, zu denen man du oder Sie sagt, und zwischen solchen, für die das Kind positive oder negative Gefühle hat, zu differenzieren; auch kommt es darauf an, ob das Kind diese Gefühle benennen und begründen kann, ob die Grenzziehung zwischen Nähe und Distanz gelingt, das heißt, ob bestimmt werden kann, welche Personen in welcher Form Zuneigungsbezeugungen machen sollen und dürfen.
Bei der sozialen Reife kommt es darauf an, ob das Kind sich freiwillig in soziale Beziehungen begibt oder ob daraus sofort ein Abhängigkeitsverhältnis entsteht. Weiters: ob seine Beziehungen unter einem Druck entstanden sind, ob sie dem Kind aufgezwungen wurden bzw. es sie erduldet, um z. B. den Eltern zu »gefallen« oder weil es sich einfach in sein Los fügt. Und schließlich gilt es zu beachten, ob das Kind in einer starken Abhängigkeit zu bestimmten Erwachsenen, wie Eltern, Lehrern, Erziehern usw., steht, die über das übliche Maß hinausgeht. Soziale Reife hat etwas mit sozialer Kompetenz zu tun, nämlich mit sich selbst einig sein, ob man zu Forderungen von anderen ja oder nein sagen möchte, ob man ein Einverständnis äußern oder Widerstand leisten kann. Die einseitige, aber verbreitete pädagogische Überbetonung der Fähigkeit, nein sagen zu können, geht an diesem wichtigen Punkt der Selbstbestimmung völlig vorbei.

Der psychiatrische Gesundheitszustand

Ein entscheidender Punkt im Gutachten ist immer die Feststellung, ob eine Nerven-, Geistes- oder Gemütskrankheit vorliegt, die die Aussagefähigkeit und Aussagetüchtigkeit des Kindes oder Jugendlichen, um die es im Kern ja geht, beeinträchtigen könnte. In Österreich (und ähnlich in Deutschland) hat der Gesetzgeber hier noch weitere Störungen hinzugefügt, nämlich die tiefgreifende Bewußtseinsstörung (z. B. Alkohol- oder Drogeneinfluß), den sogenannten Schwachsinnszustand und gleichwertige schwere seelische Erkrankungen.

Zu den *Nervenkrankheiten* gehören alle Hirnerkrankungen, die den Denkablauf akut oder chronisch beeinflussen, z. B. Gehirnschädigungen, die durch den Schwangerschafts- oder Geburtsverlauf hervorgerufen wurden. Dabei ist die Tatsache wichtig, ob die Denkfähigkeit noch im Rahmen der Norm liegt oder ob es sich um einen Schwachsinnszustand handelt. Zu prüfen ist auch, ob Schädel-Hirn-Verletzungen, Hirn- oder Hirnhautentzündungen mit ihren Folgen auf das Denken und die Psyche, Epilepsie mit ihren Denkeinschränkungen und Wesensveränderungen oder Stoffwechselerkrankungen mit ihren Auswirkungen auf das Zentralnervensystem vorliegen und womöglich Folgen für die Aussagefähigkeit des Zeugen haben. Natürlich hat der Sachverständige all diese Vorbefunde einzuholen und in seine Befundung mit aufzunehmen bzw. im Gutachten zu würdigen. Der folgende Fall zeigt, wie komplex diese Anforderungen sein können:

Die neunjährige F., die ein chronisches epileptisches Anfallsleiden hat, wird in eine Spezialklinik eingewiesen. Dort zerbrechen sich die behandelnden Ärzte lange Zeit den Kopf, weshalb die Anfälle sich immer wieder in einem so undurchschaubaren Rhythmus häufen. Weder bestimmte Jahreszeiten noch offensichtliche Ereignisse scheinen als Auslöser in Frage zu kommen, so daß schließlich die Eltern in Verdacht geraten, F. die notwendigen Medikamente nicht regelmäßig zu verabreichen. Schließlich faßt die kleine

Patientin zu einer behandelnden Ärztin Vertrauen, die immer aufs neue nachfragt, ob es im Leben des Mädchens nicht doch etwas gäbe, das sich zu berichten lohne. Ihr erzählt F., die die Anfälle zur Verzweiflung bringen, daß sie einen Bruder hat, der im Internat lebt; er besucht seine Familie daheim in unregelmäßigen Abständen, und jedesmal kommt es dabei zum sexuellen Mißbrauch. Zur Benennung dieses Geschehens hat F. eine eigene geheime Sprachregelung entwickelt, die anfänglich so verklausuliert war, daß die Ärztin außerstande war, die Botschaften zu entschlüsseln.
Die Aufgabe des Gerichtssachverständigen war nun, festzustellen, ob das Anfallsleiden F.s Wahrnehmungsfähigkeit bereits derart verändert haben könnte, daß sie Angaben machte, die ausschließlich ihrer Phantasie entsprangen, oder ob ihre Angaben der Realität entsprachen. Falls ja, so lautet die Aufgabenstellung weiter, waren dann Ort, Person, Geschehen und Häufigkeit auch plausibel? – Sie waren es: Wie die Prüfung all dieser Fragen letztlich ergab, entsprachen F.s Angaben in allen Punkten der Realität.

Zur Gruppe der *Geisteskrankheiten* zählen alle Erkrankungen, die unter dem Begriff »Psychosen« zusammengefaßt sind, also etwa die Schizophrenien und die Wahnkrankheiten. Erstere sind durch formale Denkstörungen gekennzeichnet, also die Unfähigkeit, ein Denkziel zu erreichen, sei es, weil die Gedanken abreißen, sich entziehen, einem nicht mehr einfallen oder überhaupt zerfallen, was sich dann im »Faseln« äußern. Auch die Ich-Störungen sind ein Leitsymptom der Schizophrenien: dazu gehört die Depersonalisation (Störungen der eigenen Identität im Sinne des selbstverfügbaren Denkens, Fühlens, Wollens und Handelns) und die Derealisation (Unfähigkeit, zwischen Haupt- und Nebenrealitäten unterscheiden zu können und den Realitäten, die wichtig sind, nachkommen zu können). Auch an den Affektstörungen erkennt man die Schizophrenien, das heißt an der Unfähigkeit, gefühlsmäßig adäquat auf eine Situation zu reagieren und mit sich in innerer Harmonie zu leben. Dazu können noch begleitende Symptome auftreten wie Kommunikationsverweigerung (Mutismus), Rückzug in eine Privatlogik (Autismus), Halluzinationen, Wahnvorstellungen oder Bewegungsstörungen mit

skurrilen Gesten, die mögliche Hinweise auf eine vorliegende Schizophrenie geben. Es ist sowohl für den Zeitpunkt der Tathandlungen als auch der Zeugenaussagen überaus wichtig, all diese Symptome genauestens zu prüfen. Denn nur wenn volle geistige Gesundheit bestätigt werden kann, ist die Möglichkeit zur Aussagefähigkeit und -tüchtigkeit überhaupt gegeben.
Wahnkrankheiten sind durch Irrealität, subjektive Gewißheit und Unkorrigierbarkeit gekennzeichnet. Das heißt, daß jemand davon überzeugt ist, Dinge wahrzunehmen, die in Wirklichkeit gar nicht existieren. Diese verschobene subjektive Weltsicht wird so in den Realitätsbezug eingebaut, daß eine Korrektur oder Hinterfragung nicht möglich ist. Daß es unter Umständen auch eine andere Sicht der Dinge gibt, wird gar nicht in Betracht gezogen.

S., ein dreizehnjähriges Mädchen, wird mit einer schizophrenen Geisteskrankheit in die kinderpsychiatrische Klinik eingewiesen. Sie zeigt massive Denkstörungen, reißt in ihrem Gedankenfluß immer wieder ab, ist zeitweise unsicher, ob sie sie selbst sei, ja ob sie überhaupt noch lebe, und dann wieder, ob sie nicht ganz massive Veränderungen erfahren hätte, seitdem der Teufel ihr beigewohnt hätte. Sie berichtet in Gedankenfetzen, daß er im vergangenen Sommer das erstemal zu ihr gekommen sei. Sie hätte ihn damals erhört und geliebt, und seither würde er immer wiederkehren, besonders dann, wenn die Eltern nicht daheim seien. Der Teufel, der irgendwo unter ihr im Gemeindebau in der Hölle lebe, wisse aufgrund seiner teuflischen Gaben genau, wann die Eltern außer Haus seien. Er steige dann herauf und käme zu ihr in die Wohnung. Sie könne sich ihm gar nicht entziehen. Wenn er anläute, müsse sie ihm öffnen und zu Willen sein. Er stecke dann seine teuflischen Utensilien in ihre Körperöffnungen, was für sie unerträglich sei.
S. schreit zwischen diesen bruchstückhaften Berichten immer wieder auf, sie wirkt wie besessen, zeigt einen psychomotorischen Bewegungssturm, erkennt zeitweilig die reale Umgebung in der Klinik nicht, auch nicht ihre Eltern, lacht und weint und ist durch bloßes Zureden nicht zu beruhigen. Ein andermal berichten ihre

Eltern, daß S. die Stimme des Teufels höre, der ihr strikten Befehl gebe, nichts über die »Ausschweifungen« zu berichten.
Nach Wochen psychotherapeutischer und medikamentöser Behandlung in der Klinik klingt das Krankheitsbild des Mädchens ab. Da das therapeutische Personal in dieser Zeit sich grundsätzlich bereit zeigt, die wesentlichen Anteile der wirren Berichte als real anzuerkennen, ist es möglich, ein Schändungsgeschehen in Betracht zu ziehen. Ist der Verdacht begründet, bleibt nur die Frage: Wurde die bereits bestehende Krankheit vom Täter ausgenützt, oder lösten umgekehrt die Übergriffe bei S., die wohl prädisponiert war, die Krankheit erst aus?
Im Zuge der umgehend eingeleiteten Ermittlungen wird ein Hausbewohner der Tat überführt. Routinemäßig wird ein Schwangerschafts- und ein Aids-Test durchgeführt. Letzterer erweist sich als negativ, ersterer als positiv. S. entscheidet sich, gemeinsam mit ihren Eltern, in der noch ausreichend zur Verfügung stehenden Zeit eine Schwangerschaftsunterbrechung durchzuführen.

Die *Gemütskrankheiten* umfassen endogene Depressionen, Manien und manisch-depressive Erkrankungen, wobei als Depressionen Stimmungsstörungen gelten, die nicht ereignis- oder erlebnisgesteuert sind, sondern sich scheinbar ohne Grund in extremer Niedergeschlagenheit, ja sogar Selbstmordgedanken äußern. Solch verstimmte Menschen können auch äußerst gereizt oder ängstlich sein; im Kindes- und Jugendalter fällt vor allem auch die Antriebslosigkeit auf, zusammen mit vegetativen Störungen, also Störungen zu bestimmten Tageszeiten, wie morgendliche Gemütsverstimmung, Ein- und vor allem Durchschlafstörungen oder trockener Mund, Darmverstopfung, Zittern, Schwitzen und Appetitlosigkeit. Wie wichtig es ist, festzustellen, ob eine Depression unabhängig von bestimmten Erlebnissen und Ereignissen (also endogen) einsetzt oder ob sie – in Reaktion auf ein äußeres Geschehen – ein seelischer Hilfeschrei ist, um einer unerträglichen Lebenssituation zu entkommen, zeigt das folgende Beispiel:

Vor einigen Jahren fand ein Prozeß statt, obwohl die Hauptzeugin zu diesem Zeitpunkt nicht mehr am Leben war: B., die leibliche Tochter des Angeklagten, hatte knapp vor Erreichen ihrer Großjährigkeit Selbstmord verübt. Die junge Frau hatte sich – obwohl ihr intensive psychotherapeutische Hilfe und sozialtherapeutische Unterstützung zur Verfügung standen – in einer depressiven Phase das Leben genommen, das ihr zu diesem Zeitpunkt unbewältigbar erschien. In ihren Lebensbeichten gegenüber einer Sozialarbeiterin sowie in ihren nach dem Tod aufgefundenen Tagebüchern hatte sie aber eine erdrückende Beweislast hinterlassen.
B. hatte mit zwölf Jahren begonnen, Tagebücher zu führen. Die darin beschriebenen Vorkommnisse waren noch vor Auffinden der Aufzeichnungen genauso von B. der Sozialarbeiterin geschildert worden. Die dem Alter entsprechende Veränderung der Schrift wurde von einem gerichtlich beeideten Sachverständigen als authentisch festgestellt. In einer altersgemäßen, sehr drastischen Jugendsprache hatte B. die sich intensivierenden Übergriffe des Vaters bis hin zum regelmäßig vollzogenen Geschlechtsverkehr in allen Einzelheiten festgehalten. Die Tagebücher endeten mit dem tragischen Satz: »Der Höhepunkt jedes Mißbrauchs ist der Selbstmord.«

Manien sind Erkrankungen, die eine Antriebssteigerung zeigen, eine euphorische, »überdrehte« Stimmung, die manchmal in Gereiztheit übergehen und mit vegetativen Störungen wie Schlaflosigkeit, extremer Unrast, Appetitlosigkeit und Fahrigkeit gepaart sein kann. Das Ausmaß der mit den Manien einhergehenden mangelnden Kritikfähigkeit kann solche Dimensionen annehmen, daß es die Betroffenen in Lebensgefahr bringt, etwa wenn die Tragweite von Handlungen – wie im untenstehenden Beispiel – nicht abgeschätzt, fehleingestuft oder gar nicht erst erkannt wird.
Die Kombination aus manischen und depressiven Anteilen ergibt die manisch-depressiven Erkrankungen, die sich in manchmal rasch wechselnden Phasen von Antriebssteigerung und Antriebsminderung äußert.

Die elfjährige L.-E. wächst am Rande einer Kleinstadt in einem intakten Elternhaus in kleinbürgerlichem Milieu auf. Ihre Lebensgeschichte ist gänzlich unauffällig – bis zu ihrer Aufnahme in die kinderpsychiatrische Abteilung. Dazu kommt es, als das Mädchen eines Tages völlig enthemmt in der Schule erzählt, daß sie am Morgen per Anhalter in die Schule gefahren sei. Ihre Klassenkameradinnen sind darüber ziemlich erstaunt, schließlich hätte L.-E. durchaus den Bus nehmen können. Per Anhalter zu fahren erscheint ihnen als abwegige Idee, zumal sie alle immer wieder ausdrücklich davor gewarnt wurden. Als die Mädchen genauer nachfragen, stellt sich heraus, daß L.-E. diesen Weg schon öfter gewählt hat, was auch erklärt, weshalb sie zuweilen zu spät zur Schule kommt und vor allem weshalb man sie nicht unter den Gleichaltrigen im Bus entdeckt hat.

Dies alles wird einer Lehrerin mitgeteilt, die L.-E. zu einer Aussprache zu sich bestellt. Während des Gesprächs fällt der Lehrerin auf, daß das Mädchen in ihrem Denken äußerst sprunghaft und deutlich beschleunigt ist und zeitweise gar nicht ihrem Wesen und ihrem Alter gemäß antwortet. Immer wieder kommt sie auf sexuelle Inhalte zu sprechen, die mit dem Gespräch in keinerlei Zusammenhang stehen, und als die Lehrerin sie brüsk zurechtweist, reagiert sie mit Lachen und Uneinsichtigkeit. In ihrer aufkommenden Verzweiflung bittet die Lehrerin die Schulärztin um Beistand. Im Gespräch mit der Schulärztin wie auch bei der darauffolgenden Aufnahme in die kinderpsychiatrische Abteilung stellt sich klar heraus, daß L.-E. in ihrem Denken deutlich hypersexualisiert ist. Auf gezielte Fragen hin erzählt sie, daß sie die morgendlichen Autotouren dazu benützt, sich wildfremden Männern im Auto zu Hand- und Mundverkehr anzubieten. Die Hälfte der insgesamt zwölf bis vierzehn Autofahrer, die L.-E. mitnahmen, nahmen ihr sexuelles Angebot an.

Das Resultat der Untersuchungen in der Klinik: ein kindliches manisches Syndrom, begleitet von Antriebssteigerung, herabgesetzter Kritikfähigkeit, heiterer Verstimmtheit und herabgesetzten Hemm-, Brems-, Kontroll- und Steuermechanismen.

Der *tiefgreifenden Bewußtseinsstörung* kommt in diesen Zeiten, in denen Drogen eine weite Verbreitung finden, große Bedeutung zu. Nicht nur Alkohol, sondern auch illegale Drogen werden verwendet, um Kinder gefügig zu machen, aber auch, um sie in einen Zustand zu versetzen, der es aller Wahrscheinlichkeit nach unmöglich macht, daß sie sich später an das Geschehene erinnern können, was einer Verminderung ihrer Aussagetüchtigkeit gleichkommt. Ein solches Vorgehen ist weniger für den Einzelkontakt zwischen Täter und Opfer typisch als vielmehr ein Gruppenphänomen. Mehrere, häufig jugendliche Täter bemächtigen sich eines Opfers, versetzen es in einen Rauschzustand, vergehen sich dann, oft in kollektiver gegenseitiger Ermunterung, an ihm. Umgekehrt kann es vorkommen, daß ein Kind, vor allem im Pubertätsalter, sich geschmeichelt fühlt, daß man es für alt genug hält, um Alkohol, der ansonsten noch tabu ist, zu konsumieren. Es läßt sich also dazu verführen, ohne zu ahnen, was danach auf es zukommt.

Es gibt eine Drogenpropaganda, die bestimmten Drogen wahre Wunder an sexueller Erlebniskraft zuschreiben. Solche Gerüchte scheinen mittelalterlichen Phantasien vom aphrodisischen Zaubertrank zu entspringen, dessen Potenz jedes Opfer wehrlos macht. Kinder müssen im Rahmen jeglicher Erziehungs- und Präventionsmaßnahmen überaus deutlich darauf hingewiesen werden, daß bewußtseinsverändernde Substanzen gefährlich sind und daß sie etwas Unbekanntes nicht trinken oder schlucken dürfen. Wie sich immer wieder zeigt, greifen Mißbraucher auch häufig zu Getränken, die sie mit Schlafmitteln versetzen, um die Widerstandskraft ebenso wie die konkrete Erinnerungsfähigkeit ihrer Opfer herabsetzen. Anhand der Analyse von Substanz- und Applikationsart, Dauer und Wirkung läßt sich in diesen Fällen allerdings gutachterlich eine gewisse Erhellung in den Zustand des Opfers bringen.

Auch im *Schwachsinn*zustand ist der Betroffene außerstande, zu erfassen, was mit ihm geschieht, wobei es von Bedeutung ist, ob einerseits überhaupt der sexuelle Charakter einer Handlung erkannt wird, andererseits ob ihre Folgen erfaßt werden, z. B. daß

es sich um einen Zeugungsakt handelt mit der Möglichkeit, ab der Geschlechtsreife schwanger zu werden. Doch wie auch immer der geistige Zustand des Opfers gelagert sein mag, es ändert sich natürlich nichts an der strafrechtlichen Verantwortlichkeit des Täters: er übertritt das Gesetz, wenn er einen anderen Menschen zu Unzuchtshandlungen mißbraucht, ob dieser nun erkennt, worum es sich handelt, oder nicht.
Daß gerade unterbegabte Menschen aufgrund ihres Handikaps oft grausam sexuell benützt werden, zeigen die folgenden Fallbeispiele:

W. wurde jahrelang von seinem älteren Bruder mißbraucht. Was als kindliche Spiele mit dem Sechsjährigen begann, entwickelte sich zunehmend zu einer anhaltenden Inzestsituation. Schließlich bezog der ältere Bruder, der mittlerweile die Großjährigkeit erreicht hatte, auch Freunde und Bekannte mit ein, die sexuelle Handlungen an dem schwer unterbegabten W. vollzogen oder sie an sich vollziehen ließen. Das Ganze hätte wohl nie ein Ende gefunden, wäre nicht irgendwann W.s Unterwäsche tagelang blutverschmiert gewesen. Daraufhin begann die Mutter, der Angelegenheit nachzugehen. Vergeblich bemühte sie sich, aus dem praktisch sprachunfähigen Jungen etwas in Erfahrung zu bringen. Schließlich wandte sie sich an das zuständige Jugendamt, das einen Psychologen einsetzte. Zusammen mit einem Chirurgen stellte er schwere Afterverletzungen fest, die die Blutungen verursacht hatten und kaum von W. selbst stammen konnten. Darauf wurde Anzeige gegen unbekannte Täter erstattet.
Ein Team von Ermittlungsbeamten, Kinderpsychologen und Kinderpsychiatern erhellte allmählich die dramatischen Details. Ein mühsames Unterfangen, da W. nicht nur fast sprachunfähig war, sondern sogar erhebliche Schwierigkeiten hatte, mittels Anschauungsmaterial aufzuzeigen, was mit ihm geschehen war. In minuziöser Kleinarbeit konnte schließlich das Geschehen aufgedeckt werden, das sich als viel umfassender herausstellte als angenommen. Das Verfahren wurde erweitert, denn wie sich zeigte, waren in der vielköpfigen Familie auch W.s minderbegabte Schwestern sexuell mißbraucht worden. Es gab mehrere Täter unterschiedlich-

ster Namen, was dazu führte, daß verschiedene Untersuchungsrichter mit dem Fall betraut und mehrere Verfahren anhängig waren. Dadurch wurde es immer schwerer, ein Gesamtbild zu erhalten, sowohl des Milieus als auch der zutage tretenden Geschäftsabsichten des Familienclans. Da es an präzisen Aussagen der Zeugen darüber mangelte, wer was getan hatte, war es den Tätern ein leichtes, die Schuld jeweils von sich und einem anderen zuzuweisen. So konnte sie im einzelnen nicht bewiesen werden.

Nicht weniger kompliziert ist der Fall der geistig schwer behinderten A. Als die Fünfzehnjährige in einer kinder- und jugendpsychiatrischen Klinik aufgenommen wurde, herrschte Unklarheit über ihr untypisches Zustandsbild. Es bestand also – wie bei allen geistig schwer behinderten Menschen – die Möglichkeit, daß sie noch zusätzlich an einer Geisteskrankheit litt. Es gibt für diese Fälle eine eigene wissenschaftliche Ausrichtung, die sich mit Geisteskrankheiten von geistig Behinderten beschäftigt.

Dem Leiter der Klinik, an der A. untersucht wurde und die sich vor allem Behinderten widmete, fiel auf, daß sich ein bestimmtes psychiatrisches Krankheitsbild bei seinen Patienten zu wiederholen schien. Die Symptome schienen gleichsam eine Flucht aus dem Lebensalltag der Behinderten zu sein; es galt also, jene realen Lebensumstände herauszufinden, die offenbar diese Krankheit zumindest mitbedingten. Mit viel Geduld, eingehenden Außenrecherchen und einem immer gezielter werdenden Blick für das Symptombild fand man heraus, daß im Leben einer überzufällig häufigen Anzahl dieser Patienten ein sexueller Mißbrauch vorgekommen war. Der zunehmend aufkeimende Verdacht, daß es sich bei der spezifischen geistigen Erkrankung um die Ausdrucksform eines Mißbrauchssyndroms handelte, bestätigte sich. Leider auch im Fall von A.

Diese Erkenntnisse machen es dem Gerichtsgutachter nicht gerade leicht, über geistige Behinderung, die Symptome einer Geisteskrankheit und die Aussagefähigkeit und -tüchtigkeit von Zeugen zu befinden.

Es ist schwierig, jene *psychischen Erkrankungen*, die an Intensität den bisher beschriebenen Krankheiten gleichkommen, eindeutig zu bestimmen. Der Krankheitswert muß nach dem Gesetz dem der anderen Krankheiten gleichwertig sein. Wer aber kann exakt bestimmen, was der Krankheitswert ist? Er bleibt letztlich der subjektiven Einschätzung überlassen. Und bei aller Bemühung um Objektivität bleibt für den jeweiligen Sachverständigen hier immer ein Interpretationsspielraum offen. Dieser Sachverhalt hat dazu geführt, daß bei Schwerverbrechern zwei Sachverständige beauftragt werden. Sollten diese zu widersprüchlichen Ansichten gelangen, so haben sie ihre Argumente vor Gericht so darzulegen, daß auch Laien ihr Pro und Kontra verstehen können. Galt früher ein Fakultätsgutachten (also ein Gutachten, das von einem Universitätsgremium erstellt wird) als oberste gutachterliche Instanz, kann der Richter heute den Fall an einen einzelnen Sachverständigen zur Entscheidung delegieren; dieser muß an einer Universität habilitiert worden sein, und sein Gutachten gilt auf Gutachterebene als Letztinstanz.

Allgemein kann man sagen, daß unter »gleichwertigen psychischen Erkrankungen« schwere Persönlichkeitsstörungen und Neurosen zu verstehen sind, die den Lebens- und Erlebnisvollzug einer Person so beeinträchtigen, daß ein in ihrem Kulturkreis übliches Leben nicht möglich ist. Schwere Ängste und Panikattakken, extreme Zwangsgedanken und Zwangshandlungen, schwere psychosomatische Reaktionen mit beeinträchtigtem Erlebnisvollzug gehören hierher, ferner selbstschädigendes Verhalten, soziopathisches Verhalten mit Selbst- oder Fremdgefährdung, extreme Alkohol- oder Drogenabhängigkeit und mangelnde Hemm-, Brems- und Kontrollmechanismen sowie Steuermechanismen, die nicht den früher genannten Krankheiten zugeordnet werden können. Auch pathologisches Sexualverhalten fällt in diesen Bereich, also jenes abweichende Verhalten, das unter dem Begriff »Perversionen« bekannt geworden ist. Dieses Phänomen spielt aber in der Begutachtung des Opfers kaum eine Rolle und ist beim Kind, wenn überhaupt, eher die Folge sexueller Übergriffe und nicht ihr Anreiz, also ein Verhalten, das der Täter als vorausgesetztes Einverständnis für seine Handlungen werten könnte. Doch selbst wenn es so wäre, enthebt dies den Täter nicht seiner strafrechtlichen Verantwortung. Klipp und klar gesagt: Es zählt immer nur, was der Erwachsene, nicht was das Kind tut.

Die kognitiven Fähigkeiten

In diesem Bereich wird die Wahrnehmungs-, Behaltens-, Erinnerungs- und Wiedergabefähigkeit des Kindes bewertet. Es ist entscheidend zu wissen, ob es in der Lage ist, Zeit, Ort, Raum, die eigene Person und andere korrekt und in vollem Umfang wahrzunehmen, oder ob eine Beeinträchtigung seiner Sinne und damit eine Einschränkung seiner Wahrnehmungsfunktion vorliegt. Natürlich ist die Wahrnehmungsleistung stark vom Alter abhängig, und es hängt außerdem auch vom Einzelfall ab, ob ein Kind sich an bestimmt Objekte, Distanzen, Zeiten, Dauer oder haptische Details erinnert und sie auch benennen kann.
Bei der Behaltensleistung kommt es darauf an, ob und wie lange Wahrgenommenes frisch im Gedächtnis behalten wird, ohne verfälscht, als unangenehm weggeschoben, verleugnet, selektiert oder einfach vergessen zu werden. Vor allem im Kleinkind- und Volksschulalter nimmt die Behaltensleistung mit der zeitlichen Distanz zum Geschehen ab. So ist in diesem Alter drei Monate später die Behaltensleistung schon wesentlich verringert; nach einem halben Jahr ist bereits zu prüfen, wie viele der erinnerten Fakten tatsächlich noch aus dem eigenen Behalten des ursprünglichen Sinneseindrucks herrühren und wie viele durch die ständigen Befragungen – quasi aus zweiter Hand – immer wieder aufgefrischt wurden.
Die Erinnerungsfähigkeit, im Sinn des Alt- und Neugedächtnisses wie der inneren Bereitschaft, sich überhaupt erinnern zu wollen, hat sowohl mit Denkleistungen als auch mit dem Gemüt zu tun. Manche Dinge wollen einfach nicht erinnert werden, und in solchen Fällen garantieren wirksame psychische Abwehrmechanismen, daß unliebsame, belastende und auch für die weitere Lebensgestaltung bedrohliche Ereignisse weggeschoben werden. Gerade an der Erinnerungsfähigkeit entzünden sich bei Gericht immer wieder Diskussionen. Da werden Kinder stets aufs neue nach Einzelheiten befragt, die sie nach Monaten oder Jahren

unmöglich so genau wiedergeben können, wie es von ihnen anhand der Aussagen und Protokolle aus der Vorverhandlung vorgehalten und verlangt wird. Eine unerfüllbare Forderung angesichts der gerade in der Kindheit so intensiven Fülle an Eindrükken und der stark selektiven Aufmerksamkeit, die je nach Alter auswählt, was gegenwärtig wichtig ist. Es fällt schon einem Erwachsenen schwer, sich ohne Zuhilfenahme von Aufzeichnungen oder Unterlagen zu erinnern, wie das Wetter an einem bestimmten Tag vor einem Jahr war. Um wieviel schwerer ist es dann erst für ein Kind, auf das ständig so viele neue und prägende Eindrücke einstürmen, sich mit der vom Gericht geforderten Exaktheit zu erinnern. Immer wieder muß daher der Sachverständige das Gericht darauf aufmerksam machen, daß hier Unmögliches verlangt wird. Viele Details haben für das Kind weniger oder eine ganz andere Bedeutung als für den Erwachsenen. Es kann sich vielleicht minuziös an Dinge erinnern, die der Erwachsenenwelt völlig nebensächlich erscheinen, dafür sind ihm andere, dem Gericht besonders wichtige Einzelheiten gänzlich entfallen. Dies mag so aussehen, als hätte das Kind bestimmte Erinnerungen ausgeblendet, in Wahrheit hat es einfach andere Prioritäten. Es folgt seiner eigenen Logik, was für das Prozeßgeschehen in Wirklichkeit enorm hilfreich sein kann. Kinder sind nämlich sehr verläßliche Zeugen, sie wägen die Vor- und Nachteile einer Aussage nicht ab, ja erkennen sie gar nicht, und sie schildern Ereignisse und Erlebnisse derart unvoreingenommen, daß ihre Aussagen ein Geschehen äußerst erhellen können. Daß sie dabei ihre eigenen individuellen Prioritäten setzen, ist nur ihr gutes Recht.

Sehr wichtig ist auch die Wiedergabefähigkeit des Kindes. Auch hier kommt es auf das jeweilige Lebensalter an, ob und in welcher Form es Ereignisse, Erlebnisse, Fakten oder Objekte schildern und beschreiben kann. Ist die Wiedergabefähigkeit eines Vorschulkindes vielleicht noch von märchenhaft ausgeschmücktem Denken überlagert und seine Sprache stark von dem in seiner Familie üblichen Dialekt oder einer intrafamiliären Privatsprache gefärbt, so kommt es bei Volksschulkindern vor, daß sie sich in gezierter und übertrieben formulierter Weise äußern, während ein Puber-

tierender wiederum dazu neigt, mit der diesem Alter eigenen Schnoddrigkeit und Rotzigkeit auftreten, um dem Gericht zu zeigen, was er von ihm hält. Der mangelnde Respekt provoziert die Autoritäten, deren barsche Zurechtweisungen den Teenager nur aufs neue zum Widerspruch reizen.
Alle diese Verhaltensweisen sind durchaus altersgemäß und mindern die Wiedergabefähigkeit keineswegs.
In Zweifelsfällen bei der Beurteilung der kognitiven Fähigkeiten wird sich der Sachverständige mit einem Kinderpsychologen absprechen, um entsprechende Hirnleistungstests in das Gutachten mit aufzunehmen.

Die moralische Urteilsfähigkeit

Die Fähigkeit, Recht von Unrecht zu unterscheiden, wird in der Regel durch die elterliche Erziehung, die Schule, private, konfessionelle und andere Einrichtungen vermittelt. Auch zu lernen, daß es ein Recht auf persönliche Integrität, auf Autonomie und auf Widerspruch gibt, und zwar unter dem Aspekt sozialen Zusammenlebens, fällt in diesen Bereich.
Im Kindergartenalter sind noch Moralinstanzen wie die Eltern, die Kindergärtnerin oder andere Autoritätspersonen voll und ganz für die Vorgabe ethischer Grundsätze zuständig. Doch schon im Volksschulalter beginnt das Kind, eigene moralische Einstellungen zu entwickeln, die später in der Pubertät durch den für dieses Alter typischen Widerspruchsgeist in Zweifel gezogen, auf ihre Sinnhaftigkeit hinterfragt und schließlich gefestigt werden. Von da an entstehen, zusammen mit der Fähigkeit, sich auch mit abstrakten Inhalten beschäftigen zu können, im jungen Menschen autonome moralische Ordnungen und Wertvorstellungen.

Die soziale Fertigkeit, vorausdenken und Tragweiten abschätzen zu können

Die Fertigkeit, sinn- und planvoll vorausschauen zu können und ausreichend zu wissen: »Wenn dies oder jenes geschieht, so hat

es diese oder jene Folgen«, nennt man soziale Antizipationsleistung. Sie ist im Vorschulalter meist wenig entwickelt, bezieht sich bei den etwa Sechs- bis Vierzehnjährigen fast ausschließlich auf ganz konkrete Belange (»Wenn ich hier anziehe, fällt dort etwas herunter«) und ist ab dem 14. oder 15. Lebensjahr von abstrakten Überlegungen begleitet (»Wenn ich das oder jenes sage, so hat das für den anderen diese oder jene Folgen«), das heißt, daß auch moralische Beurteilungen in ihrer vollen Tragweite für das Opfer und den Täter mit allen Konsequenzen erfaßt werden können.
Zu prüfen, wie weit diese Antizipationsleistung entwickelt ist, kann von großer praktischer Bedeutung sein. Denn ein Kind, das bereits die Konsequenzen abschätzt, ist durchaus imstande, unter Druck, Drohung oder aus Mitleid seine Aussage zurückzuziehen, um dem Beschuldigten, dem es vielleicht sehr zugetan ist, böse Folgen zu ersparen. Selbst wenn es seine Aussage nicht verweigert, sondern nur verändert, liegt es auf der Hand, daß dies für das Verfahren weitreichende Folgen hat.

Eine Pionierleistung: die kontradiktorische Befragung

Am 1. Januar 1994 wurde eine wichtige Opferschutzmaßnahme in Österreich eingeführt: die »kontradiktorische« Befragung, die mittels Video übertragen wird und bei der den Parteien (Staatsanwalt, Verteidiger, Beschuldigter) Gelegenheit gegeben wird, sich an der Vernehmung zu beteiligen und Fragen an den Zeugen zu stellen. Das Gesetz stellt EU-weit ein Novum in der Strafprozeßordnung dar.
Zwar war schon davor bei Kindesmißbrauch die Hauptverhandlung unter Ausschluß der Öffentlichkeit durchgeführt worden, bedeutete für das Kind aber trotzdem eine unerträgliche Situation: Es mußte (und muß noch in anderen Ländern) vor einer ganzen Ansammlung von Fremden – Vorsitzendem, Beisitzern, Schriftführern, Schöffen, Staatsanwalt, Verteidiger, Sachverständigem und nötigenfalls Gerichtsdolmetsch – klar, deutlich und für jeden vernehmlich die kritischen Vorfälle so oft und so lange schildern, bis jedem der Beteiligten überzeugend vor Augen

geführt wurde, daß sie tatsächlich stattgefunden hatten. Die mühsame Überzeugungsarbeit lud zu Gegenstrategien und Ablenkungsmanövern der Strafverteidiger geradezu ein, von der Unterstellung, das Kind teile bloß von pornographischen Filmen oder Heften inspirierte Phantasien mit bis hin zur Diskriminierung der Gerichtssachverständigen. Das dadurch verschärfte Klima bei Gericht forcierte die Befragung in Richtung haptischer Details, wie sie bereits vorhin beschrieben wurden: Immer öfter mußten die Beschuldigungen, das Kind phantasiere nur, mit haarspalterischen Antworten z. B. über Farbe, Konsistenz, Temperatur, Geschmack oder Geruch von Sperma entkräftet werden. Die Folge dieser Torturen war, daß noch weniger Verfahren zur Wahrheitsfindung durchgeführt wurden wie ohnehin, zumal auch von seiten der mit diesen Fällen befaßten SozialarbeiterInnen davor gewarnt wurde, die Kinder solch belastenden, feindseligen Prozeduren auszusetzen.
Im Juristendeutsch heißt es nun laut Paragraph 162 a lit. 2 der Strafprozeßordnung Österreichs, daß »im Interesse des Zeugen, insbesondere mit Berücksichtigung auf sein geringes Alter oder seinen seelischen oder geistigen Zustand oder im Interesse der Wahrheitsfindung, der Untersuchungsrichter die Gelegenheit zur Beteiligung derart beschränken kann, daß die Parteien und ihre Vertreter die Vernehmung der Zeugen erforderlichenfalls unter Verwendung technischer Einrichtungen zur Wort- und Bildübertragung mitverfolgen und ihr Fragerecht ausüben können, ohne bei der Befragung anwesend zu sein. Mit einer solchen Befragung kann der Untersuchungsrichter einen Sachverständigen beauftragen, wenn der Zeuge das 14. Lebensjahr noch nicht vollendet hat.«
Weniger umständlich ausgedrückt: Um Kindern und Jugendlichen die traumatische Erfahrung einer Gerichtsverhandlung zu ersparen, gibt es die Möglichkeit, Betroffene bis zum Alter von 14 Jahren mittels Videoaufnahmen vom Untersuchungsrichter, Strafrichter oder auch Sachverständigen zu befragen. Darüber hinaus kann der Richter bis zur Großjährigkeit Zeugen kontradiktorisch befragen. Die Aussagen werden aufgezeichnet bzw. in einen Nebenraum übertragen, in dem sich der Staatsanwalt, der

Beschuldigte und sein Anwalt befinden. Ihre Fragen werden dem Kind überbracht, das sich in einem eigenen Raum mit dem Befrager und einer Vertrauensperson befindet. Findet die Befragung in der Hauptverhandlung statt, wird sie in den Verhandlungssaal übertragen.
Diese schonende Art der Vernehmung garantiert erstens, daß das Opfer nicht mehr in der Hauptverhandlung auftreten und in Anwesenheit des Beschuldigten und im Blickkontakt mit ihm aussagen muß. Zweitens, daß das Gespräch von einem gerichtsroutinierten Fachmann, wie es der Sachverständige einer ist, durchgeführt werden kann, der gezielt rechtsrelevante Details erfragt und rascher zum Kern der Sache kommt. Und drittens, daß das Kind nicht durch mögliche Prozeßfinten der Verteidigung abgelenkt wird, sondern sich auf das Wesentliche konzentrieren kann.
Da bei der Hauptverhandlung der gesamte Gerichtshof, beim Ermittlungsverfahren der Untersuchungsrichter, die Staatsanwaltschaft, der Beschuldigte und sein Verteidiger sowie die Schriftführerin im Nebenraum an der Befragung teilnehmen und von dort aus gesammelt ihre Fragen per Mittelsmann an den Zeugen richten können, ist die Unmittelbarkeit der Aussage gewährleistet. Die Fragen können übrigens auf diesem Weg so lange gestellt werden, bis der Sachverhalt ausreichend geklärt ist.

Ein Rückblick auf die Entstehungsgeschichte des Paragraphen 162 zeigt, wie spannend die Einführung einer legistischen Neuordnung sein kann.
Schon viele Jahre waren kinderpsychiatrische und -psychologische Sachverständige mit den Befragungsmodalitäten von Kindern und Jugendlichen, die Opfer von Sexualdelikten geworden waren, vor Gericht nicht einverstanden. Jedem, der mit dem Wohl von Kindern vertraut war, war es zuwider, daß sie in der Hauptverhandlung vor dem gesamten Gerichtshof aussagen mußten (und in den meisten Ländern noch müssen) und dort traumatische Geschehen und intime Details in stundenlangen exakten Ausführungen darzulegen hatten. Hinzu kam, daß Richter und Staatsanwälte ihren Aufgaben zwar korrekt nachkamen,

jedoch an Einfühlungsvermögen zu wünschen übrig ließen. Sie hatten es nicht gelernt, Kindern richtig zu begegnen, und sie waren einer zynisch-kritischen Medienöffentlichkeit ausgesetzt, die jede Unbeholfenheit im Umgang mit Kindern mit Spott quittierte. So in dem Fall, als in einer Hauptverhandlung der Vorsitzende plötzlich unter den Richtertisch griff und einen Teddy hervorholte, den er der zwölfjährigen Zeugin entgegenhielt, in der Überzeugung, dies bringe sie zum Sprechen. Das Mädchen hatte bereits eine zweijährige Erfahrung in der Kinderprostitution hinter sich und war mit dem Suchtgiftmilieu bestens vertraut.

Alle diese Erfahrungen führten, zusammen mit Debatten der Kinder- und Jugendanwälte, die sich in den österreichischen Bundesländern allmählich etablierten und heute nicht mehr wegzudenken wären, zu einer anwachsenden Initiativgruppe von Fachleuten aus den Reihen des Gerichts, der Sachverständigen und der Kinderschutzbeauftragten unterschiedlicher Trägerschaften. Die Diskussionen kreisten um die gemeinsame Forderung, vor Gericht endlich grundsätzlich geänderte Bedingungen für Kinder zu schaffen. Ein dramatisches Geschehen versetzte den Autor dieses Buches in die Lage, der Initiativgruppe mit direkter Erfahrung beizuspringen. Einem sechsjährigen kurdischen Mädchen ist letztlich der entscheidende Impulsstoß zu verdanken. Sein tragischer Fall schuf ein Präjudiz, das seinesgleichen sucht: N. war es gelungen, mit Teilen ihrer Familie aus dem Golfkrieg nach Österreich zu fliehen, wo sie Zeugin am Mord ihres Bruders durch den leiblichen Onkel wurde. Gemeinsam mit ihrer Tante und ihren Cousins und Cousinen um den Tisch sitzend, mußte N. – wegen ihrer Blickperspektive – als einzige mit ansehen, wie der Onkel ihren Bruder ans Bett fesselte und dort erschlug. Die Sechsjährige war Kronzeugin eines Mordes, und das Geschehen war an sich schon dramatisch genug. Als aber der Sachverständige ihre Lebensgeschichte erhob, stellte sich heraus, daß N. bereits in ihrer Heimat zweifache Mordzeugin geworden war: ihre Mutter und ihr kleiner Bruder waren vor ihren Augen getötet worden. N. hatte sich mit ihrer Mutter, dem Bruder, der noch ein Säugling war, und weiteren Frauen in einem Luftschutzbunker versteckt, als schwerbewaffnete Soldaten eindrangen. Sie

ermordeten sowohl die Mutter, die eben stillte, als auch das Baby.
In Kenntnis dieser entsetzlichen Vorgänge erklärte der Autor, der als Sachverständiger vom Gericht beauftragt war, die Glaubwürdigkeit und Wahrnehmungsfähigkeit des Mädchens gutachterlich zu prüfen, er sei nur unter schwerem Widerstand bereit, der sechsjährigen N., die noch dazu fremdsprachig und auf die Hilfe eines Dolmetschers angewiesen war, eine Gerichtshauptverhandlung zuzumuten. Es sei an der Zeit, zumindest in solchen Extremfällen, moderne Hilfsmittel wie Videoaufnahmen einsetzen zu dürfen, um so einerseits dem Gericht Hilfe anzubieten, aber andererseits dem Opfer größtmögliche Schonung zu garantieren.
Tatsächlich erklärten sich Untersuchungsrichter und Staatsanwältin bereit, einer neuen Vorgangsweise grundsätzlich zuzustimmen. Und so fand die erste Vernehmung N.s an der Universitätsklinik für Neuropsychiatrie des Kindes- und Jugendalters in Wien statt. In einem kleinen Beobachtungsraum hinter zwei Bildschirmen saßen dichtgedrängt der Untersuchungsrichter, die Staatsanwältin, die Schriftführerin, der Beschuldigte und sein Verteidiger. Im wesentlich größeren Raum befand sich der Sachverständige, ein iranischer Psychologe, der kurdisch sprach, und N. Zwei von außen steuerbare Videokameras waren eingeschaltet, eine davon in Totale, auf den gesamten Raum gerichtet, die andere im Detail auf das Mädchen bzw. das Anschauungsmaterial, das verwendet wurde.
Nach einer ersten Auflockerung und Kontaktnahme wurde N. vermittelt, sie werde gefilmt und möge mit der Abspielung des Filmes einverstanden sein. Sie wurde daran erinnert, daß ihre Aussagen wahr sein müssen, und man stellte ihr einen Szenobaukasten zu Verfügung, damit sie mit dessen lebensnahen Gegenständen in Spielzeugform die dramatischen Situationen nachstellen konnte. In nur einer Stunde gelang es N., das Geschehen zweimal in nachvollziehbarer, logisch folgerichtiger und präziser Form so zu gestalten, daß weder von seiten des Untersuchungsrichters noch der Staatsanwaltschaft, des Beschuldigten oder seines Rechtsvertreters irgendwelche Fragen an das Mädchen

erfolgten. Vor allem aber die tiefe Betroffenheit der Beobachtenden wird dem Autor ein Leben lang in Erinnerung bleiben.
Die Aufzeichnung von N.s Befragung wurde nach Beendigung des Gesprächs sofort versiegelt dem Untersuchungsrichter in Gegenwart der Staatsanwältin übergeben, so daß es nicht möglich war, an dem Band Manipulationen vorzunehmen. Die Aufnahmen waren zwar zum Teil mangelhaft, aber unkorrigiert in einem Stück gefilmt worden und stellten damit ein zeitlich lükkenloses Beweismaterial dar. Es blieb aber offen, ob der von der Voruntersuchung natürlich völlig unabhängige Hauptverhandlungsrichter diesen Videofilm als Beweismittel würdigen würde. Gesetzlich gab es ja keine Grundlage dafür. Vielmehr war es damals noch üblich, Tonbänder oder Videoaufzeichnungen wegen möglicher Manipulationen nicht als Beweismittel zuzulassen. Mehrmals wurde nachgefragt, ob es von seiten des Justizministeriums Einwände gegen die Zulassung eines Videobandes bei einer Hauptverhandlung gäbe, doch als Antwort darauf erfolgte stets nur der Hinweis auf die völlige Unabhängigkeit des Gerichts und die ausschließliche Kompetenz des Hauptverhandlungsrichters in dieser Frage. Somit blieb es für alle Beteiligten bis zur letzten Minute spannend, wie sich der Richter entscheiden würde. Am Tag der Hauptverhandlung fiel endlich der entscheidende Satz des Richters: »Ich habe das Band gesehen, ich werde es als Beweismittel zulassen.« Noch war offen, ob auch die Verteidigung dem Beweismittel ihre Zustimmung geben würde. Doch auch hier erfolgte schließlich eine Einverständniserklärung. Damit war eine erste Hürde in Richtung kontradiktorischer Befragung geschafft.
Zu diesem Zeitpunkt liefen bereits Gespräche mit den zuständigen Ministerialbeamten auf Hochtouren, ob und in welcher Form solche Befragungen Gesetzeskraft erlangen könnten. Und in für Gesetzeserweiterungen ungeheuer kurzer Zeit wurde die Änderung der Strafprozeßordnung schließlich durchgeführt. In nicht ganz zwei Jahren war – von den ersten Diskussionen bis zum parlamentarischen Beschluß – der legistische Weg zurückgelegt worden.

Die Einführung dieser in der Strafprozeßordnung grundlegenden Neuerung war von seiten der Gerichte, aber auch der Verteidiger nicht unumstritten. Da wurde argumentiert, es handle sich um einen schweren Eingriff in die Unmittelbarkeit des Prozeßverlaufs, es läge eine Behinderung des Befragungsrechts des Kindes von seiten der Richterschaft und der Staatsanwaltschaft vor, und auch die Verteidiger beanstandeten, daß man ihnen ihr Fragerecht beschränke und sie ihre ihnen bisher fest zustehende Funktion an Sachverständige abgeben müßten. Zusätzlich wurde kritisiert, die technischen Qualitäten der Videoübertragung und Abspielung der Aufzeichnungen ließen zu wünschen übrig, man könne Gestik und Mimik des Kindes durch die mangelhafte Kameraführung nicht hinreichend sehen, der Sachverständige frage zu direkt oder zu suggestiv oder gar zu tendenziös, er nehme bereits in der Befragung Beweiswürdigungen vor, orientiere sich einmal zu intensiv, ein andermal gar nicht an den vorliegenden Protokollen, er ahme die kindlichen Ausdrucksformen nach, verspotte sie, lenke sie ungehörigerweise. Selbst wenn die Kritiker bei der gesamten Befunderhebung und Wahrnehmung des nachfolgenden gutachterlichen Kalküls teilgenommen hatten, ziehen sie die Sachverständigen der Beweisunterdrückung ebenso wie der Abgabe falscher Gutachten, obwohl die lückenlose Beobachtung jedes Verfahrensschrittes möglich war.
Man sieht, es gab eine Fülle von Widerständen, denen sich vor allem der Gesetzgeber ausgesetzt sah, aber auch die Sachverständigen. Die Neuerung sei, so war zu hören, eine typische »Psychiateridee«.
Die folgenden Jahre brachten für alle Beteiligten mehr Streß und Pannen, als sie es sich in ihren kühnsten Träumen hätten ausmalen können. Nach Inkrafttreten der neuen Bestimmung mußten die Gerichte mit den entsprechenden Geräten ausgestattet werden, was alles andere als problemlos vor sich ging, gleichzeitig regte sich überall im Kleinen der Widerstand gegen die unerwünschte Neuerung. So fanden sich genügend Anhänger, die die neuen Bestimmungen als Fakultativgesetz interpretierten, statt sie regelmäßig und garantiert umzusetzen, wie es vom Gesetzgeber vorgesehen war. Weit spannt sich da der Bogen aus Pannen und

Konflikten. Alle mußten Lehrgeld bezahlen, Widerstände überwinden und immer wieder üben.
Vor allem der »Fluch der Technik« beschäftigte die Gerichte: Überall fehlte es an Raumressourcen, Kameras, Verbindungskabeln, Fernsehgeräten, und war die Ausstattung einmal vorhanden, fehlte es wiederum an Leuten, die sie bedienen konnten. Es kam vor, daß der Sachverständige mit einem Handkoffer ausrückte, der eine kleine Videokamera, 40 Meter Verbindungskabel (die dann offen verlegt wurden) und einen portablen Fernseher enthielt, womit er sogar eine erstaunlich gute Bild- und, was noch wichtiger ist, Tonqualität erzielte.
Manchmal gab es Kameras, die fest installiert waren, was den Nachteil hatte, daß sie kein Teleobjektiv besaßen, das Gestik und Mimik des Zeugen genau hätte einstellen können. Zuweilen besaß die Kamera immerhin ein Mikrofon, war aber in zu großem Abstand zum Kind montiert, so daß man in dem anderen Raum kaum etwas vernehmen konnte. Nun sprechen Kinder, die Angst haben, ohnehin sehr leise, viele benützen überdies einen örtlichen, nicht für jeden leicht verständlichen Dialekt. Auch Kamerascheu kann sich dämpfend auf die Stimmqualität auswirken, und um besser zu verstehen, ging man dazu über, zusätzlich Tischmikrofone zu installieren, deren Anschluß und Bedienung jedoch erhebliche technische Schwierigkeiten mit sich brachte. Außerdem üben sie eine unwiderstehliche Anziehungskraft vor allem auf kleinere Kinder aus, die während der Befragung gern damit spielen, was scharrende, knallende und stimmüberlagernde Geräusche im Beobachtungsraum hervorruft.
Der Hinweis, daß das Gespräch aufgenommen und möglicherweise bei einer Gerichtsverhandlung abgespielt wird, und die Frage, ob das Kind sein Einverständnis dazu gibt, führen oft zu unterschiedlichsten Reaktionen, von: »Ich erzähle dir, was du wissen willst, aber ich gebe dir nicht die Erlaubnis, die Aufzeichnung abzuspielen« bis zur Gewohnheit des In-die-Kamera-Winkens, wie man es aus dem Fernsehen kennt; es kann vorkommen, daß die Kamerapräsenz das Kind dazu verleitet, nichts anderes mehr zu tun, als begeistert zu winken und den Sachverständigen aufzufordern, ihm die Aufnahme mit dem Winken vorzuspielen.

Selbst in großen Gerichten, in denen mittlerweile häufig kontradiktorische Befragungen durchgeführt werden, kommt es immer wieder zu Kompetenzproblemen: ob der Untersuchungsrichter das Bedienungspersonal rechtzeitig verständigt hat, ob auch eine Ersatzkraft in Kenntnis gesetzt wird, ob ausreichend Reservefilme vorhanden sind, ob die Feineinstellung der Anlage nicht verstellt wurde, bis hin zu 30- bis 40minütigen Verspätungen, weil der Operator nicht gefunden, das Gerät noch nicht eingestellt oder die Tonstärke nicht reguliert war und schließlich vom Kind erklärt wurde: »Jetzt erzähle ich nichts mehr.«
Probleme können sich auch durch die Anwesenheit der Vertrauensperson ergeben. Jedem Kind steht das Recht zu, sich eine Person seines Vertrauens in das Befragungszimmer mitzunehmen, ob nun die Mutter, Großmutter oder anderer naher Verwandter, eine Sozialarbeiterin, Kriminalbeamtin, Sozialpädagogin oder Psychotherapeutin, also jemand, der oder die dem Kind Sicherheit gibt und mit dem Fall vertraut ist. Diese Person soll möglichst nahe beim Kind sitzen, so daß sie ihm, falls nötig, die Hand geben oder ihm ein Taschentuch, Spielzeug, Süßigkeiten usw. reichen kann. Üblicherweise bleibt sie von der Kamera aus gesehen im »Off«. Sie wird zwar vor Beginn der eigentlichen Befragung vom Sachverständigen als im Raum anwesend vorgestellt, nennt auch selbst ihre Identität, und die Schriftführerin protokolliert sie, ist aber im weiteren Verlauf des Gesprächs zum Schweigen verhalten, außer die Befragung gerät völlig ins Stokken, dann kann die Vertrauensperson helfen, das Kind aufzulokkern. Das alles geschieht zum Schutz und im Vertrauen des Kindes, und das ist gut so. Es hat sich aber im Lauf der Zeit gezeigt, daß auch der Umgang mit Vertrauenspersonen Erfahrung benötigt, wie das folgende Beispiel zeigt:

Der Sachverständige wird zu einer Voruntersuchung in einer kleinen Provinzstadt gebeten, um den dreizehnjährigen K. zu befragen. Der Beschuldigte in dem Mißbrauchsfall ist ein Nachhilfelehrer, der sich angeboten hat, K. in seinem schwächsten Fach, nämlich Mathematik, zu einem geringen Preis Nachhilfeunterricht zu geben. Seine Bonität beruht auf Erfolgen bei mehreren anderen

Schülern, die ebenfalls von ihm Nachhilfeunterricht erhalten haben, doch stellt sich im Zuge der Ermittlungen heraus, daß er nicht nur seine Vertrauensstellung für Übergriffe ausgenutzt hat, sondern in Wirklichkeit gar keine einschlägige Vorbildung besitzt, um berechtigterweise in Mathematik Nachhilfeunterricht zu geben.
Vor der Befragung bietet sich folgendes Bild: K. wartet in Begleitung beider Eltern auf dem Gang des Gerichtsgebäudes auf die Befragung. Der Sachverständige trifft ein. Er bittet den Jungen ins Befragungszimmer und fragt die Umstehenden, wer ihn als Vertrauensperson begleiten möchte. In sehr auffälliger Weise drängt sich daraufhin der Vater vor, was aber dem Sachverständigen zu diesem Zeitpunkt nicht weiter auffällt. Also nehmen K. und sein Vater Platz, und die Befragung beginnt in der üblichen Weise, bis der Sachverständige nach 20 Minuten erkennt, daß die Wahl der Vertrauensperson nicht von K. ausgegangen ist. Daraus ergibt sich nun eine heikle Situation. Um festzustellen, wie der Kenntnisstand des Jungen in bezug auf die Sexualität ist, muß unter anderem erhoben werden, ob er bereits Masturbationserfahrung hat, wenn ja, in welcher Form er diese gemacht hat und ob der Beschuldigte irgend etwas mit dieser Erfahrung zu tun hat. Nun weiß der Gutachter selbstverständlich, daß der Junge in Gegenwart seines Vaters niemals über seine Erfahrungen mit der Selbstbefriedigung sprechen würde. Der Sachverständige war also in seine eigene Falle getappt. Er löste schließlich das Problem, indem er dem Vater erklärte, K. kenne ja nun den Sachverständigen hinreichend und es müsse ein Männergespräch unter vier Augen stattfinden, wozu er nun den Vater bitte, den Raum zu verlassen. Der Mann tat es ohne Widerspruch.

Dieser Fall zeigt, daß sich nahe Verwandte nicht unbedingt als Vertrauenspersonen eignen. Sie üben immer eine gewisse Kontrolle auf das Kind aus und haben zudem ihre eigenen Interessen im Auge. Da sie selbst später noch als Zeugen in Frage kommen, sollten sie schon von daher nicht an der kontradiktorischen Befragung teilnehmen.
Neben der Wahl der Vertrauensperson spielt auch das räumliche Ambiente eine große Rolle. In einem der größten Gerichte

Österreichs bestand das Befragungszimmer viele Jahre in einem kahlen Raum mit vergitterten Fenstern. Da es keine Vorhänge gab, konnte man auf die vergitterten Zellenfenster des Untersuchungsgefängnisses sehen und in den Innenhof, wo die Häftlinge täglich frische Luft schnappten und in der Mitte ein Justizwachebeamter in Uniform und mit Waffe zur Aufsicht in einem Wachturm postiert war. Ein Umbau des Gerichtsgebäudes hat diesen Ausblick etwas gemildert, doch die Kargheit des Raumes, die ungenügenden Befragungsmaterialen, die mangelnden Beschäftigungsmöglichkeiten für die Kleineren und die weiterhin miserable technische Ausstattung in Zeiten, wo jeder Hobbyfilmer sich bessere Geräte gönnt, geben ein beredtes Zeugnis, wie gering immer noch das Interesse der Gerichte am Kind ist.
Mangelnde Überlegungen bei der Bauplanung können sogar allen guten Absichten der kontradiktorischen Befragung entgegenwirken. So etwa, wenn die Räumlichkeiten in einer Anordnung gewählt werden, daß Beschuldigter und Zeuge, wenn sie zur selben Zeit vorgeladen werden, am Gang vor dem Befragungsraum einander begegnen, ein Umstand, den man mit den neuen Bestimmungen gerade verhindern wollte. Und was, auch wenn es wie im folgenden Beispiel wie eine unglückliche Fügung im Einzelfall erscheinen mag, leider Gerichtsalltag ist.

Ein Mann wird des sexuellen Mißbrauchs seiner Tochter beschuldigt. In dem Gerichtsgebäude macht die Tochter in dem einen Raum in der kontradiktorischen Befragung ihre Aussage, während der Vater in einem Nebenraum das Geschehen auf dem Bildschirm verfolgt und daraufhin in einen außergewöhnlichen Erregungszustand verfällt, der von Zuckungen, Krämpfen und einem Schreianfall begleitet ist. Das Mädchen, das nicht wußte, wo sich der Vater befand, hört ihn durch die dünne Wand, springt auf und ruft aus: »Das ist mein Vater, der sich aufregt. Lassen Sie mich bitte zu ihm! Ich weiß, wie man ihn beruhigt.«

In den Erläuterungs- und Ausführungsbestimmungen des Paragraphen 162 ist unklar geblieben, in welcher Form die kontradiktorische Befragung abzulaufen hat. Routinierte und mit solchen

Fällen häufig betraute Untersuchungsrichter haben daher mit den Sachverständigen Arrangements getroffen, wonach die Befragung immer mit der Erinnerung an die Wahrheitspflicht, dem Hinweis auf die Möglichkeit des Entschlagungsrechts und der Bitte um Erlaubnis, die Videoaufzeichnung in der Hauptverhandlung verwenden zu dürfen, beginnt. Auch wird zu Anfang darauf verwiesen, daß Aussagen, die ihn belasten könnten, sowie Angaben, die zu stark an sein persönliches Intimleben rühren, vom Zeugen nicht getroffen werden müssen. Etwas unklarer ist die Regelung der Protokollführung. Es kam schon vor, daß ein Untersuchungsrichter die Schriftführerin mit ihrer Schreibmaschine in das Befragungszimmer plazierte, und diese, da ein genaues Wortprotokoll verlangt wurde, nach jedem zweiten oder dritten Satz des jungen Zeugen Protokoll schrieb. Nun speichern die frühen Ausgaben der bei Gericht üblichen Display-Schreibmaschinen jeweils zwei Zeilen einer DIN-A4-Seite und schreiben diese dann mit einem ratternden Geräusch nieder, das sich auf der Videoaufzeichnung wie Maschinengewehrgeknatter ausnimmt. Das Band wurde dann, nachdem die Befragung von einem Beamten durchgeführt wurde, dem Sachverständigen übermittelt, der daraus ein Gutachten formulieren sollte ...

Ein weiteres Problem rund um die kontradiktorische Befragung kann durch das schon erwähnte Befragungsrecht entstehen, das Gerichtspersonen zusteht. So kann es vorkommen, daß Verteidiger dieses Recht gnadenlos überziehen. Es gab eine Befragung, in der der Verteidiger insgesamt 64 Fragen an die achtjährige Zeugin richten ließ. Da er mit dem Befragungsstil des Sachverständigen nicht einverstanden war, beharrte er auf seinen Formulierungen, obgleich diese dem Kind aufgrund seines Alters nicht zumutbar waren. Die sich aus solchen Situationen ergebenden Konflikte bedürfen starker Eingriffe des Untersuchungsrichters, um diese Versuche der hintanhaltenden Fragebombardements zu verhindern.

Wie man sieht, geht es bei der Durchführung der neuen Bestimmung nicht ohne eine Menge Pannen, Problemen und Konflikten ab. Dennoch ist nicht daran zweifeln, daß die kontradiktorische Befragung ein großer Fortschritt in Verfahren ist, bei denen es um sexuellen Kindesmißbrauch geht, und das neue Gesetz einen Meilenstein im Kinderschutz darstellt.

Der Sachverständige im Gerichtsverfahren

Mehr und mehr werden heute Psychologen und Psychiater in Gerichtsverfahren beigezogen. Geprüfte und beeidete Gerichtssachverständige sind aber immer noch rar, was in den aufwendigen Zulassungsbedingungen begründet liegt. So darf man erst zehn Jahre nach einem einschlägigen Berufseintritt und fachspezifischer Erfahrung zur Sachverständigenprüfung antreten, danach ist eine Weiterbildung jedoch nicht mehr vorgeschrieben. Der Sachverständigentätigkeit sind altersmäßig nach oben hin in Österreich keine Grenzen gesetzt, und es sind noch immer keine verbindlichen Qualitätsstandards festgeschrieben. Natürlich werden Fachkenntnisse wie Entwicklungspsychologie, Entwicklungspsychopathologie, Sexualkunde und Viktimologie (Wissenschaft vom Opfer und seiner Beziehungen zum Verbrechen bzw. Täter) vorausgesetzt. Dazu tritt das unbedingt notwendige Selbstverständnis, sich als »Psycho-Dolmetsch« des Kindes zu sehen.

Kinder verbergen vieles hinter einem bestimmten Verhalten oder psychosomatischen Reaktionen, die als eine Art verschlüsselte »fremdsprachliche« Botschaften der Kinderseele zu verstehen sind: veränderte Schulleistungen, Selbstbeschädigungen, Zwänge, Bettnässen, Aggressivität u. v. a. sind unbewußte Symptome. Sie verbergen Leid, Scham, Angst und Demütigung, quälende Gefühle, die darin ihren Ausdruck finden und erst in unsere Sprache übersetzt, also bewußt gemacht werden müssen. Dabei muß unbedingt vermieden werden, Bedeutungsinhalte zu interpretieren oder gar zu suggerieren. Es geht zunächst nur darum, dem Kind wie ein Dolmetscher zu helfen, Schwieriges und Bedrohliches in Worte zu fassen. Erst danach wird der Sachverständige in seinem Gutachten ursächliche Zusammenhänge herstellen und analysieren, jedoch immer nur im Hinblick auf die an ihn gestellten Fragen und keineswegs im Sinn darüber hinausge-

hender, notgedrungen spekulativer allgemeiner Erklärungsversuche in bezug auf das Kind.
Für diese Arbeit gibt es leider immer noch viel zu wenig weibliche kinderpsychiatrische Sachverständige. Ein Mangel, der ganz besonders dann ein Problem wird, wenn Kinder nach haptischen Details befragt werden müssen, also nach Erlebnissen von Empfindungsqualität, die extrem weit in den Intimbereich der kindlichen Zeugen vordringen. Auch sonst wäre es im Sinne einer behutsamen Befragung wichtig, daß Mädchen mit weiblichen und Jungen mit männlichen Sachverständigen zu tun haben. Es fällt einem Mädchen nun mal leichter, Fragen z. B. nach ihrer körperlichen, emotionalen und sozialen Entwicklung eher offen und ohne Scheu zu beantworten, wenn es von einer Frau befragt wird. Dieses bestehende Ungleichgewicht könnte vorerst durch die Installierung von Prozeßbegleitern wettgemacht werden, die als Vertrauenspersonen bei den Befragungen anwesend sind und so den Kindern nicht nur helfen, ihre Angst zu überwinden, sondern auch der Geschlechtsneutralisierung dienen könnten, indem z. B. ein Sachverständiger für die Befragung eines Mädchens eine dem Kind bekannte weibliche Prozeßbegleitung beigestellt bekommt.

Im Gegensatz zu Großbritannien und den USA hat der Gerichtssachverständige in den deutschsprachigen Ländern im allgemeinen eine relativ wenig angegriffene Position. Er wird als Fachkraft geschätzt und in Verhandlungen eher um Erläuterungen seines Gutachtens gebeten als um dessen Verteidigung. Dies bedeutet, daß es für einen Sachverständigen durchaus kalkulierbar ist, mit welchen Fragen er rechnen kann. Fast immer beginnen sie mit: »Können Sie ausschließen, daß ...?« Damit wird versucht, aufgrund der Aussage des Sachverständigen mögliche Optionen für den Täter offenzulassen und so Zweifel an der Richtigkeit oder zumindest an der Wahrscheinlichkeit der Angaben der Zeugen zuzulassen. Jeder noch so geringe Vorbehalt muß ja in der Beweiswürdigung mit bedacht werden und ergibt möglicherweise im Zweifel für den Angeklagten einen Freispruch.

Ganz zweifelsfrei hingegen war der Freispruch in folgendem Beispiel, das zeigt, welch umfassende Rolle ein Gerichtssachverständiger in einem Verfahren spielen kann:

Der fünfzehnjährige N., der in einer Kleinstadt lebt, wird beschuldigt, fünf Mädchen vergewaltigt zu haben. Seine alleinerziehende Mutter geht zwei Berufen nach und ist daher wenig zu Hause. Der unbeaufsichtigte Junge lädt die fraglichen fünf Mädchen, die 13 bis 14 Jahre alt sind, zu sich ein. Im ersten Stock seines Hauses kommt es der Reihe nach zu sexuellen Handlungen mit einem der Mädchen,während die anderen im Erdgeschoß Tee und Coca-Cola trinken. Als die Angelegenheit durch eine Indiskretion bekannt wird, kommt es aufgrund der Anschuldigung, die Mädchen vergewaltigt zu haben, zu N.s Festnahme. Da an der Anschuldigung Zweifel bestehen, wird ein jugendpsychiatrischer Sachverständiger beigezogen, der nach Gesprächen mit N. ebenfalls Zweifel an der »Vergewaltigungstheorie« hegt und ersucht, man möge ihn, den Gutachter, in der Hauptverhandlung beiziehen. Sein Gutachten zeichnet im übrigen das Bild eines Jugendlichen, dessen Reife seinem Alter entspricht, der keine Nerven-, Geistes- oder Gemütskrankheit aufweist und für seine Handlungen voll verantwortlich ist.
Bei der Hauptverhandlung drängt sich, aufgrund ausführlicher Berichterstattung in den Medien, das Publikum, darunter auch die Angehörigen der betroffenen Mädchen. Auf eine Anregung des Sachverständigen hin faßt der Vorsitzende den Beschluß, die Verhandlung wegen »sittlicher Gefährdung« unter Ausschluß der Öffentlichkeit fortzuführen, nur für die fünf Zeuginnen soll jeweils ein Elternteil als Vertrauensperson anwesend bleiben. Erst die eindringliche Bitte des Sachverständigen erreicht, daß auch diese Vertrauenspersonen aus dem Saal geschickt werden und die Mädchen ohne Angehörigen befragt werden können. Erst jetzt beginnen die Zeuginnen, die realen Sachverhalte zu schildern: Tatsächlich waren sie freiwillig zu N. gegangen, hatten die Sexualhandlungen mit ihm freiwillig durchgeführt und sogar weiteren Freundinnen von ihren Erlebnissen erzählt. Erst als das Ganze bekannt wurde, belasteten sie den Jungen, um vor ihren Eltern das eigene

Gesicht zu wahren. Damit blieb nicht der leiseste Verdacht auf Vergewaltigung übrig, offen blieb nur, ob N. bekannt war, wie alt bzw. jung tatsächlich die Mädchen waren, und ob er über den Unterschied zwischen dreizehn- und vierzehnjährigen Mädchen und ihr Schutzalter Bescheid wußte.

Natürlich ist der Sachverständige bisweilen auch Angriffen ausgesetzt, mit denen v. a. die Verteidigung versucht, seine Position und damit sein Kalkül in Frage zu stellen. Ein beliebtes Mittel ist dabei die Erkundigung des Verteidigers nach der Länge der Exploration, gefolgt von der Frage: »Und in dieser von Ihnen gewählten Zeitspanne waren Sie in der Lage, die Psyche des Kindes und das Geschehen zu erfassen?« Verbreitet ist auch der Versuch der Verteidigung, den Sachverständigen für befangen zu erklären, weil er das Kind aus einem früheren Verfahren oder aus einer Spitalsambulanz kennt (ein routinierter Sachverständiger wird einen solchen Gutachtensauftrag gar nicht übernehmen) oder weil er, auf Wunsch des Richters, sowohl den Täter als auch das Opfer begutachtet hat (was ein Gerichtsgutachter ebenfalls in der Regel ablehnt). In letzterem Fall kommt eine österreichische Spezialität ins Spiel: Kinder- und Jugendneuropsychiater weisen in Österreich zum überwiegenden Teil auch eine erwachsenenpsychiatrische Ausbildung auf. Das erweist sich z. B. in Pflegschaftsverfahren als sehr positiv, weil zugleich auch Gutachten der Eltern bzw. Lebensgefährten erstellt werden können. In Strafverfahren hingegen sollten – falls nicht zwingende Gründe von seiten des Gerichts vorliegen – die Begutachtungen von Kindern und Erwachsenen strikt getrennt bleiben.
Immer wieder wird an gerichtlich beeidete Sachverständige das Anliegen herangetragen, ob sie nicht im Vorfeld einer Untersuchung feststellen könnten, inwieweit sich überhaupt inkriminierte Vorfälle zugetragen haben, also im Wege eines Privatgutachtens den Wahrheitsgehalt der Anschuldigungen prüfen könnten. Vor allem in Pflegschaftsverfahren wird um solche privatgutachterlichen Äußerungen angesucht.
Ein gerichtlich beeideter Sachverständiger wird diesen Versuchungen widerstehen. Privatgutachten sind letztlich privatwirt-

schaftliche Verträge und werden nicht nach dem gesetzlich festgelegten Gebührensatz bezahlt. Auch hat ein Privatgutachter nicht die Möglichkeit, alle Parteien zu hören, es fehlt ihm die Autorität, alle für den Fall wichtigen Personen vorzuladen. So ist er auf einseitige Informationen angewiesen, was ihn im späteren Verfahren in ein schiefes Licht bringt.
Grundsätzlich darf nur eine einzige Ausnahme gelten: Nur wenn im Behördenverfahren der Amtsweg zu langsam, für das Kind aber echte Gefahr im Verzug ist oder wenn in einem Verfahren grundsätzlich neue Aspekte auftauchen, die noch keiner Untersuchung unterzogen worden sind, darf ein gerichtlich beeideter Sachverständiger ein Privatgutachten erstellen. Er wird dann klar und deutlich formulieren, daß es sich dabei um ein Privatgutachten handelt, das aus Dringlichkeitsgründen einseitig bleiben muß, und das Gericht bitten, so bald wie möglich ein Gerichtsgutachten erstellen zu lassen, das dann allen notwendigen Kriterien gerecht werden kann.

Zusammenfassend muß festgestellt werden, daß sich ein Sachverständiger niemals den Anspruch stellen kann oder darf, daß er alle an ihn gestellten Fragen schlüssig beantworten können muß. Dies käme einer grenzenlosen Überforderung, ja Überschätzung gleich. Er hat vielmehr nach bestem Wissen und Gewissen und nach dem aktuellen Stand der Wissenschaften jene Antworten zu geben, die ihm aufgrund des von ihm vertretenen Fachs und seiner Kompetenz möglich sind. Darüber hinausgehende Fragen muß er als solche deklarieren und zurückweisen; er wird dem Gericht in diesem Fall empfehlen, einen weiteren, dafür zuständigen Experten hinzuzuziehen oder Fragen unbeantwortet zu lassen und der Beweisführung des Gerichtes zu überlassen.
Wichtig also ist: Der Sachverständige muß klar zum Ausdruck bringen können, daß er bestimmte Fragen aufgrund seiner Kenntnis und des aktuellen Wissenschaftsstands einfach nicht beantworten kann. Diese Fragen bleiben dann offen, und ihre Einschätzung wird dem Gericht überlassen. Der Sachverständige hat sich der Aufgaben des Gerichts zu enthalten.

KINDERSCHUTZ

Sexuelle Gewalt – nicht nur ein privates Problem

> ***UN-Konvention über die Rechte des Kindes***
> *Artikel 19*
> (1) Die Vertragsstaaten treffen alle geeigneten Gesetzgebungs-, Verwaltungs-, Sozial- und Bildungsmaßnahmen, um das Kind vor jeder Form körperlicher oder geistiger Gewaltanwendung, Schadenszufügung oder Mißhandlung, vor Verwahrlosung oder Vernachlässigung, vor schlechter Behandlung oder Ausbeutung einschließlich sexuellen Mißbrauchs zu schützen, solange es sich in der Obhut der Eltern, eines Elternteils, eines Vormunds oder anderen gesetzlichen Vertreters oder einer anderen Person befindet, die das Kind betreut.
> (2) Diese Schutzmaßnahmen sollen je nach den Gegebenheiten wirksame Verfahren zur Aufstellung von Sozialprogrammen enthalten, die dem Kind und denen, die es betreuen, die erforderliche Unterstützung gewähren und andere Formen der Vorbeugung vorsehen, sowie Maßnahmen zur Aufdeckung, Meldung, Weiterverweisung, Untersuchung, Behandlung und Nachbetreuung in den von in Absatz 1 beschriebenen Fällen schlechter Behandlung von Kindern und gegebenenfalls für das Einschreiten der Gerichte.

Gewalt gegen Kinder und Jugendliche ist – selbst wenn sie sich im privaten Bereich ereignet – keine ausschließlich innerfamiliäre Angelegenheit, sondern vor allem ein brennendes gesellschaftliches Problem und verlangt ein entschiedenes und effizientes Vorgehen aller maßgeblichen Kräfte. So ist in Österreich zur Realisierung des Schutzes der körperlichen Sicherheit im familiären Bereich am 1. Mai 1997 ein Gewaltschutzgesetz in Kraft getreten, das neue Strukturen schuf, um vor allem die Kooperation zwischen den Gerichten und den Sicherheitsbehörden bei

Gewaltvorkommnissen in der Familie zu verbessern und den Organen des öffentlichen Sicherheitsdienstes zusätzliche Befugnisse zum Einschreiten bei Gewalt in der Familie zu übertragen.
Im November 1997 trat ein von fünf zuständigen Ministerien ausgearbeiteter Entwurf an den Ministerrat hinzu, der zusätzliche verstärkte Maßnahmen betreffend Gewalt in der Gesellschaft und insbesondere sexuelle Gewalt gegen Kinder vorsah, flankiert von Medienoffensiven und Aufklärungsmaßnahmen zur Sensibilisierung der Öffentlichkeit. Ein neues sozialpolitisches Bewußtsein und ein neues Verständnis des Schutzbedarfs und des rechtlichen Anspruchs von Kindern auf Schutz gegen jegliche Formen von Gewalt regen sich und tragen vielleicht erste Früchte. Es gibt Anzeichen dafür, daß sich die anhaltende Diskussion des Gewaltthemas und die verstärkte Wahrnehmung der politischen Verantwortung für diese Problematik unter anderem in einer verstärkten Bereitschaft, innerfamiliäre Gewalttaten zu melden oder bei den Behörden anzuzeigen, niederschlägt. Ebenso wie in der zunehmenden Bereitschaft und Entschiedenheit der Behörden, auf diese Anzeigen angemessen zu reagieren.
Gerade im Bereich der Prävention und des Opferschutzes fallen Staat und Gesellschaft wichtige Aufgaben zu. Und die Anstrengungen der letzten Zeit zeigen, daß die politischen Verantwortlichen beginnen, auf die drängenden Erfordernisse in diesem Bereich zu reagieren. Zu den notwendigen Maßnahmen, die es in bezug auf sexuelle Gewalt gegen Kinder durchzusetzen und in übergreifender Zusammenarbeit von betroffenen Ressorts, nichtbehördlichen Stellen und regierungsunabhängiger Organisationen auszuführen gilt, gehören u. a.:

- Verbesserung der Erstzugriffsmöglichkeiten bei sexuellem Kindesmißbrauch.
- Verstärkung der Soforthilfe, des Therapieangebots und der sozialen Begleitung für gewaltexponierte Kinder und Jugendliche (Anlaufstellen wie Kinderschutz- und Krisenzentren, spezialisierte Beratungsstellen, Unterbringungsmöglichkeiten u. a.).

- Intensivierung der Kooperation zwischen öffentlicher Jugendwohlfahrt und auf Mißbrauch spezialisierten Institutionen und Fachleuten, um Kinder besser vor (wiederholten) Gewalthandlungen zu schützen.
- Erstellung eines Symptomkatalogs für Ärzte, Pädagogen usw., um aus Verletzungen und/oder psychischen Auffälligkeiten möglichst früh auf sexuellen Kindesmißbrauch bzw. Mißhandlung schließen zu können.
- Einführung von Fortbildungsmaßnahmen für Ärzte über Anzeichen von sexueller Gewalterfahrung, körperliche und psychische Folgeerscheinungen und Interventionsmöglichkeiten.
- Besondere Schulungen für alle Berufsgruppen, die mit Opfern von sexueller Gewalt befaßt sind (Polizei, Gerichtsangehörige, LehrerInnen, SozialarbeiterInnen, KindergärtnerInnen, TherapeutInnen, Freizeit- und SozialpädagogInnen), u. a. zwecks genauer Datenerhebung zur Vereinfachung der Verfahren und um die Glaubwürdigkeit der Kinder zu sichern.
- Ausbau von Einrichtungen und Methoden der »Täterarbeit«.
- Reform des Sexualstrafrechts (unter Berücksichtigung des besonderen Unwerts von Straftaten gegen Kinder und ihre geistige, seelische, körperliche und sexuelle Integrität sowie der besonderen Schutzbedürftigkeit von minderjährigen Opfern von Sexualdelikten).
- Wirksames Vorgehen gegen die Gewalt in den Medien (Stichwort Computerspiele, Medienerziehung, Zugangssperren an Empfangsgeräten, Medienkultur u. a.).
- Verstärkte Förderung von Methoden und Modellen zur gewaltfreien Erziehung und Sexualerziehung im Bereich der »Elternbildung«.
- Intensivierte und institutionell vernetzte Aufklärungsarbeit in der Öffentlichkeit.
- Entschlossener Kampf gegen den Handel mit Kindern zu deren sexueller Ausbeutung.
- Ausbau des Opferschutzes (Interventions- und Beratungsstellen, Verfahrensbegleitung u. a.).
- Prozeßbegleitung für Kinder und deren Bezugspersonen im Strafverfahren.

- Mediation in Scheidungsfällen, bei denen die Anschuldigung sexuellen Mißbrauchs eine Rolle spielt, um einen »Mißbrauch mit dem Mißbrauch« zu verhindern.
- Maßnahmen zur möglichst schonenden Behandlung von Kindern als Opfer sexueller Gewalt im Strafverfahren, z. B. die Vermeidung wiederholter Vernehmungen.
- Eine Verlängerung der Verjährungsfrist für das Opfer, so daß noch im Erwachsenenalter Anzeige erstattet werden kann.

Schadenersatz und Schmerzensgeld: Die Schadenswiedergutmachung

In Sexualprozessen kann es auch zu Anfragen aus dem zivilgerichtlichen Bereich kommen, etwa wenn – wie es immer häufiger der Fall ist – von seiten eines Anwaltes des Opfers Anspruch auf Schadenswiedergutmachung gestellt wird. Diese Ansprüche können im laufenden Strafprozeß zwar geäußert, aber nicht behandelt werden. Sie werden in eigenen zivilgerichtlichen Verfahren zugemessen, die sich über Jahre hinziehen, wobei das im Strafverfahren festgestellte Schädigungsausmaß des Opfers im zivilgerichtlichen Verfahren einbezogen wird.
Unter »Schadenersatz« fallen z. B. Kosten für eine Therapie, für eine Ausbildung, die aufgrund emotionaler Belastung bisher nicht gemacht werden konnte, für beschädigte Kleidung oder sonstige Gegenstände. »Schmerzensgeld« wiederum wird, wie etwa in Österreich, nur im Zusammenhang mit körperlichen Verletzungen bezahlt; es richtet sich nach starken, mittelstarken und leichten Schmerzen und wird in Tagsätzen festgesetzt, die sich in Europa im Vergleich zu den Größenordnungen in den USA geradezu lächerlich bescheiden ausnehmen. Psychischer Schaden, also seelische Qualen, Demütigungen, Einschüchterungen und das damit verbundene Leiden, wurden bisher nur im Zusammenhang mit körperlichen Verletzungen anerkannt; es ist aber eine Trendwende hin zur gerichtlichen Anerkennung psychischer Schmerzen zu beobachten. In Deutschland gibt es auch noch die »Opferentschädigung«, die vom Versorgungsamt zugesprochen wird.

Das Schädigungsausmaß des Opfers, das auf das schließliche Strafausmaß des Täters Auswirkungen hat, wird vom Gerichtssachverständigen festgestellt: Wie schwer, wie anhaltend oder gar langzeitlich sind die verursachten Schäden? Ist eine Behinderung eingetreten? Fragen, die im Strafverfahren je nach Entwicklungsstand des Kindes und der Schwere des schädigenden Verhaltens des Täters zu beurteilen sind.
Vor dem Zivilgericht dagegen geht es nicht um Strafe, sondern wie gesagt um Schadenersatz und Schmerzensgeld, die nach den zugefügten Schmerzen festgesetzt werden. Oder um Rehabilitierungsmaßnahmen, z. B. eine Therapie, die die völlige Genesung und Heilung des Opfers gewährleisten sollen.

M.-S., die 13 Jahre alt ist, führt der tägliche Heimweg von der Schule durch einen Park. Eines Tages ist ihre Freundin krank, und M.-S. macht sich allein auf den Weg. Im Park wird sie von vier Burschen überfallen und hinter ein Gebüsch gezerrt, wo sie von den Tätern zum Mundverkehr gezwungen wird. Danach flüchten die vier. M.-S. läuft nach Hause und berichtet von dem Überfall. Die Burschen, zwischen 15 und 17 Jahre alt, werden ausgeforscht und strafrechtlich verurteilt. Die Schadenersatzansprüche des Opfers werden auf den Zivilrechtsweg verwiesen. Dort wird jahrelang prozessiert.
Erst nach fünf Jahren wird von Sachverständigen der Schaden beschrieben, die Höhe der Wiedergutmachung und der erforderlichen Therapiekosten der jungen Frau wird festgesetzt. M.-S. ist inzwischen 18 Jahre alt. Seit der Vergewaltigung leidet sie an regelmäßigen Ein- und Durchschlafstörungen, Angst- und Panikattacken und Depressionen mit Selbstmordgefährdung; sie ist zurückgezogen und kontaktgestört. Massiv erschwerend kommt in ihrem Fall hinzu, daß sie äußerst behütet aufgewachsen ist und zum Zeitpunkt des Überfalls von oralem Sex überhaupt keine Ahnung hatte.
Das Urteil: M.-S. erhielt eine hochfrequente tiefenpsychologische Therapie über vier Jahre zugesprochen, die dafür festgesetzte Summe überstieg alle bis dahin gerichtlich genehmigten Schadenersatzansprüche.

Die Frage ist: In welcher Form kann ein körperlicher und seelischer Schaden qualifiziert und quantifiziert werden? Ist ein körperlicher Angriff auf die Jungfräulichkeit eines Mädchens überhaupt meßbar? Wie kann der gewaltsame Verlust der Jungfräulichkeit in seinem Ausmaß und seinen Folgen erfaßt werden? Ist die erste sexuelle Erfahrung, die gepaart mit Angst, Panik und auf sadistische Weise zugefügten Schmerzen erfolgt, ein- und zuordenbar, noch dazu wenn dieses körperliche und seelische Trauma wahrscheinlich lebenslange Folgen für das Opfer nach sich zieht? Sind der Schock, den ein Kind bei der gewalttätigen Konfrontation mit pornographischem Material erlebt, und ein erst Jahre später auftretendes, dadurch ausgelöstes Trauma je in einen nachweisbaren Zusammenhang zu bringen und in Form materieller Schadenswiedergutmachung abgeltbar?

Eine allgemein gültige und festgelegte Norm gibt es bei diesen Fragen nicht. Jeder einzelne Fall muß neu bewertet werden, und es bedarf einer gewissenhaften Sammlung von Fällen, um nach einer wissenschaftlichen Auswertung neue und dem Opfer gerecht werdende Wege gehen zu können.

Fast immer brauchen Mißbrauchsopfer zur Heilung eine Psychotherapie, deren Finanzierung von der zugemessenen Opferwiedergutmachung abhängt. Die notwendigen Therapieverfahren sind aufwendig und unter zwei Sitzungen pro Woche kaum effizient. Auch Kurztherapien von 10 bis 20 Therapieeinheiten sind wenig erfolgreich. Optimal sind langfristige, analytisch aufdeckende Therapieverfahren mit unterstützenden pädagogischen Begleitmaßnahmen und eventueller Familientherapie. Doch soll hier kein Richtungsstreit entfacht werden, welche Technik nun rascher mehr Erfolge zeitigt. Entscheidend ist, daß die Therapie hilft, das quälende Geschehen zu be- und verarbeiten, so daß es weder verleugnet noch verdrängt wird. Und sie muß dem Kind den Eindruck vermitteln, sich jemandem anvertrauen zu können, das Gefühl, mit seinen Erfahrungen angenommen und verstanden zu werden. Es ist wichtig, daß das Kind sich vorbehaltlos öffnen kann und – daß es nicht in eine erneute Mißbrauchssituation gerät, indem z. B. ein Therapeut aus eigennützigen Gründen die Therapie fortsetzt, bloß weil er das Therapiegeld braucht. Dennoch, selbst auf diese Gefahr hin kann die Länge der Therapie nicht von vornherein festgesetzt werden. Wichtiger noch: Es sollte von Anfang an ein »Modulsystem« garantiert sein, das heißt, daß die Therapie nicht einmalig ist, sondern im Verlauf der weiteren Entwicklung der Betroffenen, wenn Probleme eintreten, Spätfolgen auftauchen oder Krisen zu bewältigen sind, immer wieder aufgenommen werden kann.

Medialer Opferschutz

In einem Seminar für Rundfunk- und Fernsehjournalisten im Frühjahr 1997 kam es zu einer heftigen Diskussion zwischen dem eingeladenen Referenten und den Reportern: Der Referent warf den Journalisten Taktlosigkeit in ihrer Berichterstattung vor; in schriller Aufmachung würden die News im Fernsehen zu Zeiten gesendet, in der auch noch kleinere Kinder täglich zusehen. Ein Fernsehjournalist schilderte daraufhin am Beispiel der brutalen Kindermorde in Belgien, wie er bei Bekanntwerden der Tragödie am Nachmittag um 17.30 Uhr einen Zwei-Minuten-Bericht über die Vorfälle eingespielt erhalten hatte. Um 19.30 Uhr, dem ersten großen Nachrichtenblock, war der Konkurrenzdruck anderer Nachrichtensendungen bereits so groß, daß keine Wahl mehr blieb und der Berichtspflicht nachzukommen war. Das Filmmaterial war vorgegeben, und selbst bei großzügigsten Streichungen auf 30 Sekunden waren entsetzliche, grauenerregende Bilder nicht zu umgehen, sollte der Inhalt der Botschaft nicht verfälscht werden ...
Als der Journalist seine Wortmeldung beendet hatte, ging die Diskussion unter den Seminarteilnehmern erneut weiter, doch der Referent verstummte mehr und mehr angesichts dieser eingestandenen Abhängigkeit von den verselbständigten Marktgesetzen der Medienwelt. Eine Entwicklung, die dazu führt, daß Eltern von mißbrauchten und mißhandelten Kindern glauben, sich öffentlich in Talkshows rechtfertigen zu müssen, daß eine Mutter, wie tatsächlich geschehen, einen spektakulären Mißbrauch an ihrer Tochter buchstäblich erfindet, nur um vor einem

Millionen-Fernsehpublikum auftreten zu können, und Angeklagte per Medienhetze verurteilt werden, obwohl sich Tage später im laufenden Prozeß ihre Unschuld herausstellt.
Welch Gegensatz zum geordneten Ablauf bei Gericht, wo die Unschuldsvermutung für den Täter selbst dann noch gilt, wenn er bereits in zweiter Instanz rechtskräftig und endgültig verurteilt ist, seine empfindsame Seele jedoch im ersten Prozeßverlauf durch die Berichterstattung angeblich Schaden genommen hat! – Übrigens: Der Referent im Seminar war der Autor dieses Buches.

In der modernen Kommunikationsgesellschaft gehen die täglich sich überbietenden Sensationsberichte, die auch noch vor den intimsten Details nicht haltmachen, Hand in Hand mit der Sensationsgier der Konsumenten, die immer neue, deutlichere, brutalere Einzelheiten fordert. Im allgemeinen Konkurrenzkampf ist (fast schon) alles erlaubt: nur wer schneller, schonungsloser und schlüpfriger berichtet, hat mehr Zuseher, mehr Auflagen, mehr Werbeeinschaltungen.
Leider gilt dies auch und gerade für den sexuellen Kindesmißbrauch: Je grausamer, gewaltsamer das Verbrechen, desto sicherer ist seine mediale Vermarktung. Tatzeugen, Informanten, Hintergrundstorys füllen mit ihren Berichten die Spalten und Sendezeiten, ohne auf die Integrität und Intimität des Opfers Rücksicht zu nehmen. Für jede Sensation wird viel Geld geboten. Fotos werden manipuliert. Talkshows leben vom Leid der Opfer. Die Vornamen der Kinder markieren die Skandale wie Markennamen: Erika, Klara oder Susanne sind Allgemeingut, von dem jedermann alles und jedes zu wissen meint.
In den vergangenen Jahren war besonders das Schicksal minderjähriger Mütter ein beliebtes Thema; desto jünger die Mutter, desto lüsterner wurde über sie berichtet. Dazu kamen die Pornographieskandale, ob im Inland, im Ausland oder im Internet. Letzteres wurde derart detailliert seziert, daß nur noch die jeweilige Suchadresse fehlte, um sich an der richtigen Stelle ins Internet einzuklinken. Gleichzeitig zierten nackte Dreizehnjährige, denen zur »Unkenntlichmachung« scheinheilig ein schwarzer Balken

über die Augen kopiert wurde, im medialen »Sommerloch« die Hochglanzmagazine ...
Betrachtet man die Titelblätter der vergangenen fünf Jahre, fällt auf, daß die Models immer jünger werden, daß die »Kindfrau« – jedenfalls bei den Männern – derzeit en vogue ist und daß sich die mediale Berichterstattung immer häufiger am Rand des gerade noch Erlaubten bewegt. Dem Autor sind mehrere Täter bekannt, die ganze Ordner mit derartigen gerade noch legalen Reportagen füllen und mit deren Hilfe ihre gewalttätigen Phantasien immer wieder aufs neue stimulieren. Dazu kommt – in Analogie zu Selbstmördern und Amokläufern –, daß die schlüpfrigen Storys potentielle Täter eher bestärken als abschrecken, zumal, wenn sie auch noch von extrem milden Urteilen, wie bloß bedingt ausgesprochenen Haftstrafen, berichten.

Medialer Opferschutz bedeutet: Maßnahmen, die helfen, die Würde des Opfers zu wahren. Es muß verhindert werden, daß die Veröffentlichung von Informationen und Storys aus der kriminalpolizeilichen Recherche oder anderen Erhebungen die Intimsphäre des Opfers verletzen und bei ihm neuerlich großen seelischen Schaden anrichten. Die Unschuldsvermutung des Angeklagten – das heißt, daß er nach herrschender Rechtsauffassung grundsätzlich unschuldig ist, solange nicht seine Schuld bewiesen wurde – ist ebenso zu beachten wie die Diskretion und Anonymität des Opfers. Namensveränderung oder Initialenverkürzung werden sinnlos, wenn unverkennbare Details aus der Familiengeschichte in den Medien veröffentlicht und so Zeugen wie Angeklagte »enttarnt« werden, wobei es selbstredend die ersteren sind, denen das besondere Mitgefühl zu gelten hat.

Kinderschutz: eine Frage der Ethik

Nicht nur in der Medizin rücken Fragen der Ethik immer mehr in den Vordergrund. In der gesamten sich ändernden, globalisierten Gesellschaft werden zunehmend neue ethische Maximen gefordert, die sich auch in Reformen der Gesetzgebung niederschlagen.

So hat der Normenwandel in der Sexualität dazu geführt, daß das Sexualstrafrecht neu überdacht und entrümpelt wurde. Überkommene Begriffe wurden erneuert oder neu präzisiert – der Ausdruck »Unzucht« z. B. wurde durch eine genau beschriebene »Geschlechtliche Handlung« ersetzt. In Fällen, in denen der vorhandene Strafrahmen heute offensichtlich nicht mehr ausreicht, wurden strengere Strafen gefordert oder bereits eingeführt.
Auch die Gerichtsverfahren sind reformbedürftig, deren Beteiligte allzu häufig am Wesentlichen vorbeiagieren: Bis heute wird Verfahrensfragen und anderen formalen Details mehr Aufmerksamkeit geschenkt als dem eigentlichen Inhalt des Prozesses, z. B. wenn ein Streit darüber, um welche Uhrzeit nun genau eine bestimmte Handlung stattgefunden hat, wichtiger wird als der eigentlich zur Debatte stehende Mißbrauch und die Achtung vor dem Opfer.
Noch immer hat das Kind keinen Vorrang! Nur so ist zu erklären, daß zwar die Anzahl der Anzeigen von sexuellem Mißbrauch in den vergangenen drei Jahren um 100 Prozent gestiegen, die Anzahl der Verurteilungen jedoch absolut gleichgeblieben ist. Und das, obwohl 96 Prozent der kindlichen und jugendlichen Zeugen mit an Sicherheit grenzender Wahrscheinlichkeit detailgenau beschreiben, was sich zugetragen hat – zählt man die Freisprüche dazu, die im Zweifel für die Angeklagten erfolgen (hier bleibt oft nur aufgrund mangelnder Beweise offen, ob das Kind nicht doch im Recht war), sogar noch mehr.
Allein angesichts dieser Zahlen müssen Kinderschutzbeauftragte, Kinder- und Jugendanwälte und alle Berufsgruppen, die dafür zuständig sind, mit den Opfern ihr Leid aufzuarbeiten, dazu aufrufen, daß die bestehende Situation kritisch geprüft wird. Österreich hat diesen gesellschaftlichen Auftrag bereits aufgegriffen und eine Expertenkommission mit der erneuten Überarbeitung des bestehenden Sexualstrafrechts beauftragt, die multiprofessionell zusammengesetzt ist und auch Vertreter der Parlamentsparteien mit einschließt. Deutschland ist dabei schon einen Schritt weiter. Am 13. November 1997 verabschiedete der Deutsche Bundestag ein neues, verschärftes Sexualstrafrecht, nach dem sexueller Mißbrauch von Kindern und Jugendlichen künftig erheblich härter bestraft werden kann. Außerdem sieht es für

Wiederholungstäter die Verurteilung zu lebenslanger Freiheitsstrafe vor, wenn bei einer solchen Tat leichtfertig der Tod eines Kindes verursacht wird. Auch wird die Möglichkeit der Sicherungsverwahrung von Sexualstraftätern erweitert.
Ethik ist keine Frage des modischen Zeitgeists. Ihr Wandel hängt von der gesellschaftlichen Entwicklung ab und hat sich stets auch im Bereich der Justiz niederzuschlagen. Für Sexualprozesse folgt daraus: Dem Opferschutz ist Vorrang zu geben vor formaljuridischen Belangen. Oder anders ausgedrückt: Der Mensch kommt vor den Verfahrensfragen. Im Hinblick auf die Prävention aber heißt es, sich ernstlich zu fragen: Wie kommt es, daß die Anzahl an Kinderschändern gleichbleibt, ja sogar steigt, aber die Gesellschaft auf dieses Faktum nur langsam, zögernd und mit gebremster Härte antwortet?

Die zehn Gebote des Kinderschutzes – ein Forderungskatalog

1. **Das Kind hat ein Recht auf das Wegweiserecht des Mißbrauchers.**
   In Österreich ist bereits das Wegweiserecht bei Aggression und Gewalt in der Familie rechtskräftig, das heißt, daß z. B. die Frau das Recht hat, ihren gewalttätigen Mann zu zwingen, die gemeinsame Wohnung oder das Haus zu verlassen, und nicht mehr wie bisher sie mit den Kindern das Weite suchen muß. Eine Erweiterung dieses Gesetzes auf sexuellen Kindesmißbrauch ist dringend notwendig: der Mißbraucher muß aus dem Zuhause entfernt werden, nicht das Kind. Ist doch die Drohung »Wenn du mich verrätst, kommst du ins Heim« eines der wirksamsten Druckmittel der Täter.

2. **Das Kind hat ein Recht auf eine Vertrauensperson.**
   Bei Einvernahmen, Befragungen vor Gericht und in der kontradiktorischen Befragung darf sich das Kind – in Österreich schon per Gesetz – als Unterstützung und Begleitung eine Person seines Vertrauens wählen. Eingeschüchtert, von seiten

der Familie unter Druck und über den Tathergang voller Scham, fällt es den Opfern oft schwer, über das Erlebte frei und offen zu reden. Die Anwesenheit einer Vertrauensperson erleichtert hier vieles. Die Hilfe ist größer, wenn diese Person nicht zur Familie gehört, dem Kind aber vertraut ist, z. B. die Kindergärtnerin, Lehrerin, Sozialpädagogin, die Kinderschutzbeauftragte eines Vereins oder Beratungszentrums usw.

3. Das Kind hat ein Recht auf Prozeßbegleitung.

Ein Strafprozeß ist für Anwälte und Gerichtspersonen ein routinierter Ablauf, für Kinder aber (und nicht nur für sie) eine fremde, einschüchternde, undurchschaubare Welt, für die sie erfahrene und sinnvolle Unterstützung brauchen, soll das Geschehen vor Gericht ihnen nicht neuerlichen Schaden zufügen. Eine solche Begleitung ist von Anfang an notwendig. Dies muß für alle Kinder gelten und nicht nur für die, die zufällig eine Beratungsstelle aufsuchen und das Glück haben, dort eine Vertrauensperson zu finden, die sie auf ihrem steinigen Weg begleitet. Bereits ab der ersten Einvernahme ist eine Verfahrensbegleitung zur Verfügung zu stellen, am besten aus den Reihen der Sozialarbeiter, Kinderpsychologen, Kinderschutzbeauftragten oder Kriminalbeamten, Personen also, die mit den einzelnen Verfahrensschritten vertraut sind und dem Kind Sicherheit und Hilfestellung geben können. Familienangehörige sind, wie schon ausgeführt wurde, dafür weniger gut geeignet.

Die Kinderschutzbeauftragten (Betreuungspersonen, Kinder- und Jugendanwälte usw.), die von nichtbehördlichen Organisationen zum Schutz des Kindes anonym und kostenlos zur Verfügung gestellt werden, sollten in ihrer Tätigkeit als Vertrauens- und Verfahrensbegleitperson gesetzlichen Status erhalten.

4. Das Kind hat ein Recht auf die kontradiktorische Befragung.

In Österreich ist dieses Recht bereits gesetzlich verbrieft und keine Gnade des Untersuchungsrichters oder Prozeßvorsitzenden. Die schonende Vernehmung vor der Videokamera, abseits vom Gerichtssaal und dem Angeklagten, hilft dem Kind, seine Würde und Integrität zu wahren. Zwar muß das Gespräch veröffentlicht werden, doch kann es im intimen Rahmen mit einem Spezialisten (Richter, Psychologen, Psychiater) durchgeführt werden. Auch wenn die inkriminierten Handlungen offen und direkt ausgesprochen werden müssen, ist die Privatsphäre des Kindes zu wahren. Drängeln, Druck und Ungeduld sind fehl am Platz. Es geht für den Betroffenen immer um persönliche und einmalige Dinge, denen voller Respekt gebührt, selbst wenn sie für den Befrager alltäglich sind.

Das Kind hat auch ein Recht auf ein ansprechendes Ambiente; die Befragung ist nicht in ungeeigneten Kammern, Schreibstuben u. ä. durchzuführen.

Die kontradiktorische Befragung durch Sachverständige vor laufender Kamera beschränkt sich derzeit auf Kinder unter 14 Jahren. Es ist aber zu fordern, daß diese Altersgrenze nach oben verschoben bzw. grundsätzlich erweitert wird, z. B. auf geistig und/oder mehrfachbehinderte Menschen, für die es oft besonders qualvoll ist, sich im Gerichtssaal in einer an sich schon unangenehmen Auseinandersetzung auch noch in ihrer sprachlichen oder körperlichen Hilflosigkeit präsentieren zu müssen. Die Achtung vor dem Nächsten beginnt mit der Einhaltung von Diskretion und mündet in die Hilfe und Ehrfurcht vor dem Leidenden.

Grundsätzlich ist die schonende Befragung vor der Videokamera aber Instrument des Untersuchungsrichters und der Gerichtsangehörigen.

5. Das Kind hat ein Recht auf wenige, kurze Verfahrensschritte: Aus drei mach zwei.

Die Verfahrensschritte sind sowohl in ihrem zeitlichen Abstand als auch in ihrer Anzahl zu reduzieren. Zwei rechtsverbindliche Befragungen durch Fachkräfte, die dem Gericht garantieren, daß sie unter Eid nach bestem Wissen und Gewissen handeln, sollten genügen, um übereinstimmende Aus-

sagen zu erreichen. Es ist unverständlich, warum die Erstbefragung von Opfern und auch Tätern nicht von Videoaufzeichnungen unterstützt werden, so daß sich spätere Fragen danach erübrigen. Auch eine Zweitvernehmung wird auf diese Weise hinfällig, und es könnte sofort eine kontradiktorische Befragung angeordnet werden. Etwaige Diskrepanzen zwischen den Angaben in der Anzeige und den späteren Aussagen könnten so hinreichend aufgezeigt werden. Dem Sachverständigen stünden die Videoaufzeichnungen bereits zur Verfügung, die ein hinreichendes Bild für seine Befundaufnahme ergeben und eine gezieltere Befragung ermöglichen.
Die Reduzierung von drei auf zwei Befragungen ermöglicht es auch, dem Kind nach der zweiten Befragung die Aufzeichnungen der ersten vorzuführen, und – sollte es Unterschiede in den Aussagen geben – die Reaktion für die Begutachtung zu werten. Diese Unterschiede sind oft im zeitlichen Abstand der Befragungen und der Weiterentwicklung des Kindes begründet.
Trotz der Forderung nach Verfahrensverkürzung soll dem Opfer ein Zeitrahmen zugestanden werden, innerhalb dessen es zu innerer Ruhe kommen kann, falls nötig durch die Hilfe einer Therapie. Es wird in manchen Fällen notwendig sein, daß zunächst die Therapie stattfindet und erst dann die Zeugenaussagen erfolgen. Ziel ist dabei, daß das Opfer das Geschehen so weit verarbeitet hat, daß es bei Befragungen darüber sprechen kann, was die Möglichkeiten der Verteidigung einschränkt, die Umstände des Verbrechens zu verschleiern. Es soll gewährleistet werden, daß die Aufdeckung des Mißbrauchs vollständig erfolgt, nur dann hat der Prozeßausgang abschreckende Wirkung. Die vorgezogene Therapie darf deshalb nicht dazu benützt werden, die Wahrheitsfindung hinauszuzögern. Es ist wichtig, daß der Prozeß stattfindet und der Schuldige verurteilt wird. Da Mißbrauchstäter Vorsatztäter sind, schützt jedes solches Verfahren, das in der Öffentlichkeit bekannt wird, andere Kinder, die noch nicht mißbraucht oder überwältigt worden sind.

6. **Das Kind hat ein Recht auf Schmerzens- und Behandlungsgeld.**
Es ist zu fordern, daß der Täters nicht nur zu einem bestimmten Strafausmaß verurteilt wird, sondern gleich auch zur Zahlung von Schadenswiedergutmachung, so daß das Opfer nicht wie üblich erst auf dem Zivilrechtsweg jahrelang darum kämpfen muß. Eine Entschädigung, vor allem in Form psychotherapeutischer Behandlung, hat so rasch wie möglich nach der Tat einzusetzen. Wiedergutmachung zwei bis fünf Jahre nach erfolgtem Psychotrauma ist amtswegiger Zynismus und nützt dem Opfer wenig bis gar nichts. Dafür nährt es bei allen außer dem Opfer die Vorstellung: »Es hat sich ja ohnehin ausgewachsen« und »Er/sie hat es doch gar nicht gebraucht«. Es muß auch betont werden, daß es in der Regel nicht um eine einmalige, durchgehende Psychotherapie von bestimmter Sitzungs- oder Stundenanzahl geht, sondern um die Möglichkeit, die Therapie später immer wieder aufnehmen zu können, je nach Lebensphasen, Krisen und Bewältigungsmechanismen.
Sofortige Schadenswiedergutmachung hat noch einen weiteren wichtigen Effekt: Sie gibt dem Opfer das unmittelbare Gefühl, über den Täter, dem es vielleicht jahrelang auf demütigende und qualvolle Weise ausgeliefert war, einen Sieg errungen zu haben. Sie ist ein erster Schritt aus der bisherigen Ohnmacht und dem Persönlichkeitsverlust hin zu einem neuen Selbstwertgefühl.

7. **Das Kind hat ein Recht auf Gutachtensschutz.**
Um Opfer- und Täterprofile seriös erstellen und sie den Schöffen und Geschworenen, die ja Laien sind, plausibel machen zu können, muß der Gutachter viele persönliche und intime biographische Details zusammentragen. Wird ein solches Gutachten nun vor dem Prozeß in den Medien veröffentlicht, so kommt dies einer Vorverurteilung des Angeklagten und einem Einbruch in die Intimität des Opfers und seiner Bloßstellung gleich. Ein »faires Verfahren« ist in diesem Klima, in dem öffentlich gerätselt und interpretiert wird, kaum mehr

möglich, was ein trauriges Licht auf den Opferschutz, auf den Grundsatz der Unschuldsvermutung, der für jeden Angeklagten gilt, und auf die demokratische Rechtsordnung wirft. Es sind daher gesetzliche Maßnahmen zu fordern, die eine Veröffentlichung von Gutachten vor Prozeßabschluß unterbinden.

8. **Das Kind hat ein Recht auf medialen Opferschutz.**
Es reicht nicht aus, wenn der Familienname in der Presse verkürzt oder verändert wird, um die Anonymität zu wahren, wenn gleichzeitig das Familienleben und das gesamte soziale Umfeld detailreich ausgebreitet werden, so daß jeder, der nur einige Einzelheiten über diese Familie kennt, weiß, wer gemeint ist. Es ist unbedingt klarzustellen, daß das mißbrauchte und mißhandelte Kind eines besonderes Schutzes bedarf. Es fühlt sich durch das Gerichtsverfahren bereits bloßgestellt genug. Die Sensationsberichterstattung aber prangert den Mißbrauch nicht an, sie prolongiert ihn.

9. **Das Kind hat ein Recht auf Gesellschaftsschutz.**
Das Wohl des Kindes hat in der Gesellschaft und damit auch beim Gesetzgeber an erster Stelle zu stehen. In bezug auf den Kinderschutz im Strafprozeß ist daher die Forderung zu erheben, daß mehr Sachverständige, vor allem weiblichen Geschlechts, ausgebildet und eingesetzt werden. Auch die Zahl an qualifizierten beeideten Fragenden ist im Sinne des Kinderschutzes zu erhöhen. Von den politischen Parteien ist zu fordern, daß sie die von ihnen beauftragten Expertisen der Fachleute letztlich auch umsetzen und nicht nur politisches Kleingeld aus spektakulären Medienkampagnen schlagen. Kinderschutz ist über die Festlegungen im Jugendwohlfahrtsgesetz hinaus besonders zu beachten. Dazu wird es notwendig sein, daß sich Exekutive und Legislative an einen Tisch setzen und gemeinsame Lösungen finden, was von seiten des Gesetzgebers aber Zivilcourage voraussetzt und ein Ende der bisherigen Verschanzungs- und Delegationspolitik.

10. Das Kind hat ein Recht auf Kontrolle der Täter.

Mißbrauchstäter sind Wiederholungstäter. Deshalb muß ihre Kontrolle auch in einem freien und demokratischen Staat festgelegt werden. Ersttäter sollten sich nicht hie und da am Jugendamt für eine Unterschrift einfinden müssen, sondern sind – ob mit oder ohne ihrem Einverständnis – regelmäßig in ihrem sozialen Umfeld zu kontrollieren. Es ist nicht nötig, wie in den USA den Namen des Täters in einer bestimmten Region zu veröffentlichen. Es genügt die nachsorgende regelmäßige Betreuung und Kontrolle, wo der Täter sich aufhält, welchem Beruf er nachgeht, wie er lebt und mit wem er verkehrt. Dafür ist eine gesetzliche Auflage nötig, die bereits im Gerichtsurteil ausgesprochen werden muß. Nur so wird es möglich, daß es z. B. keinem pädophilen Lehrer oder Erzieher gelingt, wieder eine Stelle in seinem Beruf einzunehmen. Ohne Kontrolle der Täter kein Opferschutz!

Derzeit ist es so, daß nach abgebüßter Strafe die Unbescholtenheit gilt. Dem wird nur zu begegnen sein, wenn aus einer vorzeitigen Entlassung aus der Strafanstalt ein Strafrest offenbleibt. Die bedingte Entlassung rechtfertigt dann die Kontrolle. Dieser Vorschlag mag Legisten zu einem formaljuridischen Aufschrei veranlassen. Jedes Gesetz ist bürgernahe und opfergerecht zu verfassen.

PRÄVENTION

Prävention – die Gesamtheit der vorbeugenden Schutzmaßnahmen also – hat das oberste Ziel, sexuellen Kindesmißbrauch primär zu verhindern bzw. zu reduzieren. Auch »Frühwarnsysteme« fallen darunter: Maßnahmen, die es ermöglichen, daß ein Mißbrauch möglichst frühzeitig erkannt wird, so daß sofort Schritte dagegen eingeleitet und die Folgen für das Kind so gering wie möglich gehalten werden können. Ferner zählen zur Prävention alle Maßnahmen, die helfen, Langzeitfolgen zu verhindern, aber auch die Betroffenen direkt und indirekt zu unterstützen. Man spricht auch von primärer (Verhinderung von Mißbrauch), sekundärer (frühzeitiges Erkennen) und tertiärer Prävention. Manche Autoren haben den Begriff der Prävention erweitert und unterscheiden eine *spezifische* Prävention, zu der Veränderungen eines bestimmten Zielbereiches gehören, eine *unspezifische* Prävention, die allgemeine und globale Maßnahmen zur Veränderung umfaßt, eine *proaktive* Prävention, die schon vor dem möglichen Mißbrauch stützende Maßnahmen ergreift, und eine *retroaktive* Prävention, die zum Tragen kommt, wenn bereits eingetretene Belastungen und Bedrohungen bewältigt werden müssen. Es gibt weiters lang- und kurzfristige Präventionsmaßnahmen. Die Liste ließe sich noch fortsetzen, doch in welche Ordnung auch immer man die Vorbeugung einteilt, ihre wichtigste Aufgabe besteht letztlich darin, allen Kindern von klein auf soviel wie nur möglich über sexuellen Kindesmißbrauch beizubringen.

Schon bei kleinen Kindern ist deutlich und klar auszusprechen, was »Mißbrauch« ist. Umschreibungen und verwaschene Formulierungen sind fehl am Platz. Nur wenn die möglichen Gefahren schon sehr früh und ohne Tabus beim Wort genommen werden, ist das Kind imstande, im Fall des Falles offen und direkt Auskunft zu geben. Und zwar nicht nur darüber, *was* geschehen ist, sondern auch *wer* es getan hat. Deshalb muß das Kind wissen: Jeder in seiner Umgebung kann ein Mißbraucher sein, Übergriffe sind auch im engsten Umfeld möglich, selbst von Personen, die vertraut sind oder eine angesehene Stellung haben. Es ist ein Balanceakt, auf diesen Umstand unmißverständlich hinzuweisen, ohne das Kind zu verängstigen. Vielmehr geht es darum, wie bei einem Feueralarm zu üben, daß Vertrauen mit Vorsicht verbunden werden kann, wie man bestimmt, wer vertrauenswürdig ist, und wie oder wo man auf jeden Fall Hilfe erhält, wenn es notwendig ist. Immer wieder ist in solchen Gesprächen oder auch spielerisch zu vermitteln, daß Neinsagen eine nützliche Strategie sein kann. Besonders wirksam ist z. B. ein Rollenspiel, an dem real existierende Personen aus dem familiären Umkreis teilnehmen, etwa die Tante X., deren ständige Küsse dem Kind noch vor zwei Jahren nichts ausmachten, ihm heute aber eklig und zuwider sind. Hier können Widerstandsleistungen gegen Grenzüberschreitungen durch Erwachsene im ganz konkreten Fall geübt werden.

Nicht sinnvoll ist es, mit Kindern zu trainieren, wie sie sich körperlich zur Wehr setzen können. Selbstverteidigungstechniken sollten generell nur eingesetzt werden, wenn Aussicht auf Erfolg besteht, was vor dem 12. Lebensjahr kaum der Fall ist. Kinder bringen sich nur zusätzlich in Gefahr, wenn sie ihre Kräfte und ihre Geistesgegenwart überschätzen oder die gelernten Techniken nicht richtig einsetzen. Solche Kurse, ob einzeln oder in Gruppen, schaden in der Regel mehr, als sie nützen, weil körperliche Attacken die Täter unter Umständen nur zusätzlich herausfordern.

Erfolgreicher und realistischer ist es, dem Kind immer und immer wieder seinen Anspruch auf persönliche Integrität zu verdeutlichen, ihm klarzumachen, daß sein Körper unantastbar ist und seine Gefühle nicht geködert, benützt und mißbraucht werden dürfen. Kleinen Kindern muß gelehrt werden zu unterscheiden, welche Erwachsenen welche körperlichen Handlungen durchführen dürfen (Eltern, Ärzte, Babysitter usw.) und daß es »gute« und »schlechte« Berührungen gibt. Das gleiche gilt auch für Geheimnisse: Anhand der Märchenwelt kann schon den Kleinen vermittelt werden, daß ein Unterschied zwischen »guten« und »bösen« Geheimnissen besteht; auch kleine gemeinsame Ge-

heimnisse innerhalb der Familie können eine gute Schulung sein, diese Unterscheidung zu lernen.
Berichtet ein Kind von Übergriffen, so ist dies uneingeschränkt ernst zu nehmen und nicht – wie es leider viel zu oft geschieht – als Lüge, Phantasterei oder Bagatelle abzutun. Letzteres kommt einer Verleugnung der Tat gleich, wie es die Täter selbst tun, wodurch akute Wiederholungsgefahr der Tat entsteht. Die Gefahr ist groß, daß das Kind in diesem Fall weiter traumatisiert wird. Die entschlossene Bereitschaft, Kindern grundsätzlich zu glauben, ist das oberste Prinzip bei der Aufdeckung von sexuellem Mißbrauch! Entscheidend ist deshalb, das Mitteilungsbedürfnis der Kinder zu fördern. Es ist wichtig, daß man die Erzählbereitschaft der Kinder nicht entwertet, indem man, was sie zu sagen haben, geringschätzt oder immer wieder auf später vertröstet, sondern daß man ihnen zuhört. Je kleiner das Kind, desto weniger kann es seine Mitteilungen aufschieben. Es muß seine Erlebnisse sofort erzählen können. Wenn sie nicht auf Interesse stoßen, vergißt bzw. verdrängt das Kind sie.

Prävention findet aber nicht nur zu Hause und als Teil der Sexualerziehung statt. Aufgrund ihrer Bedeutung sollten in Kindergärten und Schulen intensive Schulungen der PädagogInnen stattfinden, z. B. durch speziell ausgebildete KriminalbeamtInnen, die so zugleich auch das Mißtrauen gegenüber der Polizei abbauen helfen könnten. Polizei, Gendarmerie und Kriminalbeamte sind im Falle sexuellen Mißbrauchs als Verbündete zu betrachten, an die man sich, wenn man Hilfe braucht, wenden kann, und nicht als furchterregende Autoritätspersonen, was von KindergärtnerInnen, LehrererInnen usw. so auch den Kindern vermittelt werden sollte.
Um die Mißbrauchsrate auch *innerhalb* der pädagogischen Institutionen zu senken, gilt es, Wachsamkeit, Kontrolle und eine immer wiederkehrende Revision zu installieren und zu schulen. Wer ein reines Gewissen hat, braucht solche Maßnahmen nicht zu scheuen.
Freiwillige Selbstkontrolle in Form von Supervision ist unbedingt anzuraten. Wer sich regelmäßig einer begleitenden Beratung

unterzieht, bekennt ein, daß er ein fehlbarer Mensch ist und, um sich zu optimieren, die Hilfe eines anderen in Anspruch nimmt. Eine Maßnahme, die – ebenso wie ständige Nachschulung – der Psychohygiene der Kinder und der Betreuer zugute kommt. Gegenseitige ermutigende Kontrolle im Team verbessert das Arbeitsklima. In gelungener Teamarbeit ist das Netz zwischen Kindern und Betreuern so eng geknüpft, daß strafbare Handlungen entweder gar nicht gesetzt werden können oder frühzeitig aufgedeckt werden. Daneben ist eine Außenkontrolle der gesamten Einrichtung notwendig, und zwar nicht nur, um das Negative aufzuspüren und auszumerzen, sondern um eine selbstverständliche Kontrollkultur herzustellen, der es um Transparenz, Verbesserung der Arbeit und Erstellung von Optimierungskriterien geht. Darüber hinaus ist die Inanspruchnahme von Beratungsgremien im Sinne der Vorbeugung und des rechtzeitigen Eingreifens anzuraten. Schulpsychologen, Beratungslehrer und Psychagogen, die Serviceangebote des Jugendamts und der Kinder- und Jugendanwälte sowie private Träger bieten hier ihre Dienste für Kinder und Jugendliche, aber auch für betroffene Erwachsene an, wobei letztere die Angebote am wenigsten nützen, obwohl Anonymität und bestmögliche Diskretion zugesagt werden.
Auch konfessionellen pädagogischen Einrichtungen ist anzuraten, sich entsprechende Beratungs- und Kontrolleinrichtungen zu schaffen, die multiprofessionell besetzt werden sollten, um den Vorwurf, sie hätten Vertuschungscharakter, von vornherein zu entkräften. Neben Amtsträgern der Kirchen wären hier am besten auch Sozialarbeiter und vor allem gut ausgebildete Psychotherapeuten einzubinden.
Insgesamt ist allen Einrichtungen der Kinder- und Jugendabeit möglichst umfassende Transparenz in ihren Zielsetzungen, Programmen und Arbeitsformen nach außen zu empfehlen: also ausreichend Information für Eltern und Öffentlichkeit, glaubhafte Begründungen für die eigenen Absichten den Kindern und Jugendlichen gegenüber und vielfältige Zusammenarbeit mit anderen Einrichtungen, so daß es für die Kinder leicht ist, direkten Kontakt zu »Außenstehenden« aufzunehmen.

Ein überaus wichtiger Beitrag zur Prävention bzw. zum Stopp anhaltenden Mißbrauchs sowohl in der Familie als auch in pädagogischen Institutionen soll zum Schluß noch genannt werden: die Zivilcourage. Denn ohne sie werden die hohen Dunkelziffern kaum zu senken sein. Zivilcourage bedeutet, einen Verdacht auch gegenüber einem Vorgesetzten, Mächtigeren, Amts- oder Würdenträger auszusprechen, ja aussprechen zu dürfen, und ernstgenommen zu werden, wenn man Mißstände aufdeckt – ob nun als Betroffener oder als Außenstehender.

Prävention ist ein umfassender Prozeß, und der journalistische Stil sowie der ethische Beitrag, den die Medien als wichtiges öffentliches Instrument zu diesem Thema leisten sollten, zählt ganz wesentlich dazu. Ein Auftrag, dem die mediale Berichterstattung aber selten nachkommt. Im Gegenteil: sehr oft schadet sie, was die Vorbeugung anlangt, mehr, als daß sie nützt. Zwar ist durchaus vermehrt die Absicht von Fachleuten, Journalisten u. a. zu erkennen, eine ernsthafte und sachliche Auseinandersetzung in der Öffentlichkeit zu führen und das Thema zu enttabuisieren, insgesamt hat sich jedoch sichtlich die Hemmschwelle gesenkt, und in vielen Fällen wird in einer Weise berichtet, die eher den Interessen der Mißbraucher entspricht als dem Schutz jener, denen durch Aufklärung geholfen werden soll. Dazu kommt, daß trotz zunehmender Aufklärungsarbeit von seiten der Fachleute viele Journalisten (nach jüngst veröffentlichten Zahlen: ein Drittel) in ihren Berichten die Ursachen für den sexuellen Mißbrauch noch immer bei den Opfern ansiedeln.
Auch Behörden und Organisationen betreiben öffentliche Aufklärung. Das Problem dabei: Alle Informationskampagnen geraten an ihre Grenzen, wenn die Zielgruppen sehr inhomogen sind. So ist meist schon der sexuelle Aufklärungsstand innerhalb der verschiedenen Bevölkerungsgruppen, die es zu erreichen gilt, äußerst unterschiedlich, ebenso die Wertvorstellungen in den einzelnen Familien, sozialen Schichten und Gruppen.
Jedes Aufklärungsprogramm kann nur so gut sein, wie es imstande ist, Akzeptanz und Interesse hervorzurufen. Und selbst dann müssen die Informationen durch viele Wiederholungen abgesi-

chert und vertieft werden, sollen sie ihr Ziel erreichen. Aus der körperlichen Selbstverteidigung bei Mißbrauch und Vergewaltigung ist bekannt, daß die Abwehrstrategien in Abständen von einigen Monaten immer wieder wiederholt werden müssen, damit nicht im Lauf der Zeit eine Aggressionshemmung eintritt, die verhindert, daß bestimmte Techniken nicht mehr spontan ablaufen. Ähnlich ist es mit den Aufklärungsmechanismen.
Grundsätzlich steht immer zur Diskussion, ob eine Informationskampagne effektiv war oder nicht. Dazu muß ihre Wirksamkeit überprüft werden, was am besten durch Tests des Wissenstands der Zielgruppe erfolgt, möglichst durchgeführt von an der Kampagne unbeteiligten Fachleuten. Die Aufklärung hat ihr Ziel erreicht, wenn das Wissen über Kindesmißbrauch zugenommen hat, dieses Wissen auch praktisch zur Anwendung kommt und Abwehrstrategien aufgebaut werden konnten bzw. die Zahl der Aufdeckung von Mißbrauchsfällen im Steigen begriffen ist.
Die Öffentlichkeitsarbeit im Dienste der Vorbeugung wurde und wird im einzelnen oftmals kritisiert. Vor allem dort, wo sie die Kinder als Zielgruppe wählt, weil diese, so wird argumentiert, doch das schwächste Glied der Kette seien. Nun hat sich aber gezeigt, daß Aufklärungsprogramme, die sich an die ganze Familie richten, häufig am Kind und den Maßnahmen zu seinem Schutz vorbeigehen. Es stimmt: Das Kind ist das zerbrechlichste Glied der Kette. Es zum Mittelpunkt der Aufklärungsarbeit zu machen, ist daher keineswegs ein Schwachpunkt der Prävention, wie manche meinen, sondern ihr Auftrag.

STATT EINES NACHWORTS

Fünf Thesen zum Abschluß

1. Kinder sind höchst schutzwürdige Persönlichkeiten, deren Glaubwürdigkeit meist unterschätzt wird. Geben wir ihnen eine Chance, sich zu artikulieren.

2. Sexuelle Gewalt an Kindern ist zu ächten. Sie ist ein Verbrechen, kein Kavaliersdelikt. Täter sind zu bestrafen; sie bedürfen aber um ihres Weiterlebens dringender und vor allem garantierter langzeitlicher Hilfe und Kontrolle.

3. Zeugen benötigen mehr Zivilcourage – es geht um Opfer, und dies in Serie. Mittätiges Schweigen klagt doppelt an. Gestatten wir aber zugleich, den Zeugen mehr Glaubwürdigkeit zuzubilligen.

4. Pädagogische Einrichtungen bedürfen zum Wohl der Kinder Transparenz und einer strengen und grundsätzlich akzeptierten Außenkontrolle.

5. Opfer sexuellen Kindesmißbrauchs tragen *niemals* Schuld. Dieser Umstand muß mit allem Nachdruck betont werden.

ANHANG

UN-Übereinkommen über die Rechte des Kindes (Auszug)

Präambel

Die Vertragsstaaten dieses Übereinkommens

IN DER ERWÄGUNG, daß nach den in der Satzung der Vereinten Nationen verkündeten Grundsätzen die Anerkennung der allen Mitgliedern der menschlichen Gesellschaft innewohnenden Würde und der Gleichheit und Unveräußerlichkeit ihrer Rechte die Grundlage von Freiheit, Gerechtigkeit und Frieden in der Welt bildet,

EINGEDENK DESSEN, daß die Völker der Vereinten Nationen in der Satzung ihren Glauben an die Grundrechte und an Würde und Wert des Menschen bekräftigt und beschlossen haben, den sozialen Fortschritt und bessere Lebensbedingungen in größerer Freiheit zu fördern,

IN DER ERKENNTNIS, daß die Vereinten Nationen in der Allgemeinen Erklärung der Menschenrechte und in den Internationalen Menschenrechtspakten verkündet haben und übereingekommen sind, daß jeder Mensch Anspruch hat auf alle darin verkündeten Rechte und Freiheiten ohne Unterscheidung, etwa nach der Rasse, der Hautfarbe, dem Geschlecht, der Sprache, der Religion, der politischen oder sonstigen Anschauung, der nationalen oder sozialen Herkunft, dem Vermögen, der Geburt oder dem sonstigen Status,

UNTER HINWEIS DARAUF, daß die Vereinten Nationen in der allgemeinen Erklärung der Menschenrechte verkündet haben, daß Kinder Anspruch auf besondere Fürsorge und Unterstützung haben,

ÜBERZEUGT, daß der Familie als Grundeinheit der Gesellschaft und natürlichen Umgebung für das Wachsen und Gedeihen aller ihrer Mitglieder, insbesondere der Kinder, der erforderliche Schutz und

Beistand gewährt werden sollte, damit sie ihre Aufgaben innerhalb der Gemeinschaft voll erfüllen kann,

IN DER ERKENNTNIS, daß das Kind zur vollen und harmonischen Entfaltung seiner Persönlichkeit in einer Familie und umgeben von Glück, Liebe und Verständnis aufwachsen sollte,

IN DER ERWÄGUNG, daß das Kind umfassend auf ein individuelles Leben in der Gesellschaft vorbereitet und im Geist der in der Satzung der Vereinten Nationen verkündeten Ideale und insbesondere im Geist des Friedens, der Würde, der Toleranz, der Freiheit, der Gleichheit und der Solidarität erzogen werden sollte,

EINGEDENK DESSEN, daß die Notwendigkeit, dem Kind besonderen Schutz zu gewähren, in der Genfer Erklärung von 1924 über die Rechte des Kindes und in der von den Vereinten Nationen 1959 angenommenen Erklärung der Rechte des Kindes ausgesprochen und in der Allgemeinen Erklärung der Menschenrechte, im Internationalen Pakt über bürgerliche und politische Rechte (insbesondere in den Artikeln 23 und 24), im Internationalen Pakt über wirtschaftliche, soziale und kulturelle Rechte (insbesondere in Artikel 10) sowie in den Satzungen und den in Betracht kommenden Dokumenten der Sozialorganisationen und anderen internationalen Organisationen, die sich mit dem Wohl des Kindes befassen, anerkannt worden ist,

EINGEDENK DESSEN, daß, wie in der von der Generalversammlung der Vereinten Nationen am 20. November 1959 angenommenen Erklärung der Rechte des Kindes ausgeführt ist, »das Kind wegen seiner mangelnden körperlichen und geistigen Reife besonderen Schutzes und besonderer Fürsorge, insbesondere eines angemessenen rechtlichen Schutzes vor und nach der Geburt, bedarf«,

UNTER HINWEIS AUF die Bestimmungen der Erklärung über die sozialen und rechtlichen Grundsätze für den Schutz und das Wohl von Kindern unter besonderer Berücksichtigung der Aufnahme in einer Pflegefamilie und der Adoption auf nationaler und internationaler Ebene (Resolution 41/85 der Generalversammlung vom 3. Dezember 1986), der Regeln der Vereinten Nationen über die Mindestnormen für die Jugendgerichtsbarkeit (»Beijing-Regeln«) (Resolution 40/33 der Generalversammlung vom 29. November 1985) und der Erklärung über den Schutz von Frauen und Kindern im Ausnahmezustand und bei bewaffneten Konflikten (Resolution 3318 (XIX) der Generalversammlung vom 14. Dezember 1974),

IN DER ERKENNTNIS, daß es in allen Ländern der Welt Kinder gibt, die in außerordentlich schwierigen Verhältnissen leben, und daß diese Kinder der besonderen Berücksichtigung bedürfen,

UNTER GEBÜHRENDER BEACHTUNG der Bedeutung der Traditionen und kulturellen Werte jedes Volkes für den Schutz und die harmonische Entwicklung des Kindes,

IN ANERKENNUNG DER Bedeutung der internationalen Zusammenarbeit für die Verbesserung der Lebensbedingungen der Kinder in allen Ländern, insbesondere den Entwicklungsländern

HABEN FOLGENDES VEREINBART:

TEIL I

Artikel 1
Im Sinne dieses Übereinkommens ist ein Kind jeder Mensch, der das 18. Lebensjahr noch nicht vollendet hat, soweit die Volljährigkeit nach dem auf das Kind anzuwendenden Recht nicht früher eintritt.

Artikel 2
(1) Die Vertragsstaaten achten die in diesem Übereinkommen festgelegten Rechte und gewährleisten sie jedem ihrer Hoheitsgewalt unterstehenden Kind ohne jede Diskriminierung unabhängig von der Rasse, der Hautfarbe, dem Geschlecht, der Sprache, der Religion, der politischen oder sonstigen Anschauung, der nationalen, ethnischen oder sozialen Herkunft, des Vermögens, einer Behinderung, der Geburt oder des sonstigen Status des Kindes, seiner Eltern oder seines Vormunds.

(2) Die Vertragsstaaten treffen alle geeigneten Maßnahmen, um sicherzustellen, daß das Kind vor allen Formen der Diskriminierung oder Bestrafung wegen des Status, der Tätigkeiten, der Meinungsäußerungen oder der Weltanschauung seiner Eltern, seines Vormunds oder seiner Familienangehörigen geschützt wird.

Artikel 3
(1) Bei allen Maßnahmen, die Kinder betreffen, gleichviel ob sie von öffentlichen oder privaten Einrichtungen der sozialen Fürsorge, Gerichten, Verwaltungsbehörden oder Gesetzgebungsorganen getroffen werden, ist das Wohl des Kindes ein Gesichtspunkt, der vorrangig zu berücksichtigen ist.

(2) Die Vertragsstaaten verpflichten sich, dem Kind unter Berücksichtigung der Rechte und Pflichten seiner Eltern, seines Vormunds oder anderer für das Kind gesetzlich verantwortlicher Personen den Schutz und die Fürsorge zu gewährleisten, die zu seinem Wohlergehen notwendig sind; zu diesem Zweck treffen sie alle geeigneten Gesetzgebungs- und Verwaltungsmaßnahmen.

(3) Die Vertragsstaaten stellen sicher, daß die für Fürsorge für das Kind oder dessen Schutz verantwortlichen Institutionen, Dienste und Einrichtungen den von den zuständigen Behörden festgelegten Normen entsprechen, insbesondere im Bereich der Sicherheit und der Gesundheit sowie hinsichtlich der Zahl und der fachlichen Eignung des Personals und des Bestehens einer ausreichenden Aufsicht.

Auszug aus dem Österreichischen Strafgesetzbuch

(Die Paragraphen, die bei sexuellem Kindesmißbrauch zur Anwendung kommen)

Strafbare Handlungen gegen die Sittlichkeit:

§ 206 StGB – Beischlaf mit Unmündigen
(1) Wer mit einer unmündigen Person den außerehelichen Beischlaf unternimmt, ist mit Freiheitsstrafe von einem bis zu zehn Jahren zu bestrafen.

(2) Hat die Tat eine schwere Körperverletzung (§ 84 Abs. 1) oder eine Schwangerschaft der unmündigen Person zur Folge, so ist der Täter mit Freiheitsstrafe von fünf bis zu fünfzehn Jahren, hat sie aber den Tod der unmündigen Person zur Folge, mit Freiheitsstrafe von zehn bis zu zwanzig Jahren zu bestrafen.

§ 207 StGB – Unzucht mit Unmündigen

(1) Wer eine unmündige Person auf andere Weise als durch Beischlaf zur Unzucht mißbraucht oder zu einer unzüchtigen Handlung mit einer anderen Person oder, um sich oder einen Dritten geschlechtlich zu erregen oder zu befriedigen, dazu verleitet, eine unzüchtige Handlung an sich selbst vorzunehmen, ist mit Freiheitsstrafe von sechs Monaten bis zu fünf Jahren zu bestrafen.

(2) Hat die Tat eine schwere Körperverletzung (§ 84 Abs. 1) zur Folge, so ist der Täter mit Freiheitsstrafe von einem bis zu zehn Jahren, hat sie aber den Tod der unmündigen Person zur Folge, mit Freiheitsstrafe von fünf bis zu fünfzehn Jahren zu bestrafen.

(3) Übersteigt das Alter des Täters das Alter der unmündigen Person nicht um mehr als zwei Jahre und ist keine der Folgen des Abs. 2 eingetreten, so ist der Täter nach Abs. 1 nicht zu bestrafen.

§ 207a StGB – Pornographische Darstellungen mit Unmündigen

(1) Wer eine bildliche Darstellung einer geschlechtlichen Handlung an einer unmündigen Person oder einer unmündigen Person an sich selbst, an einer anderen Person oder mit einem Tier, deren Betrachtung nach den Umständen den Eindruck vermittelt, daß es bei ihrer Herstellung zu einer solchen geschlechtlichen Handlung gekommen ist,

1. herstellt oder zum Zweck der Verbreitung einführt, befördert oder ausführt oder
2. einem anderen anbietet, verschafft, überläßt, vorführt oder sonst zugänglich macht, ist mit Freiheitsstrafe bis zu einem Jahr oder mit Geldstrafe bis zu 360 Tagessätzen zu bestrafen.

(2) Wer sich eine pornographische Darstellung mit Unmündigen (Abs. 1) verschafft oder eine solche besitzt, ist mit Freiheitsstrafe bis zu sechs Monaten oder mit Geldstrafe bis zu 360 Tagessätzen zu bestrafen.

(3) Der Täter ist nach Abs. 1 und 2 nicht zu bestrafen, wenn die Tat nach einer anderen Bestimmung mit strenger Strafe bedroht ist.

§ 208 StGB – Sittliche Gefährdung von Personen unter sechzehn Jahren

Wer eine Handlung, die geeignet ist, die sittliche, seelische oder gesundheitliche Entwicklung von Personen unter sechzehn Jahren zu gefährden, vor einer unmündigen Person oder einer seiner Erziehung, Ausbildung oder Aufsicht unterstehenden Person unter sechzehn Jahren vornimmt, um dadurch sich oder einen Dritten geschlechtlich zu erregen oder zu befriedigen, ist mit Freiheitsstrafe bis zu einem Jahr zu bestrafen, es sei denn, daß nach den Umständen des Falles eine Gefährdung der unmündigen oder Person unter sechzehn Jahren ausgeschlossen ist.

§ 209 StGB – Gleichgeschlechtliche Unzucht mit Personen unter achtzehn Jahren
Eine Person männlichen Geschlechtes, die nach Vollendung des neunzehnten Lebensjahres mit einer Person, die das vierzehnte, aber noch nicht das achtzehnte Lebensjahr vollendet hat, gleichgeschlechtliche Unzucht treibt, ist mit Freiheitsstrafe von sechs Monaten bis zu fünf Jahren zu bestrafen.

§ 211 StGB – Blutschande
(1) Wer mit einer Person, die mit ihm in gerader Linie verwandt ist, den Beischlaf vollzieht, ist mit Freiheitsstrafe bis zu einem Jahr zu bestrafen.

(2) Wer eine Person, mit der er in absteigender Linie verwandt ist, zum Beischlaf verführt, ist mit Freiheitsstrafe bis zu drei Jahren zu bestrafen.

(3) Wer mit seinem Bruder oder mit seiner Schwester den Beischlaf vollzieht, ist mit Freiheitsstrafe bis zu sechs Monaten zu bestrafen.

(4) Wer zur Zeit der Tat das neunzehnte Lebensjahr noch nicht vollendet hat, ist wegen Blutschande nicht zu bestrafen, wenn er zur Tat verführt worden ist.

§ 212 StGB – Mißbrauch eines Autoritätsverhältnisses
(1) Wer sein minderjähriges Kind, Wahlkind, Stiefkind oder Mündel und wer unter Ausnützung seiner Stellung gegenüber einer seiner Erziehung, Ausbildung oder Aufsicht unterstehenden minderjährigen Person diese zur Unzucht mißbraucht oder, um sich oder einen Dritten geschlechtlich zu erregen oder zu befriedigen, dazu verleitet, eine unzüchtige Handlung an sich selbst vorzunehmen, ist mit Freiheitsstrafe bis zu drei Jahren zu bestrafen.

(2) Ebenso ist zu bestrafen, wer

1. als Arzt einer Krankenanstalt oder Angestellter einer Erziehungsanstalt oder sonst als ein in einer Erziehungsanstalt Beschäftigter eine in der Anstalt betreute Person oder
2. als Beamter eine Person, die seiner amtlichen Obhut anvertraut ist,

unter Ausnützung seiner Stellung dieser Person gegenüber entweder zur Unzucht mißbraucht oder, um sich oder einen Dritten geschlechtlich zu erregen oder zu befriedigen, dazu verleitet, eine unzüchtige Handlung an sich selbst vorzunehmen.

Laut Deutschem Strafgesetzbuch kommen bei Straftaten gegen die sexuelle Selbstbestimmung folgende Paragraphen zur Anwendung:

§ 174 Sexueller Mißbrauch von Schutzbefohlenen
§ 174a Sexueller Mißbrauch von Gefangenen, behördlich Verwahrten oder Kranken in Anstalten
§ 174b Sexueller Mißbrauch unter Ausnutzung einer Amtsstellung
§ 175 Homosexuelle Handlungen
§ 176 Sexueller Mißbrauch von Kindern
§ 177 Vergewaltigung
§ 178 Sexuelle Nötigung
§ 179 Sexueller Mißbrauch Widerstandsunfähiger
§ 180 Förderung sexueller Handlungen Minderjähriger
§ 180a Förderung der Prostitution
§ 180b Menschenhandel
§ 181 Schwerer Menschenhandel
§ 181a Zuhälterei
§ 181b Führungsaufsicht
§ 181c Vermögensstrafe und Erweiterter Verfall
§ 182 Verführung
§ 183 Exhibitionistische Handlungen
§ 183a Erregung öffentlichen Ärgernisses
§ 184 Verbreitung pornographischer Schriften
§ 184a Ausübung der verbotenen Prostitution
§ 184b Jugendgefährdende Prostitution
§ 184c Begriffsbestimmungen

Laut Schweizerischem Strafgesetzbuch kommen bei strafbaren Handlungen gegen die sexuelle Integrität folgende Artikel zur Anwendung:

1. Gefährdung der Entwicklung von Unmündigen. Sexuelle Handlungen mit Kindern
2. Angriffe auf die sexuelle Freiheit und Ehre. Sexuelle Nötigung
3. Ausnützung sexueller Handlungen. Förderung der Prostitution
4. Pornographie
5. Übertretungen gegen die sexuelle Integrität. Sexuelle Belästigungen
6. Gemeinsame Begehung

Verbrechen und Vergehen gegen die Familie

1997 wurden in Österreich im Auftrag des Bundesministeriums für Umwelt, Jugend und Familie von Dr. Elisabeth Friedrich, Dr. Günter Fasching und Dr. Werner Leixnering zwei Symptomkataloge für medizinische und für pädagogische Berufe zur Früherkennung von Gewalt an Kindern erarbeitet, die hier zur praktischen Information wiedergegeben werden sollen:

Checkliste für pädagogische Berufe zur Früherkennung von Gewalt an Kindern:

I. Allgemeine Hinweise und Verhaltensauffälligkeiten bei den Eltern/Erziehungsberechtigten

- Klagen der Eltern über Überforderung bzw. Überlastung bei der Kinderbetreuung
- Hinweise auf unzureichendes Erziehungsvermögen durch auffällige Verhaltensweisen der Erziehungsberechtigten (z. B. unangemessene aggressive Handlungen oder Hilflosigkeit beim Bringen oder Abholen von Kindern in den bzw. vom Kindergarten, Schule usw.)
- wechselnde Angaben über die Verletzungsentstehung bei mehrfacher Befragung
- Verletzungsbild im Widerspruch zur angegebenen Unfallursache
- häufiger Arzt- und/oder Spitalwechsel
- verspätetes Aufsuchen des Arztes

- auf Mißhandlung hinweisende Verletzungsspuren an Müttern und Geschwistern
- Über- bzw. Unterreaktion auf die Verletzung (übertriebene Fürsorge oder Gleichgültigkeit)
- Erklärungsversuche der Eltern bezüglich der Entstehung von blauen Flecken (z. B. angebliche Neigung zu Blutergüssen und Knochenbrüchen)
- häufiger Wechsel der Betreuungseinrichtungen und Bezugspersonen

II. Allgemeine Hinweise und Verhaltensauffälligkeiten beim Kind

- mangelnde Pflege (z. B. Windeldermatitis, Kopfschorf)
- Mangelernährung, Gedeihstörung, Entwicklungsrückstand, Minderwuchs
- Altersunspezifische Verletzungen (Knochenbrüche bei Säuglingen)
- Mehrfachverletzungen
- Verletzungen unterschiedlichen Entstehungsalters
- geformte Verletzungen (Doppelkonturen, Abdruck des Tatwerkzeuges)
- untypische Lokalisation für unfallbedingte Verletzungen (Gesäß-Rücken-Bereich), Hals, isolierte Gesichts- und Kopfverletzungen)
- plötzliche nicht nachvollziehbare Verhaltensänderung trotz gewohntem Umfeld
- Angst vor körperlicher Berührung
- aggressives Verhalten im Spiel, wobei Aggressionsobjekt nahe Bezugspersonen (Eltern) sind
- Erzählungen, daß andere Familienmitglieder mißhandelt werden
- Scheu vor Entkleidung im Kindergarten- und frühem Volksschulalter
- zufällig entdeckte Verletzungen

III. Äußerlich sichtbare Verletzungen/Hinweise und Gesundheitsschädigung

- geformte Blutunterlaufung (striemenartig, Hand- und Fingerabdrücke)
- Verletzungen an den Lippen und in der Mundhöhle (z. B. fehlende oder abgebrochene Zähne vor Zahnwechsel)
- blaues Auge
- punktförmige Blutaustritte im Bereich der Augenbindehäute und in der oberen Gesichtspartie

- Hautabschürfungen und Blutunterlaufungen im Halsbereich (Würge- und Strangulationsmarken)
- Bißverletzungen
- Abwehrverletzungen an der Innenseite der Ober- und Unterarme beim Versuch, das Gesicht vor Schlägen zu schützen
- flächenförmige Blutunterlaufungen und Schürfungen, vor allem im Gesäßbereich
- Fesselungsspuren (im Bereich von Hand- und Fußgelenken)
- Mehrfachverletzungen, die durch eine einzige Gewalteinwirkung (Sturz) nicht erklärbar sind
- Ausriß von Haarbüscheln
- Verbrennungen und Verbrühungen, die nach Art und Lokalisation im Widerspruch zum geschilderten Unfallhergang stehen (z. B. im Mundbereich, nach Gabe von zu heißer Flaschenkost)
- Brandwunden und Narben, die durch das Ausdämpfen von Zigaretten am Körper entstanden sind
- Unterkühlung
- blutige Verschmutzungen der Unterwäsche, insbesondere der Unterhose (z. B. sexueller Mißbrauch)
- blutiger Harn (z. B. sexueller Mißbrauch)

IV. Am Kind beobachtbare Verhaltensweisen und vom Kind angegebene Beschwerden

- plötzlicher Hörverlust, Ohrensausen (Hinweis auf Trommelfellzerreißung)
- Schonhaltung (nach Prellungen und Knochentraumen)
- Appetitmangel, Gewichtsabnahme
- Brennen beim Urinieren, Schmerzen beim Stuhlgang und Stuhlverhalten (z. B. sexueller Mißbrauch)
- Ängste vor Erziehungsberechtigten (z. B. Angst vor Bestrafung, Angst vor dem Nachhausegehen, Angst vor dem Verlassenwerden)
- vermehrtes und unangemessenes Bedürfnis nach körperlicher Nähe

Checkliste für medizinische Berufe zur Früherkennung von Gewalt an Kindern

I. Allgemeine Hinweise und Verhaltensauffälligkeiten bei den Eltern/ Erziehungsberechtigten

- Klagen der Eltern über Überforderung bzw. Überlastung bei der Kinderbetreuung
- Hinweise auf unzureichendes Erziehungsvermögen bei Anwendung inadäquater Erziehungsmethoden (z. B. hochgradige Aggressivität)
- Mißhandlungsspuren an weiteren Familienangehörigen
- verspätetes Aufsuchen des Arztes oder Zufallsbefund
- häufiger Arzt-, Spitalwechsel
- wechselnde Angaben über die Verletzungsentstehung
- Verletzungsbild im Widerspruch zur angegebenen Unfallursache
- Über- bzw. Unterreaktion auf die Verletzung (übertriebene Fürsorge oder Gleichgültigkeit)
- Erklärungsversuche der Eltern bezüglich der Entstehung von blauen Flecken (angebliche Disposition zu Hämatomen und Frakturen)
- häufiger Wechsel der Betreuungseinrichtungen und Bezugspersonen
- spontane Schilderungen über belastete eigene Kindheit
- psychopathologische Auffälligkeiten bei Erziehungsberechtigten

II. Allgemeine Hinweise für Mißhandlung bei Kindern

- mangelnde Pflege (Windeldermatitis, Kopfschorf)
- Mangelernährung, Gedeihstörung, Entwicklungsrückstand, Deprivationssyndrom, Minderwuchs
- alle Verletzungen bei Säuglingen
- altersunspezifische Verletzungen
- Mehrfachverletzungen
- Verletzungen unterschiedlichen Alters (verschieden gefärbte Hämatome, Brandwunden in unterschiedlichem Abheilungsstadium)
- unbehandelte Verletzungen
- geformte Verletzungen (Doppelkonturen, Abdruck des Tatwerkzeuges)
- untypische Lokalisation für unfallbedingte Verletzung (Gesäß-Rücken-Bereich, Hals, isolierte Gesichts- und Kopfverletzung)
- Abwehrverletzungen an der Ulnar-Seite der Unterarme
- plötzliche nicht nachvollziehbare Verhaltensänderung trotz gewohntem Umfeld (unklares Psychotrauma)
- Angst vor körperlicher Berührung
- aggressives Verhalten im Spiel, wobei Aggressionsobjekt nahe Bezugspersonen (Eltern) sind
- Hinweise auf aggressive Interaktion in der Familie

- Scheu von Kindern im frühen Volksschulalter vor Entkleidung
- ängstlich erhöhte Anpassungsbereitschaft gegenüber Angehörigen

III. Äußerlich sichtbare Verletzungen/Hinweise und Gesundheitsschädigung

a) *äußerlich sichtbare Verletzungen:*

- geformte Blutunterlaufung (striemenartig, Hand- und Fingerabdrükke)
- Bißverletzungen (meist paarige halbmondförmige Blutunterlaufungen und Quetschungen entsprechend der Zahnstellung des Ober- und Unterkiefers)
- Mehrfachverletzungen, die durch eine einzige Gewalteinwirkung (Sturz) nicht erklärbar sind (zahlreiche Hämatome, Excoriationen, Rißquetschwunden, Kratzspuren)
- Verletzungen in verschiedenen Körperebenen (z. B. Gewalteinwirkung aus verschiedenen Richtungen)
- Zwickverletzungen
- Ausriß von Haarbüscheln
- Monokelhämatom
- punktförmige Blutaustritte im Bereich der Augenbindehäute und in der oberen Gesichtspartie
- Verletzungen an den Lippen und in der Mundhöhle (z. B. fehlende oder abgebrochene Zähne vor Zahnwechsel, Einriß des Oberlippenbändchens, geschwollene Lippe)
- Mundwinkelrhagaden und Abschürfungen (Abdrücke von Knebeln)
- Hautabschürfungen und Blutunterlaufungen im Halsbereich (Würge- und Strangulationsmarken)
- flächenförmige Blutunterlaufungen und Schürfungen, vor allem im Gesäßbereich
- Fesselungsspuren (im Bereich von Hand- und Fußgelenken)
- thermische Schädigungen:
  - Verbrennungen und Verbrühungen, die nach Art und Lokalisation im Widerspruch zum geschilderten Unfallhergang stehen
  - geformte Brandwunden (Bügeleisen, Herdplatte, kreisrunde Brandwunden und Narben, die durch das Ausdämpfen von Zigaretten am Körper entstanden sind)
  - Brandwunden an Fingerspitzen und Zehen (Kerzenflammen und Feuerzeug)

- geformte Verbrühungen (handschuhartig an den Händen, sockenförmig an den Füßen, symmetrisch, kreisförmig im Gesäß- oder Genitalbereich (Eintauchen in heiße Flüssigkeit)
- Hypothermie (Kälteexposition des Kindes durch Aussetzen im Freien oder längeres Abduschen mit kaltem Wasser)
- Verätzungen (Ätzspuren im Bereich des Mundes und der Mundhöhle durch Einflößen von Säuren oder Laugen)

b) innere Verletzungen:

- Subduralblutung oft in Kombination mit Retinalblutung und Spinalblutung bei Säuglingen (Schütteltrauma)
- Schädel-Hirn-Trauma und Verletzungen der Wirbelsäule und des Rückenmarks, die sich mit dem berichteten Unfallgeschehen nicht erklären lassen
- Dreh- und Querbrüche an den Extremitäten von Säuglingen und Kleinkindern
- metaphysäre Frakturen der langen Röhrenknochen
- Epiphysenlösungen

ADRESSEN

Anlaufstellen für Beratung, Hilfe und Begleitung

Österreich

Österreichweite Adressen und Telefonnummern:

Die Kummernummer International
erteilt auch fremdsprachige Auskünfte
Mo, Di, Do, Fr 10–16 Uhr, Mi 12–19 Uhr)
Tel.: 545 70 46 und 545 70 47

FIDUZ, Regionales Krisenzentrum für Kinder
1220 Wien, Melangasse 1/86/2–3
Tel.: 25 16 97

Jugendämter (Jugendwohlfahrtsreferate, Jugendabteilungen usw.) sind in allen Bezirkshauptmannschaften sowie in den Magistraten größerer Städte und der Wiener Gemeindebezirke zu finden.

Kinder- und Jugendanwaltschaft
1090 Wien, Sobieskigasse 31
Tel.: 34 15 56

Kinder- und Jugendanwältin des Bundes
Henriette Naber
1015 Wien, Postfach 10
0660/6076 (zum Ortstarif)

Kindertelefon
1090 Wien, Sobieskigasse 31
Mo bis So 8–20 Uhr
Tel.: 319 66 66

Notruf der Polizei/Gendarmerie 133

Notschlafstelle für Jugendliche (15–21 Jahre)
1030 Wien, Rochusgasse 8
Tel.: 713 66 59

ORF Kinderservice »Rat auf Draht«
Mo bis Fr 12–20 Uhr, Sa, So 12–18 Uhr
0660/69 60 (zum Ortstarif)

REBAS, Beratungsstelle für ausländische Schüler/innen
1150 Wien, Gasgasse 8–10/4/1
Tel.: 891 34/158

Regionale Familienberatungsstellen können im Zentralservice unter 0660/52 01 zum Ortstarif erfragt werden.

Burgenland:

Kinder- und Jugendanwaltschaft
7000 Eisenstadt, Hartlsteig 2
Tel.: 0 26 82/17 00

Kärnten:

Kinderschutzzentrum Kärnten
9020 Klagenfurt, Kumpfgasse 20
Di bis Fr 9–13 Uhr, Mo, Di, Do 13–17 Uhr
Tel.: 0 46 3/567 67

Kinder- und Jugendanwaltschaft
9020 Klagenfurt, Funderstraße 25
Tel.: 0 46 3/536/31 354

Niederösterreich:

Kinder- und Jugendanwaltschaft
3100 St. Pölten, Neugebäudeplatz 1,
Mo bis Fr 8–16 Uhr
Tel.: 0 27 42/575 00/5628

Oberösterreich:

Kinderschutzzentrum Linz
4020 Linz, Goethestraße 25/4
Mo bis Fr 9–12 Uhr
Tel.: 0 73 2/66 78 76

Kinderschutzzentrum Wels
4600 Wels, Pfarrgasse 8
Mo 14–17 Uhr, Di bis Fr 9–12 Uhr
Tel.: 0 72 42/671 63/11

Krisen- und Notschlafstelle für Jugendliche
4020 Linz, Scharitzerstraße 5
Tel.: 0 73 2/60 93 48 rund um die Uhr

Notruf für vergewaltigte Frauen und Mädchen, Linz
Tel.: 0 73 2/21 29

Notruf für vergewaltigte Frauen und Mädchen, Steyr
Tel.: 0 72 52/657 49

Salzburg:

Kinder- und Jugendanwaltschaft
5020 Salzburg, Strubergasse 4
Tel.: 0 66 2/43 05 50

Kinderschutzzentrum Salzburg
5020 Salzburg, Rudolf-Biebl-Straße 50
Tel.: 0 66 2/449 11

Krisenstelle für Jugendliche
5020 Salzburg, Werkstättenstraße 4
Tel.: 0 66 2/532 66 rund um die Uhr

Notruf für vergewaltigte Frauen und Mädchen, Salzburg
Tel.: 0 66 2/88 11 00

Steiermark:

Kinderschutzzentrum Graz
8010 Graz, Mandellstraße 18/2
Mo bis Do 9–17 Uhr, Fr 9–15 Uhr
Tel.: 0 31 6/83 19 41

Notruf für vergewaltigte Frauen und Mädchen, Graz
Tel.: 0 31 6/91 88 00

TARTAROGA, Zufluchts- und Beratungsstelle für Jugendliche in Krisensituationen
8020 Graz, Ungargasse 23
Tel.: 0 31 6/97 25 26 rund um die Uhr

Tirol:

Kinderschutzzentrum Tangram
6020 Innsbruck, Schöpfstraße 19
Mo, Di, Do Fr 9–12 Uhr, Mo bis Do 14–15 Uhr
Tel.: 0 51 2/58 37 57

Kriseninterventionszentrum für Kinder und Jugendliche
6020 Innsbruck, Jahnstraße 30
Tel.: 0 51 2/58 00 59 rund um die Uhr

Notruf für vergewaltigte Frauen und Mädchen, Innsbruck
Tel.: 0 51 2/57 44 16

Vorarlberg:

Kinder- und Jugendanwaltschaft
6800 Feldkirch, Schießstätte 12
Tel.: 0 55 22/382 85

Vorarlberger Kinderdorf, Krisenstation
6900 Bregenz, Kronhaldenweg 2
Tel.: 0 55 74/679 20/40

Wien:

Amt für Jugend und Familie
das neue MAG ELF-Telefon
Tel.: 4000/8011

Beratungsstelle für sexuell mißbrauchte Mädchen und junge Frauen
1060 Wien, Mariahilfer Straße 19–21/1/3
Tel.: 587 10 89 od. 587 03 55

Das Wiener Kindertelefon
Tel.: 319 66 66

Die Möwe (Unabhängiger Verein für psychisch, physisch und sexuell mißhandelte Kinder)
1210 Wien, Meidlinger Hauptstraße 7–9/6E und 7E, Innenhof
Tel.: 817 15 15

Die Wiener Kinderfreunde
Tel.: 401 25-0

Frauentelefon der Stadt Wien (Wegweiser für ratsuchende Frauen)
Tel.: 408 70 66

Frauenhaus-Information
1160 Wien, Maroltingergasse 19–23
Tel.: 408 38 80

Frauenhaus-Beratung (Beratung bei Gewalt in der Familie)
1020 Wien, Leopoldsgasse 24
Tel.: 214 03 73

Frauennotruf (Soforthilfe für vergewaltigte Frauen und Mädchen)
Tel.: 717 19

Katholischer Familienverband der Erzdiözese Wien
Tel.: 515 52/3330

Kinderschutzzentrum
1070 Wien, Kandlgasse 37/6
Tel.: 526 18 20

Männerberatung (Beratungs- und Therapiezentrum)
1100 Wien, Erlachgasse 95
Tel.: 603 28 28

Notruf und Beratung für vergewaltigte Frauen und Mädchen
Tel.: 523 22 22

TAMAR (Beratungsstelle für sexuell mißbrauchte Frauen und Mädchen)
1200 Wien, Wexstraße 22/3/1
Tel.: 334 04 37

Verein Selbst-Laut
(Verein zur Prävention von sexuellem Kindesmißbrauch)
1200 Wien, Herthergasse 19/7
Tel.: 810 90 31

Weißer Ring
(Gemeinnützige Unterstützung für Kriminalitätsopfer und zur Verhütung von Straftaten)
1030 Wien, Marokkanergasse 3
Tel.: 712 14 05

Wiener Familienbund
Tel.: 526 82 19

Wiener Kinder- und Jugendanwaltschaft
Tel.: 17 08

Deutschland

Folgende Stellen verfügen über Informationen der örtlichen Adressen:

Deutscher Kinderschutzbund e.V.
Bundesverband
Schiffgraben 29
D-30159 Hannover
Tel.: 0511/304 85-0

Deutscher Kinderschutzbund e.V.
Landesverband Nordrhein-Westfalen
Domagkweg 20
D-42109 Wuppertal
Tel.: 0202/75 44 65

Zartbitter e.V.
Sachsenring 2–4
D-50677 Köln
Tel.: 0221/31 20 55

Landesarbeitsgemeinschaft Wildwasser
c/o Wildwasser Bielefeld e.V.
Jöllenbecker Straße 57
D-33613 Bielefeld
Tel.: 0521/17 54 76

Weißer Ring
Weberstraße 16
D-55130 Mainz
Tel.: 06131/830 30

Schweiz

Der Schweizerische Kinderschutzbund empfiehlt, daß sich Hilfesuchende an die örtlichen oder regionalen Institutionen wenden:

Erziehungsberatungsstellen
Familienberatungsstellen
Jugendämter
Vormundschaftsbehörden
Schulpsychologische Dienste
Jugendberatungen
Kinder- und Jugendpsychiatrische Dienste
Sozialdienste und Sozialberatungsstellen
Sozialpsychiatrische Beratungsstellen
oder an die kantonalen Opferhilfe-Beratungsstellen

Der Schweizerische Kinderschutzbund hat eine Zusammenstellung (Adreßliste) von Beratungsstellen im Bereich des Kinderschutzes erarbeitet.
Dieses »Kinderschutz-Adreßverzeichnis von Hilfs- und Beratungsstellen in der Schweiz« kann über die Eidgenössische Drucksachen- und Materialzentrale in Bern (Bestellnummer 318.809 dfi) bezogen werden.

LITERATUR

Quainé Bain/Maureen Sanders: Wege aus dem Labyrinth. Fragen von Jugendlichen zu sexuellem Mißbrauch. Donna Vita Verlag, Ruhnmark 1990.

Dirk Bange: Die dunkle Seite der Kindheit. Sexueller Mißbrauch an Jungen und Mädchen: Ausmaß – Hintergründe – Folgen. Zartbitter-Verlag, Köln 1992.

Ellen Bass/Lauren Davis: Trotz allem. Wege zur Selbstheilung für sexuell mißbrauchte Frauen. Orlanda Frauenverlag, hgg. in Zusammenarbeit mit Donna Vita, Berlin 1990.

Gisela Braun: Ich sage NEIN. Verlag »Die Schulpraxis«, 1989.

Gisela Braun: Das große und das kleine Nein. Verlag a. d. Ruhr, Mühlheim a. d. Ruhr, 1991.

F. Diether u. a.: Verletzt – Sexuelle Gewalt an Kindern und Jugendlichen, Jugend und Volk, Wien, München, 1993.

Michele Elliott (Hg.): Frauen als Täterinnen. Sexueller Mißbrauch an Mädchen und Jungen. Donna Vita Verlag, Ruhnmark 1995.

Ursula Enders: Zart war ich, bitter war's. Handbuch gegen sexuelle Gewalt an Jungen und Mädchen. Kiepenheuer und Witsch, Köln 1995 (erw. Neuauflage).

Friesa Fastie: Zeuginnen der Anklage, Die Situation sexuell mißbrauchter Mädchen und junger Frauen vor Gericht. Orlanda Frauenverlag, Berlin 1994.

Lee Hadley/Ann Irwin: Liebste Abbey. Beltz Verlag, Basel 1993.

Heidi Hasenmüller: Gute Nacht, Zuckerpüppchen. Rowohlt Verlag, Reinbek 1992.

Sabine Kirchhoff: Sexueller Mißbrauch vor Gericht, Bd. 1 und 2. Leske + Budrich Verlag, Opladen 1994.

Mike Lew: Als Junge mißbraucht. Wie Männer sexuelle Ausbeutung in der Kindheit verarbeiten können. Kösel Verlag, München 1993.

H. Olbing u. a.: Kindesmißhandlung – Eine Orientierung für Ärzte, Juristen, Spital- und Erzieherberufe. Deutscher Ärzteverlag, Köln 1989.

Pat Palmer: Die Maus, das Monster und ich (Illustrationen von Eva Wagendristel). Donna Vita Verlag, Ruhnmark 1993.

Florence Rush: Das bestgehütete Geheimnis: Sexueller Kindesmißbrauch. Orlanda Frauenverlag, Berlin 1991.

H. Saller: Sexuelle Ausbeutung von Kindern. In: Sexuelle Gewalt gegen Kinder – Ursachen, Vorurteile, Sichtweisen, Hilfsangebote (hgg. vom Deutschen Kinderschutzbund), Hannover 1987.

Maria Wanka P. Tripammer: Sexueller Mißbrauch von Kindern, Jugend und Volk, Wien 1992.